AF151616

Kontaktadresse nach EU-Produktsicherheitsverordnung:
produktsicherheit@fischerverlage.de

Ewald Palmetshofer (* 1978) studierte in Wien Theologie und Philosophie/Psychologie auf Lehramt. 2007/08 war er Hausautor am Schauspielhaus Wien. 2008 wurde er in der Kritikerumfrage von *Theater heute* zum Nachwuchsdramatiker des Jahres gewählt und erhielt den Dramatikerpreis des Kulturkreises der Deutschen Wirtschaft sowie eine Nominierung für den Nestroypreis in der Kategorie Bester Nachwuchs für das Stück *wohnen. unter glas.* Seine Stücke *hamlet ist tot. keine schwerkraft* sowie *faust hat hunger und verschluckt sich an einer grete* – beide uraufgeführt am Schauspielhaus Wien – wurden 2008 bzw. 2010 zu den Mülheimer Theatertagen eingeladen. 2010 wurde sein Stück *tier. man wird doch bitte unterschicht* am Staatsschauspiel Dresden uraufgeführt. 2010/11 war Palmetshofer Hausautor und Gastdramaturg am Nationaltheater Mannheim und wurde 2011 mit dem Förderpreis der Stadt Wien in der Sparte Literatur ausgezeichnet. 2012 wurde *räuber. schuldengenital*, 2014 *die unverheiratete* am Wiener Akademietheater uraufgeführt. Seine Stücke wurden in über zehn Sprachen übersetzt. 2013/14 unterrichtete er am Institut für Sprachkunst der Universität für angewandte Kunst Wien. Palmetshofer lebt und arbeitet in Wien.

Weitere Informationen zu Ewald Palmetshofer:
www.ewaldpalmetshofer.at
www.fischertheater.de

Ewald Palmetshofer

faust hat hunger und verschluckt sich an einer grete

Dramen

Mit einem Nachwort
von Andreas Beck

Herausgegeben
von Friederike Emmerling
und Stefanie von Lieven

FISCHER Taschenbuch

Theater
Eine Reihe bei FISCHER Taschenbuch

2. Auflage
Originalausgabe
© 2024 S. Fischer Verlag GmbH,
Hedderichstr. 114, 60596 Frankfurt am Main

Aufführungsrechte: S. Fischer Verlag GmbH, Frankfurt am Main
Umschlaggestaltung und -motiv: Sanaz, Frankfurt am Main, www.sanaz.eu

Printed in Germany
ISBN 978-3-596-19708-8

INHALT

VORWORT

Ewald Palmetshofers Dramen sind geschlossene musikalische Sprachkompositionen, die ihre Figuren durch den gesprochenen Klang zum prallen, schnellen, komischen, derben, wütenden und oftmals tragischen Leben erwecken. Sie sind Sprach- und Spielpartituren, denen es um das verkörperte, gesprochene Wort auf der Bühne geht. Diese Priorität des Sprechens und Palmetshofers explizites Schreiben *für* das Spiel am Theater finden zwangsläufig in der schriftlichen Form seiner Theatertexte Niederschlag. Interpunktion und Zeilenumbruch, gewählte Schriftarten und die Anordnung des Textes auf der Seite stellen sich in den Dienst der Proben-Arbeit, der Memorierung, der Arbeit der Schauspielerinnen und Schauspieler auf der Bühne.
Für die vorliegende Buchausgabe haben wir uns entschlossen, einige Entscheidungen des Autors hinsichtlich Typografie und Layout vorsichtig anzupassen. Unter Beibehaltung der jeweiligen Besonderheiten und Intentionen haben wir das Erscheinungsbild der Originalmanuskripte aller hier versammelten Stücke behutsam einander angeglichen. Wir hoffen, dadurch Palmetshofers Dramen für die Leserin und den Leser in verständlicher Form als Buch vorzulegen.
Wo durch das Taschenbuchformat Zeilenumbrüche nötig waren, wurde, um den Originalrhythmus zu erhalten, das Ende jeder erzwungenen Zusatzeile mit einem Sternchen (*) markiert. In diesem Fall ist die markierte Zeile mit der darüberstehenden ohne Umbruch verbunden und wäre im Idealfall auch so zusammenhängend zu lesen.

Elf Theatertexte hat Ewald Palmetshofer bis jetzt geschrieben, darunter auch Kurzstücke und Monologe. Die vorliegende Ausgabe versammelt sechs davon, chronologisch nach dem Zeitpunkt ihrer Entstehung geordnet: seine großen und abendfüllenden Dramen der letzten Jahre.

Das Dreipersonenstück *wohnen. unter glas*, in welchem sich 2006 der Palmetshofer-typische Sound zum ersten Mal in aller Klarheit, Konsequenz und Unschuld zeigt, eröffnet diesen Sammelband. Drei Freunde treffen sich als Dreißigjährige wieder und hadern zwischen Verzweiflung und Komik mit sich, ihrem Leben und einer politischen Utopielosigkeit, die nur eine einzige Forderung kennt: die Maximierung des isolierten Ichs.

Mit Palmetshofers bis dato jüngstem Drama *die unverheiratete* aus dem Jahr 2014 endet die Textsammlung. Das Generationendrama erzählt von der ausweglosen Verstrickung dreier Frauen – Mutter, Tochter und Enkelin – in einem Netz aus Schuld und Liebe von nahezu antiker Härte.

In diesem enormen Spannungsfeld, zwischen *wohnen. unter glas* und *die unverheiratete*, zeigt das vorliegende Buch die sprachliche und inhaltliche Entwicklung der letzten acht Jahre, in deren Verlauf Ewald Palmetshofer es immer wieder aufs Neue und Überraschende geschafft hat, die Grenzen des Theaters mittels Sprache, Form und inhaltlicher Brisanz auszuloten.

Friederike Emmerling
Stefanie von Lieven

wohnen. unter glas

Scheiß auf Messias

Personen

BABSI   eine Frau Anfang 30
JEANI   eine Frau Mitte 30
MAX   ein Mann Anfang 30

Die Punkt- und Kommasetzung entspricht nicht den Regeln der Grammatik, sondern ist als Markierungen für Rhythmus und Stimmhöhe zu verstehen.

(0)

JEANI   Du.
BABSI   Du.
JEANI   Ja. Du.
BABSI   Hast mal. Ja.
JEANI   Hast mal dazugehört.
BABSI   Tatsächlich.
JEANI   Tatsächlich dazugehört.
BABSI   Zum Mittelstand.
JEANI   Zum emotionalen Mittelstand.
BABSI   Hast sagen können: geht.
JEANI   Geht schon.
BABSI   Mittelständisch geht's schon.
JEANI   Emotional.
BABSI   Geht dir schon.
JEANI   Hast das wirklich sagen können.
BABSI   Mit Stolz. Sogar.
JEANI   Geht.

BABSI   Schleichend.
JEANI   Schleichend alles hinter dir.
BABSI   Alles hinter dir gelassen.
JEANI   Schleichend den Mittelstand.
BABSI   Schleichend das Gehen.
JEANI   Schleichend das emotional mittelständische Gehen.
BABSI   Deins. Dein mittelständisches Gehen.
JEANI   Und dann. Plötzlich.
BABSI   Plötzlich.
JEANI   Grenze.
BABSI   Armutsgrenze.
JEANI   Emotional.

BABSI   Emotionale Armutsgrenze.
JEANI   Schleichend. Plötzlich. Drunter.
BABSI   Unter der Grenze. Der emotionalen.
JEANI   Plötzlich schleichend drunter.
BABSI   Du.
JEANI   Du. Einfach drunter.
BABSI   Ganz einfach.

JEANI   Dabei. Vorher. Ist dir schon gegangen.
BABSI   Vorher. Dir.
JEANI   Ist dir schon gegangen.
BABSI   Emotional. Vorher.
JEANI   Dich angeschaut und sagen können: Geht dir schon.
BABSI   Emotional.
JEANI   Geht dir schon.
BABSI   Hat jeder sehen können.
JEANI   Jeder.
BABSI   Dieses Mittelständische.
JEANI   In den Emotionen.

(1)

JEANI   Babsi.
        Hallo. Schön. Du.
        Lass dich anschaun.
BABSI   Hallo Jeani.
JEANI   Babsi. Babsi. Wie lang das jetzt. Meine Güte.
        Gut gegangen?
        Alles?
        Ja?
        Reise?
        Angenehm?
        Lass dich anschaun.
        Haare kürzer, oder?
        Steht dir. Steht dir echt.
        Babsi.

Lass dich anschaun.

Babsi. Babsi. Wahnsinn.

BABSI Hallo Jeani.

JEANI Babsi. Babsi. Das ist ja echt schon.

Meine Güte.

Wie lang das jetzt.

Das muss ja wirklich lange.

BABSI Ja.

Lange schon.

Weiß gar nicht genau. Lange.

JEANI Ja.

Wahnsinn.

Das is ja echt.

Meine Güte.

Das is lange.

BABSI Ja. Ist wirklich lange.

JEANI Wahnsinn.

BABSI Ja.

JEANI Und die Fahrt war?

BABSI Ja.

Ja.

War ganz gut.

JEANI Und gleich hergefunden?

BABSI Klar.

Jeani.

Bei der Beschreibung.

Ganz die Alte.

Was soll da schiefgehen.

Echt toll. Die Beschreibung. Wirklich.

Ganz toll.

JEANI Freut mich, dass.

Weil ich hab schon Angst gehabt.

Dass die Beschreibung. Vielleicht verwirrend. Wenn man
noch nie. Ich mein.*

Also, man findet ganz gut her? Damit?

Mit der Beschreibung?

Ja?

Wahnsinn, Babsi.
So lang.
Magst schon mal das mit dem Schlüssel?
BABSI   Weiß nicht. Nein.
Und der Max?
JEANI   Ja. Der.
Weiß auch nicht.
Aber eigentlich.
Ich glaub, der sollt jetzt eigentlich auch schon.
Ja.
Schön langsam sollt der auch schon.
Weiß nicht.
Drum hab ich mir schon gedacht. Ob die Wegbeschreibung.
Weil der Max fährt ja nicht so gerne selber und normalerweise.*
Naja.
Aber wenn's bei dir geklappt hat.
Hab mir nur gedacht, vielleicht ist die Beschreibung.
BABSI   Nein. Die is gut.
Wirklich Jeani.
Die Beschreibung.
Keine Sorge.
Wirklich gut.
Toller Plan.
Echt.
Wirklich.
Ich mein. Vielleicht.
Nein.
Aber der Max kommt, oder?
Der Max hat schon gesagt, dass er kommt?
JEANI   Ja.
Ja.
Klar.
Klar, der kommt.
BABSI   Schön.
Das ist schön.
Schön.

Weil ich war jetzt grad nicht sicher.
Aber wenn er. Naja.
Hab halt schon lange nichts mehr gehört. Vom Max.
Drum.
Hätt ja sein können, dass er.

JEANI Nein.
Der kommt.
Der hat gesagt, er kommt.

BABSI Okay.
Dann.
Schön.
Dann sind ja alle da.
Wenn er kommt. Der Max.
Dann sind ja alle da.

JEANI Gut.
Dann warten wir mal. Nicht wahr?
Oder magst schon mal das mit dem Schlüssel?

BABSI War das grad ein Auto?
Ich glaub, das war ein Auto jetzt. Oder?
Ich glaub schon.
Nein.
Naja.
Aber wenn er sagt, dass er kommt, dann kommt er auch.
Bestimmt.
Erzähl mal. Jeani.
Wie geht's dir denn?

JEANI Naja.
Gut.

BABSI Ja erzähl mal. Jeani.
Erzähl.
Aber wahrscheinlich. Nein.
Hast recht.
Alles auf einmal. Das geht ja gar nicht. Auf einmal erzäh-
len. Alles.*
Und wenn jetzt dann gleich der Max.
So alles auf einmal.
Geht nicht.

JEANI   Nein.
BABSI   War *das* jetzt ein?
        Nein.
        Wieder nicht.
        Und der Max.
        Weiß man von dem was? Vom Max.
        Wie's dem so. Dem Max?
        Ich bin ja schon so gespannt. Echt sowas von gespannt.
        Wie's dem Max so geht.*
        Wahnsinn, dass das schon. Dass die Zeit so schnell. Das is
        ja wirklich.*
        Und du auch?
        Kein Kontakt mehr?
        Jeani?
        Kein Kontakt? Du?
JEANI   Ich?
BABSI   Ja.
        Zum Max.
        Kein Kontakt?
JEANI   Nein.
        Eigentlich.
BABSI   Wahnsinn.
        Ich glaub, das ist jetzt aber.
        Ja, ich glaub, da hab ich recht. Der Max.
        Ja genau. Da kommt der Max.
        Max! Hallo!
        Schau, da kommt der Max.

(2)

MAX   Also. Theoretisch. Theoretisch ist dir das grundsätzlich.
Jetzt mal ganz grundsätzlich. Da ist dir das kein Problem. Weil
natürlich verstehst du, dass das theoretisch. Dass das. Ja. Du würdest sagen, theoretisch ist das durchaus was, womit man rechnen
muss. Muss. Theoretisch. Dass Vereinbarungen, Zusammenschlüs-
se. Dass ein Kollektiv, eine Verbindung. Dass sich das theoretisch

auch wieder auflösen. Das ist dir theoretisch schon klar. Dass sich
so was auflösen kann. Und dass diese Offenheit. Weil du bist natürlich der Meinung, dass das eine Offenheit. Dass diese Offenheit,
dass sich was auflösen. Dass die theoretisch grundsätzlich überall.
Dass diese Offenheit, diese Möglichkeit, dass die anderen unter
Umständen sagen. Dass die dann ihr eigenes. Das ist dir schon klar,
dass sowas dazugehört. Grundsätzlich. Die Möglichkeit. Die theoretische Möglichkeit, dass deine Gefährten. Dass die eine andere
Richtung einschlagen. Am Weg. Ja, so kann man das sehen. Die
schlagen eine andere Richtung ein. Die biegen an irgendeiner Kreuzung anders ab, deine Freunde. Und natürlich. Sind ja auch deine
Freunde. Die sagen dir das natürlich. Ihr seid gemeinsam unterwegs
auf eurer kollektiven Reise, und dann kommen deine Freunde her
zu dir. Kommen zu dir. Ganz direkt auf dich zu. Kommen her und
sagen dir: Du ich bieg da jetzt mal ab hier an dieser Kreuzung. Bieg
ich mal ab, und wir sehen uns. Bis bald dann, sagen die. Und diese
Möglichkeit musst du deinen Freunden schon lassen, dass die an
dieser Kreuzung dann eben sagen. Dass die einfach herkommen zu
dir und sagen. Weil diese Möglichkeit nämlich total wichtig. Die ist
total wichtig, wie du weißt, weil ohne diese Möglichkeit würde ja
überhaupt gar keiner. Wer würde denn auf die Reise gehen, ohne die
Möglichkeit, dass du an einer Kreuzung. An einer Wegkreuzung.
Weil wenn du ehrlich bist, dann musst du schon zugeben, dass du
selber auch nicht mit irgendwem mitgehen. Ohne die Möglichkeit,
dass du wo abbiegen und. Nein. Ohne diese Möglichkeit sicher
nicht. Theoretisch. Und wenn du ganz besonders ehrlich zu dir selber bist, dann musst du zugeben, dass du sogar der Erste wärest, der
dann kommen würde. Ohne diese Möglichkeit. Du würdest als Erster kommen und sagen, dass dich das einsperrt. Ja. Einsperrt. Und
damit sich keiner eingesperrt fühlt, gibst du allen deinen Freunden,
gibst du allen die Möglichkeit, dass sie theoretisch. Dass sie rein
theoretisch an einer Kreuzung sagen können, dass sie jetzt in ihrer
Wegbeschreibung eingetragen haben, dass das gerade eine wichtige
Kreuzung ist, und sie jetzt. Ja und dann sagen die Auf Wiedersehen,
und du wünschst ihnen viel Glück und freust dich total für sie. Sind
ja auch deine Freunde. Freust dich total, dass für die diese Kreuzung so aufregend wichtig ist. Diese scheiß verfickte Kreuzung so

verdammt wichtig. Und freust dich so für sie und winkst und sagst Viel Glück. Auch beruflich und überhaupt. Viel Glück für den weiteren. Und in genau dem Moment hast du. Die gehen alle. Und du wünschst ihnen. Wünschst ihnen für den weiteren Weg. Und in genau dem Moment hast du. Ja. Ein Problem. Intern. Mit dir. Wenn du denen Alles Gute und Viel Glück. Aber als Freund, als guter Freund, ist dir schon klar. Und das weißt du und ist dir auch. Also wichtig ist dir das. Weil du wünschst deinen Freunden genau diese Kreuzungen. Und dass sie sich weiterentwickeln und mal was Neues. Sollen ruhig mal was Neues ausprobieren und schaun, was ihnen Spaß. Auch ohne dich. Total okay. Und Schritte. Wenn's sein muss auch ganz ohne dich. Und sollen ruhig machen, deine Freunde, was sie brauchen für sich, damit es ihnen gut geht, und neue Perspektiven. Und eine Vision. So eine neue Vision und eine Perspektive fürs Leben. Für das neue Leben. Das alles wünschst du ihnen von ganzem Herzen. Und da können die ja nichts dafür, dass in deinem Leben. Also dass du in deinem Leben gerade nicht an so einer Kreuzung stehst. Und das ist schon komisch, dass ihr so als Freunde so gemeinsam unterwegs. Und dann sagen die, da ist eine Kreuzung. Und du schaust und schaust und findest das jetzt schon ein bisschen seltsam, dass du da leider gerade keine Kreuzung. Aber die felsenfest behaupten, dass für sie da eine ist und sie da jetzt leider. Also nicht leider. Das ist eine Freude, dass die da jetzt leider. Schön. Denkst du dir. Schön, wenn so ein junger Mensch neue Wege. An einer Kreuzung steht und weiß, wohin er jetzt. Das findest du schön. Grundsätzlich. Theoretisch. Diese Möglichkeit. Scheiße nur, dass deine Freunde, und du nicht. Und die gehen, und du bleibst. Und dann noch das scheiß Maul aufreißen und dir sagen, du sollst dir halt auch eine Vision. Weil sowas kann man entwickeln. So eine Vision kann man echt entwickeln. Entwickle dir mal eine. Eine Vision. Eine Perspektive. Ein perspektivisches Visionen-Scheiß-Panorama. Entwickle mal. Und nicht immer raunzen. Auch mal entwickeln. Entwickeln und freuen. Und das stresst dich total. Freuen und entwickeln. Und du denkst dir, dass du da jetzt so schnell gar nicht. Leider. Weil du schon. Zugegeben. Schon ein bisschen überfordert bist mit dem Freuen, und dann auch noch entwickeln. Und dann erfindest du einfach irgendeinen Scheiß. Irgendeinen Perspek-

tiven-Visionen-Scheiß erfindest du und sagst, dass das jetzt gerade
auch ein wichtiger Augenblick ist und du zufällig auch eine Vision
hast für dein Leben. Eine Kreuzung halt. Und dass dich das total
inspiriert, wenn wer in deinem Bekanntenkreis. Ist ja eher Bekanntenkreis. Also wenn wer in deinem Bekanntenkreis eine Vision hat.
Das inspiriert total. Und du bedankst dich, weil du gerade eben
auch so eine tolle Idee. Und lügst ihnen irgendeinen Scheiß rein.
Dass du total gerne Shiatsu. So einen Shiatsu-Kurs lügst du dir
zusammen. Dass deine scheiß verwichste Kreuzung ganz eindeutig
zu dir sagt, dass du jetzt Shiatsu. Was Zusätzliches. Vielleicht ja
sogar selbständig. Sich selbständig machen. Das sagt deine Kreuzung, lügst du. Und die freuen sich dann total mit dir. Dass du da
jetzt auch so einen schönen Plan. Weil so eine Vision ja total Kraft
gibt und dir das sicher gut tut, so eine Vision und so eine Visionenkraft, und dich das irgendwie auch total erwachsen macht. Auch
optisch. So eine Vision macht dich optisch total erwachsen. Und
das spürst du selber gerade total, wie optisch erwachsen du gerade
wirst, wenn du diese Visionenkraft in dich reinlässt. Und du lügst
diese Visionenkraft in dich rein und bist ganz glücklich und machst
eine Flasche Sekt auf. Weil wenn drei Freunde auf einer Kreuzung
stehen und jeder seine Vision hat, dann macht man eine Flasche
Sekt auf. Auf die Zukunft eine Flasche Sekt. Und dann trinkst du
eine Flasche Sekt mit deinen Freunden und brauchst sehr viel Kraft,
dass du deinen Bekannten nicht eine in die Fresse knallst, weil sie
gerade so scheiß arrogante Drecks-Arschlöcher-Schlampen sind.
Und lügst dir schnell noch eine Alternativ-Kreuzung mit einer Plan-
B-Vision zusammen und trinkst noch einmal von dieser scheiß Sekt-
Pisse. Trinkst nochmal prophylaktisch auf die Lügen-Zukunft. Und
freust dich total, weil das für euch drei gerade ein total wichtiger
Moment. Total wichtig für jeden von euch. Fast so wichtig wie damals, als ihr gemeinsam. Also. Fast so wichtig. Oder vielleicht sogar. Ja. Wenn du in die glücklichen Gesichter deiner Freunde
schaust, dann bist du dir ganz sicher, dass das gerade viel wichtiger
ist als damals. Dass das gerade der wichtigste Moment überhaupt.
Höhepunkt. Und du findest das auch total schön, weil die theoretische Möglichkeit, dass jeder immer gehen kann. Dass von euch
jeder an jeder Kreuzung sagen kann, dass er da jetzt geht. Also diese

theoretische Möglichkeit, die ist total wichtig. Für die Praxis ist die
total wichtig. Weil nur so passiert, dass sich ein Kollektiv mit einer
Vision. Mit einer kollektiven Vision. Dass sich das ausdifferenziert
und perspektivisch maximiert. Und du findest das ein unheimlich
schönes Bild. Dass sich da was ausdifferenziert. Weil du willst das
nämlich mal so sehen. Du willst da jetzt nicht raunzen und sagen,
dass das vielleicht schade. Dass dir was genommen wird, wenn die
gehen. Dass du dann weniger. Dass da weniger, nach der Kreuzung.
Das für dich persönlich. Außerhalb des Kollektivs. Und bist ja
dann auch außerhalb. Weil ein Kollektiv. Seid ihr ja nicht mehr.
Und überhaupt. Kollektiv. Blödes Wort. Wirklich blödes Wort.
Und verdächtig. Verdächtig ideologisch. Kollektiv. War ja auch
keins. Und du willst da jetzt auch nicht egoistisch und immer nur an
dich denken, sondern jetzt mal positiv. Weil da wird nämlich was
ganz plötzlich viel mehr. Und das ist nämlich wirklich schön, denkst
du dir. Dass da was mehr wird. Ausdifferenziert. Pluralisiert. Dass
sich da so Possibilitäten ausdifferenzieren und pluralisieren und
maximieren und diese ganze Visionenkraft. Dass diese ganze Visionenkraft. Ja.

Und ich steig aus und nehm den Rucksack aus dem Kofferraum
und geh ins Hotel, und drinnen hat die Jeani schon den Sekt ent-
korkt.

(3)

JEANI   Ja. Also dass wir alle drei in derselben Stadt. Wir drei. Die
Babsi und ich und der Max. Wir drei. Ich hab ja vorher nie. Also so
eine Clique oder so. Hab ich ja vorher nie. Also in der Schule. Da
war ich nicht so auf Clique oder so. Weiß auch nicht. Also weiß jetzt
auch nicht warum. Viel gelernt halt. Also in der Schule. Und nicht
so auf Clique, und ich mein, sowas muss sich ja auch irgendwie
ergeben und entwickeln. Und dann wir drei in derselben Stadt, und
die Babsi und ich und der Max. Und schon auch ein bisschen links.
Wir drei. Schon auch ein bisschen links und kritisch und so. Und
Kino gehen und kochen. Gemeinsam. Ist ja auch viel billiger. Das

Kochen. Gemeinsam. Einfach billiger. Haben das ja auch mal durchgerechnet. Was das kostet. So allein. Was das kostet. Ich mein. Ich ja vorher nicht. Also allein. Aber als das dann mit dem. Also als das mit dem. Da hab ich ja kurz beim Max. Nur kurz. War total lieb von ihm. Vom Max. Nur kurz. Dann wieder alleine. Und das merkst du schon. Wenn du wieder alleine. Das merkst du schon, dass das was kostet. So allein. Und der Max hat ja dann auch. Also. So eine Vision. Der Max.

BABSI   Der Max. Kommt der Max also doch. Kommt doch und steigt beim Auto aus und ganz wie früher. Ganz wie früher. Wahnsinn. Der Max. Ganz wie früher. Und die Jeani. Auch ganz wie früher. Wirklich ganz wie früher, die Jeani. Fragt so komisch wegen dem Schlüssel herum. So ganz komisch fragt die. Fragt die mich zweimal, ob ich schon den Schlüssel. Und der Max noch gar nicht da. Und hab das Gefühl, dass die mich da wegbekommen. Dass die da alleine auf den Max. Und ich soll schon mal ins Zimmer rauf. Ich mein, hat sie nicht gesagt. Aber sicher gedacht, und ich merk das aber. Weil die Babsi hat auch was dazugelernt. Und die merkt das jetzt, die Babsi. Und wie die das merkt, weil die da ganz schön was dazugelernt hat in den letzten Jahren. Aber das weiß die Jeani nicht, dass man die Babsi jetzt nicht mehr so. Nein, das weiß sie nicht, die Jeani. Und dann ist der Max gekommen. Und wir zwei, die Jeani und ich. Wir waren ja beide so nervös.

JEANI   Naja. Jedenfalls. Echt. So eine Clique. Hatt ich ja vorher nie. Und dann noch. Das Beste kommt ja noch. Ich mein. Echt. Das Beste. Ich mein. Wir drei. So eine Clique irgendwie und schon auch in der Bewegung und links und so, und dann das Beste. Am Schluss. Haben wir drei doch echt die gleiche Therapeutin. Am Schluss. Echt lustig. Schön. War echt schön.

(4)

JEANI   So.
        Alle da.
        Sogar ganz schön pünktlich da.
        Alle drei.
        Schön.
        Dann hallo.
BABSI   Hallo Jeani. Nochmal hallo.
        Ja.
        Und Max.
        Auch hallo.
        Ganz offiziell jetzt.
JEANI   Ja ganz offiziell.
        Max hallo.
        Schön, dass du da bist.
        Und dass du's geschafft hast.
        Und Zeit hast und dass du's geschafft hast. Ja.
        Schön.
MAX   Hallo Jeani.
JEANI   Hallo Max.
BABSI   Schön, dass du da bist, Max.
MAX   Ja. Ihr auch. Dass ihr da seid.
BABSI   Und dass du doch gekommen bist. Obwohl du.
        Also trotzdem.
        Ich mein.
        Nicht trotzdem.
        Das klingt jetzt so.
        Nein.
        Mit »trotzdem« mein ich.
        Also, schön, dass du da bist.
        Und dass wir alle Zeit haben.
        Weil so selbstverständlich ist das gar nicht, dass man da
        einen Termin.*
        Dass alle drei.
        Aber drum hat das die Jeani ja auch. Also längerfristig.
        Ganz die Alte.*

Sowas musst du einfach längerfristig. Dann klappt's.
Nicht wahr?
Dann klappt's.

MAX   Ja.
         Und gleich hergefunden.

BABSI   Schön.

JEANI   Na dann, Prost.

MAX   Prost, Jeani.
         Babsi.

JEANI   Wer schläft bei wem?

BABSI   Also mich stört's nicht, wenn ich.
         Also.

MAX   Jeani, ich hab geglaubt.

BABSI   Also ich.
         Ich mein.
         Jeani, wenn du magst. Wir können ja.
         Gemeinsam.
         Ich mein.
         So ein Frauenzimmer.

JEANI   Aufregend, oder?
         Also.
         Ich mein, so lange Zeit und dann wir drei.
         Ich mein, wir drei halt und. Schon aufregend, oder?
         Ich mein, irgendwie wieder so wie damals.

BABSI   Jeani.
         Also ich.
         Mich stört das nicht.
         Wenn wir zwei. Ein Doppelzimmer.

MAX   Jeani, das versteh ich jetzt nicht.
         Drei Zimmer hat's geheißen, oder?

JEANI   Na gut dann eben nicht.

MAX   Jeani, ich mein.
         Drei Zimmer hat's geheißen.

JEANI   Nein, schon gut, wenn keiner bei mir im Zimmer.
         Muss ja nicht sein.
         Muss echt nicht sein.
         Und hat ja auch drei Zimmer geheißen.

          Und wenn keiner will.
          Und ich zwing überhaupt keinen.
          Hab mir halt gedacht dass das nett.
          Ach scheiß drauf.
BABSI   Aber Jeani, wenn der Max nicht will.
          Also.
JEANI   Drei Zimmer hat's geheißen. Ich hol schnell, ja?
BABSI   Naja.
MAX   Hat ja auch drei Zimmer geheißen.
          Und, Babsi?
          Gut schaust aus.
          Wirklich.
BABSI   Hat die Jeani auch gesagt.
MAX   Stimmt ja auch.
BABSI   Findest.
MAX   Typisch, oder?
BABSI   Naja.
MAX   Typisch. Wir kommen her, und die Jeani.
BABSI   Naja. Schön is hier.
MAX   Babsi, wie geht's?
BABSI   Schön is hier.
          Wirklich schön.
          Hat die Jeani gut ausgesucht.
          Hat sie wirklich gut ausgesucht, die Jeani.
          Naja.
          Aussuchen.
          Das is ja auch was für die Jeani.
          Aussuchen.
          Das kann sie. Ja.
          Das kann sie wirklich.
          Sieht man ja.
          Die Jeani sucht was aus. Und schau: schön. Schön. Oder?
          Doch schön hier.*
MAX   Ja.
BABSI   Wirklich schön.
          Hättest anrufen können.
MAX   Babsi.

BABSI   Hättest wirklich mal anrufen können.
Ich mein. Anrufen. Max.
Ja?
Einfach mal anrufen.
MAX   Du aber auch.
BABSI   Hättest echt mal anrufen können.
Anrufen geht immer.
Echt. Ich mein.
Anrufen geht verdammt echt immer, Max.
MAX   Ja.
BABSI   Halten.
Fester. Gut. Gut gut gut. Ganz fest.

(5)

BABSI   Es regnet rein, Max. Oben, Max. Durch die Decke, Max.
Da regnet's rein. Und wie. Da regnet's so rein, Max. Schon lange.
Aber du rufst ja nie an. Anrufen geht immer. Aber du. Du rufst ja
nie an. Nie rufst du an. Und es regnet rein. Und du rufst nicht an
und alles unter Wasser und irgendwann ich auch und treib hinaus
aufs Meer und geh unter mitsamt dem Bett und ertrink. Wach irgendwann nicht auf. Irgendwann nicht mehr auf. Und ertrink.

MAX   Und das hat sie natürlich nicht gesagt. Die Babsi.
Hat sie nicht. Muss nur grad an Mutter denken.

BABSI   Wenn er anruft, hört der Regen auf.

JEANI   Babsi, schau. Dein Schlüssel.

(6)

JEANI   Ja. Und dann hat sich das schon ein bisschen. Mit der Zeit.
Ich mein, da kann man auch keinem einen Vorwurf, dass sich sowas
mit der Zeit. Dass sich so eine Clique. Aber schön. War aber echt

schön. Wir drei und so eine Clique und jeder weiß alles von jedem und fast wie Glas, richtig durchsichtig, könnte man sagen. Waren richtig durchsichtig und du siehst total rein in jeden und intern total offen und so und. Also wir drei. Echt schön. Verliert sich halt. Mit der Zeit verliert sich sowas. Auch das mit dem links und so. Und paarmal angerufen. Und jeder viel zu tun. Die Babsi und der Max. Jeder viel zu tun. Und ich auch. Und paarmal angerufen, aber verliert sich halt. Aber intern trotzdem noch ganz nah. Intern. Ganz nah und vertraut und. Ich mein. Haben ja gemeinsam. Also gemeinsam. So einen Abschnitt. Gemeinsam einen Abschnitt. Lebensabschnitt. Gemeinsam. Und auch bisschen links und finanziell und emotional so einen gemeinsamen Abschnitt und paarmal angerufen. Nachher. Und jetzt hat da halt jeder was Neues. Neuen Abschnitt. Also, würd das jetzt gar nicht »Abschnitt«. Also das jetzt würd ich echt nicht »Abschnitt«. Mit der Babsi und dem Max. Das schon. Aber das jetzt würd ich echt nicht »Abschnitt«. Ich mein, das ist jetzt schon das richtige. Also das richtige Leben. Und theoretisch. Also theoretisch könnt man sich da auch mal freun.

(7)

JEANI   Na sowas. Lustig.
   An der Bar.
   Die zwei Schlaflosen treffen sich an der Bar.
   Lustig.
   Lustig.
   Früher war's der Kühlschrank.
   Du kannst nicht schlafen. Ich kann nicht schlafen. Wir beide. Keiner. Keiner kann schlafen. Stehen auf. Jeder für sich. Im Finstern. Durch die Wohnung. Und dann.
   Vorm Kühlschrank.
   Vorm Kühlschrank trifft man sich.
   Lustig.
   Und ein paar Jahre später.
   Du kannst nicht schlafen. Ich kann nicht schlafen. Keiner kann.[*]

Und im Finstern.
Und dann die Bar.
Und du.
Und ich.
Immer noch schlaflos, mein Max.
Lustig.
Immer noch schlaflos.
Und schweigsam.
Hab nicht geglaubt, dass du kommst, wenn ich ehrlich bin,
Max.*
Nein.
Wenn ich ehrlich bin.
Nein.
Hab geglaubt, du kommst nicht.
Da schaut er.
Nein. Wirklich nicht.
Ich mein.
Ich hab gehofft.
Ja.
Gehofft.
Max, jetzt sag was.
Wie geht's dir?

MAX   Gut.
JEANI   Hab nicht geglaubt, dass du kommst.
        Schön.
MAX   Ja.
        Schön.
        Und dass die Babsi da ist. Auch schön.
JEANI   Ja.
        Dass die Babsi da ist. Das ist auch schön.
        Klar ist das schön.
        Ich mein. Klar.
        Dass die Babsi und du.
        War ja auch der Plan. Dass du und sie.
        Wir drei.
        Hierher.
        Wie geht's dir?

MAX   Naja.
       Geht so.
       Nicht schlecht.
       Dir?
JEANI Auch.
       Beruflich.
       Also. Sehr gut.
       Und sonst.
       Ja.
       Auch.
       Mensch, Max.
       Verdammt. Jetzt tu nicht so.
       Schau mich an.
       Max, verdammt jetzt schau mich mal an.
       Schön.
       Echt schön, dass du da bist.
       Echt.

(8)

BABSI Also, das zwischen der Jeani und dem Max. Also. Nein. Ich
würd da jetzt nicht sagen, dass das. Nein. Ich mein. Das war sicher
nicht. Natürlich hab ich damals gedacht, dass das vielleicht schon
irgendwie. Also, dass das vielleicht was Fixes oder so. Aber die
Jeani. So unter Frauen. Wir zwei Frauen. Ich mein. Das hat schon
was. So zwei Frauen. Das hat schon was. Die Jeani und ich. Ich
mein. Ja. Und der Max. Also der Max. Der hatte da ja. Also der
Jeani hat das nichts ausgemacht. Nicht direkt. Also die hat das jetzt
nicht gestört oder so. War halt bisschen seltsam. Hat sie gesagt. So
zwei Frauen unter sich. Und mit »seltsam« mein ich jetzt nicht, dass
die zwei überhaupt. Also dass der Max und die Jeani. Das mein ich
jetzt nicht mit »seltsam«. Sondern dem Max sein Problem. Also, das
ist ja doch eher selten, dass ein Mann, also, dass der. Also dass ein
Mann nicht kann. Nein. Das ist nicht selten. Dass der keinen hoch-
kriegt. Das nicht. Aber beim Max. Da war das ja. Also die Jeani hat
erzählt, dass das beim Max anders. Also das Problem war jetzt

nicht, dass der keinen. Nein, das Problem war mehr so, dass der
Max, also der hat sich da schwergetan, dass er. Also, ich hab geglaubt, dass das nur Frauen. So mit Höhepunkt und so.

(9)

JEANI	Das mit.
	Du weißt schon.
MAX	Ja.
JEANI	Also. Das tut mir echt leid für dich.
	Und das ist dann nicht mehr lange?
MAX	Nein.
JEANI	Schade. Wirklich schade.
	Hätte ja was.
	Schade, dass das nicht.
MAX	Ich geh schlafen.
JEANI	Wirst jetzt müde, oder was?
MAX	Ja.
JEANI	Plötzlich müde.
	Plötzlich.
	Ganz plötzlich wird er müde.
	Ich komm, und er wird müde.
	Das ist toll.
	Wirklich, Max.
	Das is ja wirklich toll von dir.
MAX	Jeani, komm.
JEANI	Nix »Jeani, komm«.
	Früher vorm Kühlschrank. Da bist nicht plötzlich müde.
	Oder?*
	Nein. Da ist er nicht müde worden.
	Nein. Da nicht.
	Aber jetzt wird er plötzlich müde.
	Ich komm, und er wird müde.
MAX	Jeani, wie geht's dir?
JEANI	Hab nicht geglaubt, dass du kommst, Max.
	Hab ich echt nicht geglaubt.
	Und jetzt?

BABSI   He. Auch noch wach?
JEANI   Ja.
        Aber der Max, der schläft schon fast.
MAX   Ja.
JEANI   Ich komm. Und der Max. Weißt, Babsi.
        Ich komm zur Bar und der Max, der schläft schon fast.
BABSI   Ich kann nicht schlafen.
MAX   Die Jeani auch nicht.

(10)

MAX   Du bist nicht alt. Noch. Nein. Bist du nicht. Du bist. Ja. Man
könnte sagen, in der Blüte. In der Blüte deiner Jahre stehst du.
Könnte man so sagen. Zenit. Du stehst im Zenit. Könnte man sagen. Oder besser noch: davor. Du hast deinen Zenit noch vor dir.
Irgendwann bald. Bald der Zenit. Deiner. Dein Zenit. Dein Aufstieg. Du Sonne. Dein Aufstieg. In den besten Jahren. Bist in den
besten Jahren. Bald am Höhepunkt. Hast du dir. Also früher hast
du dir. Früher hast du dir gedacht, dass das noch. Dass der Höhepunkt. Dass der Zenit. Dass der noch kommt. Der kommt noch.
Und das alles jetzt: Vorbereitung. Dein Moment, dein großer Moment, der kommt noch. Dein persönlicher Zenit, dein Aufstieg, dein
Höhepunkt. Der kommt noch. Und alles jetzt ist Vorbereitung, und
du wirst es merken, wenn er da ist, der Moment. Wenn du hoch oben
im Zenit. Aber vielleicht hast du den ja schon. Vielleicht hast du
deinen Zenit schon. Hast ihn schon lang überschritten. Denkst du
dir. Hast's bloß nicht gemerkt. Hast ihn überschritten und bloß
nichts gemerkt. War ein leiser Zenit, dein Zenit. Einfach scheiß leise.
Machst dir halt eine Liste, denkst du dir. Machst dir eine Liste zum
Abhaken. Mit unterschiedlichen Unterteilungen, und prüfst mal,
prüfst mal deinen Zenit in allen Bereichen. Machst dir eine Liste für
alle Bereiche und hakst mal den Zenit ab. Nur so aus Interesse. Mal
schauen, wie das so ist. Wie's so steht. Bilanz ziehen. Zenit-Bilanz
ziehen und mal schaun. Nur so aus Interesse. Und du machst dir
deine Zenit-Liste, teilst das schön ein in so Spalten mit Beruflich
und Privat und Finanziell und alles. Und dann schaust du mal. Du

schaust mal, wie das so ist bei dir. Du gehst die Liste durch und
schaust mal, schaust dir überall in der Liste den Zenit an und
merkst. Du merkst plötzlich, da bist du vorbei. Da bist du irgendwie. In mehr als der Hälfte der Fälle in deinem Leben bist du irgendwie schon lange am Zenit vorbei. Die Höhepunkte. Die Zenit-
Höhepunkte. Deine. Die waren mal. Vielleicht. Weil da kannst du
dir auch nicht so sicher sein. Wenn nichts Besseres mehr kommt und
du nicht mehr höher raus. Also wenn du schon wieder am abstei-
genden. Du bist gut 30 und hattest noch nie eine Beziehung, wo du
sagen würdest. Nein. Hattest du noch nie. Scheiße, oder? Aber der
wirkliche Scheiß kommt erst. Weil wenn du damit schon über dem
Zenit bist. Wenn mit deinen Kack-Beziehungen schon das Maximum, das dir mögliche Maximum erreicht ist, dann musst du mal
da drinnen nach den Höhepunkten suchen. Schau dir deine Kack-
Beziehungen an und such mal nach den Höhepunkten. Geh mal auf
Zenitsuche in deinem Kack-Beziehungsleben. Und dann entdeckst
du, dass vielleicht diese eine Nacht. Diese Nacht mit Jeani. Dass
diese Nacht mit Jeani, wo ihr euch irgendwie so nahe. Dass diese
Nacht, wo du in ihr Bett bist, weil ihr beide einfach wusstet, wo ihr
wusstet, dass ihr euch was Gutes, weil wenn nicht ihr, dann keiner.
Dass diese Nacht mit Jeani dein Zenit war. Und du weißt, über
Jeani kommst du nicht raus. Das muss es gewesen sein. Dein Ereignis, dein großer Moment. Mit Jeani im Bett. Kommst nicht höher
raus, nicht höher raus als Jeani, die dir da eine Decke eingezogen
hat, die dir da eine gläserne Decke eingezogen hat, die dir zeigt, wie
hoch dein Zenit geht. Und du hast es gar nicht gemerkt, dass mit
Jeani dein Zenit, dass du ihn überschritten. Deinen Zenit. Mit Jeani.
In einer Nacht. In verdammt nur einer Nacht. Eine Sternschnuppe,
dein Zenit. Eine billige Silvesterrakete aus Scheiß-China-Irgendwo.
Das bist du. Völlig klar. Eine billige Zenit-Sternschnuppen-Rakete.
Und hast nichts gemerkt. Du hast einfach nichts gemerkt. Das ist
doch traurig, denkst du dir. Einfach nichts gemerkt. Hast deinen
Zenit überschritten und hast einfach nichts gemerkt, weil du einfach
zu den Menschen mit flachem Zenit gehörst. Es gibt Menschen, die
haben einfach einen scheiß flachen Zenit. Da ist einfach alles recht
flach. Bei denen. Die steigen einfach nicht so auf. Du steigst einfach
nicht so auf, wenn du einen flachen Zenit hast. Und drum merkst du

den Unterschied nicht. Du merkst nicht, dass das mit der Jeani schon dein persönlicher Maximalhöhepunkt ist. Merkst du nicht. Weil der Unterschied. Der Unterschied, die Differenz zwischen hier und Zenit ist einfach so klein, dass du's gar nicht merkst. Die Steigung. Dein Zenit ist flach, und den Unterschied merkst du nicht, den Höhenunterschied beim Zenit, und das sinkt dann wieder einfach so alles, und du hast gar nichts gemerkt, und das war's dann eigentlich schon. In deiner persönlichen Zenit-Kurven-Geometrie war's das schon. Zenit überschritten, Kehre, Wende, Scheitelpunkt. Zurück zur Achse, und Null. Aber vielleicht ist das ja alles nicht so schlimm, denkst du dir dann. Du denkst dir, das kann doch nicht so schlimm sein. Darf es nicht. Und dann beginnst du das Ganze mal neu zu rahmen. Du musst deinen Scheiß-Zenit einfach mal in einen neuen Kontext. Rekontextualisiere einfach mal deinen Zenit und schau dann nochmal drauf. Und dann holst du dir einfach einen Kontext her. Deine Familie. Du denkst dir, deine Familie, das ist ein guter Kontext, und vielleicht ist das ja in deiner Familie so der allgemeine Standard, dass man einen flachen Zenit. Und drum nimmst du mal eine andere Perspektive ein. Ein anderer Kontext. Und schaust mal und denkst dir, dass das gemessen am Zenit in deiner Familie allgemein. Da ist das Flache eigentlich ja sogar ganz schön hoch. Wenn man den Kontext ändert, dann ist das ganz schön hoch, dein flacher leiser Zenit, dein flacher Scheiß-Zenit. Den du schon lang überschritten hast. Und dann machst du was ganz Komisches. Du suchst dir alles, was vielleicht ein Zenit gewesen sein hätte können, du aber nicht erkannt und drum überschritten. Du suchst dir also jeden Vielleicht-Zenit in deinem Leben und schiebst ihn in einen neuen Kontext und machst was ganz was Tolles draus. Für dich. Ganz privat und geheim machst du aus diesen toten Dingen nachträglich was Tolles. Machst überall einen Zenit draus. Und das klappt ganz toll. Und plötzlich hast du so viele Zenite in deinem Leben, vor lauter Höhepunkten wird dir dann ganz schwindlig. Aber das nur kurz, weil das lässt schnell nach, und dann merkst du, dass das eigentlich gar nicht so. Sicher. Du hast Matura. Das ist ein Zenit. Du holst dir den neuen Familien-Herkunfts-Landei-Kontext rein und merkst, dass du einen Zenit hast. Du hast einen Bildungszenit. Im Landpomeranzen-Kontext. Und bist auch schon viel in der Welt herumgekommen. Reisezenit. Und kannst gut U-Bahn fahren. Flexibilitätszenit. Ganz schwindlig wird dir. Aber wie gesagt, das lässt schnell nach, und du merkst, dass das eigentlich gar nicht toll ist, und jeder Trottel hat Matura, und reisen und U-Bahnfahren und alles. Und du suchst weiter, weil du willst was mit Bedeutung haben und willst was Großes. Epochal bitte, denkst du dir. Und suchst und wertest und rahmst, weil irgendwo muss doch bitte verdammt. Jetzt, wo die anderen nicht mehr. Und dann. Irgendwann dann holst du mal tief Luft. Und schaust dich um. Und überall. Überall. Mit jedem Zenit. Überall. Glas. Höher kommst du nicht. Sagt das Glas. Das sagt dir das Glas. Du wohnst unter Glas, Baby.

(11)

BABSI   Am Minimum.
JEANI   Am sozialen Minimum.
BABSI   Wir waren am Minimum. Wir drei.
JEANI   Alle drei.
BABSI   Entscheidungsminimum.
JEANI   Possibilitäten. Du musst deine Possibilitäten maximieren.
BABSI   Maximieren ist gut. Maximieren ist immer gut.
JEANI   Es gibt Momente, da musst du einfach.
BABSI   Deine Möglichkeiten.
JEANI   Musst du maximieren.

BABSI   Am Minimum.
JEANI   Wir waren am Minimum.
BABSI   Perspektivischen Minimum.
JEANI   Perspektivenminimum.
BABSI   Dort waren wir.
JEANI   Wir drei.
BABSI   Angelangt.
JEANI   Irgendwann plötzlich.
BABSI   Plötzlich dort.
JEANI   Angelangt. Irgendwann.

BABSI   Und gemerkt, dass da.

JEANI   Dass da perspektivisch was fehlt.

BABSI   Dass da der Perspektive nach.

JEANI   Dass da was sein sollte, was aber.

BABSI   Was nicht ist.

JEANI   Aber sollte.

BABSI   Sollen ist gut. Sollen ist immer gut. Sollen ist verdammt gut.

JEANI   Schmerzen.

BABSI   Das Sollen ist ein abgeschnittener Fuß.

JEANI   Phantomschmerzen.

BABSI   Phantomschmerzen und Sollen.

JEANI   Eine Hand.

BABSI   Ein Arm.

JEANI   Ein Fuß.

BABSI   Da soll doch ein Fuß.

JEANI   Oder eine Hand.

BABSI   Oder ein Arm.

JEANI   Aber nein. Nichts.

BABSI   Nichts.

JEANI   Die Moral ist ein Fuß.

BABSI   Die Moral ist ein Fuß, der nicht da ist.

JEANI   Ist der Schmerz im Fuß.

BABSI   Und der Fuß ist nicht da.

JEANI   Und du stehst auf.

BABSI   Du liegst und stehst auf.

JEANI   Und der Fuß ist nicht da, und fällst auf die Schnauze.

BABSI   Weil der Fuß.

JEANI   Da soll doch ein Fuß.

BABSI   Ist aber nicht.

JEANI   Soll nur.

BABSI   Ist aber nicht. Leider.

JEANI   Nur sollen.

BABSI   Und fällst auf die Schnauze.

JEANI   Nur sollen.

BABSI   Am Minimum.

JEANI   Wir waren am Minimum.

BABSI   Aber nicht das Sollen.
JEANI   Nicht das Sollen.
BABSI   Das nicht.
JEANI   Nicht das Sollen.
BABSI   Maximal.
JEANI   Das Sollen.
BABSI   Unsres.
JEANI   Maximal.
BABSI   Plötzlich.
JEANI   Plötzlich schleichend.
BABSI   Schleichend plötzlich maximal.

(12)

BABSI   Mann, jetzt hätt ich gern einen.
       Wie geht's dir, Jeani?
       Sind ja noch gar nicht zum Reden. So richtig.
       Nein.
       So richtig eigentlich noch gar nicht.
       Bei dem ganzen Trubel.
       Kommen und kommen und kommen. Drei Leute kommen
       und schon lang nicht mehr gesehen und alle aufgeregt, und
       dann kann das schon passieren, dass man eigentlich gar
       nicht so richtig.
       »Reden« hast gesagt, Jeani.
       »Reden«.
       »Reden«.
       »Ein Frauenzimmer«.
       Und wie geht's dir? Jeani.
JEANI   Gut. Mir geht's gut.
BABSI   »Reden« hast gesagt. Jeani.
       »Reden«.
JEANI   Mir geht's gut.
       Max schläft. Aber mir geht's gut.
       Wirklich.
BABSI   »Frauenzimmer«.

Am Telefon. Hast »Frauenzimmer« gesagt. Am Telefon.
Du und ich.
Wir.
Zwei Frauen.
Und ein Frauenzimmer.
Und ein Bett.
Und kriechen unter eine Decke und machen unser. Machen
unser Frauen-Ding. Frauen-Kisten-Ding.
Wir zwei.
»Frauenzimmer« hast gesagt.
Und wenn er müd is, der Max. Macht ja nix.
Also mir macht das gar nix.
Is er halt müd.
Ich mein. Macht ja nix.
Sicher. Unser erster Abend.
Ja.
Könnt anders laufen.
Sicher könnt der erste Abend anders laufen.
So schön ausgesucht, das Hotel.
Sicher könnt das anders, Jeani.
Hast wirklich schön ausgesucht, Jeani.
Echt.
Is er halt müd, der Max.

JEANI   Soll er müd sein.
Wenn er meint.
Gut geht's mir.

BABSI   Soll er ruhig müd sein.

JEANI   Babsi.
Glaubst, dass ich?
Glaubst, ich?
Also.
Den Max.

BABSI   Nein.

JEANI   Aber vielleicht.
Ich mein.
Kann ja sein dass ich noch.
Oder wieder.

Ich mein.

Das kann doch sein. Nach so langer Zeit. Dass man.

Ich.

Dass ich.

Ich mein.

Das kann doch.

Sowas gibt's.

Sowas kann's geben.

Und vielleicht hab ich mich ja.

Ich mein, du hast dich ja auch weiterentwickelt.

Und der Max.

Ich mein.

So Entwicklungen.

Ich find so Entwicklungen die machen schon sexy. Find ich.*

So Entwicklungen.

Oder?

Babsi.

Findest nicht?

So Entwicklungen?

Sexy?

Vielleicht is er ja wirklich nur müd.

BABSI Ja.

Bestimmt.

Und Hans und dir. Geht's gut?

JEANI Ja.

BABSI Schön.

JEANI Ja.

Jetzt werd ich auch ganz müd.

BABSI Ich auch.

JEANI Naja.

Dann sollten wir.

BABSI Ja.

Was ist denn das für ein Scheiß! Da!

JEANI Babsi.

BABSI So ein verfickter Scheiß da.

Das alles.

Schönes Hotel, Jeani.
Wirklich schönes Hotel.
Und warum wird das nichts?
Ha?
Das alles.
Das da.
Jeani.
Weißt du das?
Weißt du das?
Warum das da nichts wird?
»Frauenzimmer«.
»Reden«, Jeani.
»Reden« hast gesagt.
JEANI   Dem Hans und mir geht's wirklich gut.
Echt.
Das passt ganz gut, das zwischen Hans und mir.
Ich mein.
Das mit Hans und mir.
Und ist das ja auch der Grund.
Ich mein.
Nicht der Grund.
Aber ich hab geglaubt.
Also ich wollt euch das.
Überraschen wollt ich euch. Den Max und dich.
Weil wir damals.
Ich mein.
Wir drei.
Ich wollt das mit dem Hans. Das mit dem Hans und mir.
Eigentlich wollt ich euch. Aber jetzt is auch schon egal.
Weil jetzt kannst du dir's schon denken.
Dass der Hans und ich.
Dass wir zwei.
Aber versprich, dass du dem Max nichts. Ja?
Versprich, dass du dem Max nichts sagst.
Dass der Hans und ich.
Wir zwei.
Ja.

BABSI   Jeani.
        Das freut uns.
        Den Max und mich.
        Wirklich.
        Du und Hans.
        Das freut uns.
        Sehr.
        Wirklich.
        Max und mich.
        Sehr.
JEANI   Uns auch.
        Uns freut's auch.
        Wirklich.
        Auch sehr.
        Ja.
        Sehr.
        Gut schaust aus, Babsi.
        Übrigens.
        Wirklich gut.
        Echt.
        Gefällt mir.
        Gefällt mir.
        Wie du ausschaust.
        Und überhaupt.
BABSI   Wirklich?
JEANI   Und.
        Ich mein.
        Dass wir drei.
        Dass sich da jeder so.
        Ich mein.
        Sind ja nur ein paar Jahre.
        Nur ein paar Jahre, und schau uns an.
        Schau uns an.
        Wie wir uns entwickelt. Und jeder macht was aus sich. Und
        die Zeit vergeht. Und wir kommen wieder zusammen.
        Nach 5 nach 10.
BABSI   Ja.
        Schön.

JEANI   Magst mich vielleicht.
         Ich mein.
         Magst mich.
         Weil früher.
         Komisch, oder?
         Früher, da war das umgekehrt.
         Da hab ich dich immer.
         Und jetzt.
         Nach 5 nach 10.
         Da frag ich *dich* ob du *mich.*
         Ob du mich.
         Vielleicht.
         Ob du.

(13)

MAX   Du stehst beim Saturn. Du stehst beim Saturn, weil es dir
scheiße geht. Du weißt genau, dass du jetzt in diesem verfickten
Drecks-Moment, dass du genau jetzt nur aus einem verfickten
Grund bei diesem Scheiß-Arschloch-Saturn stehst, weil es dir ein-
fach scheiße geht. Und du gehst durch die Regale, gehst durch die
Regale, gehst durch diese Schluchten an Regalen, und muss man
auch wandern durch finstere Schlucht, und du weißt genau, ganz
genau weißt du, was du willst. Du willst ein Produkt. Das Produkt.
Das totale Produkt willst du. Du willst das Produkt mit totalem
Mehrwert, mit totalem Psychomehrwert. Das Loch. Da ist ein
Loch. So nennst du das. Ein Loch. Und das Produkt. Die Produktstruktur. Diese fascho-psycho Produktstruktur der totalen Ware.
Die muss passen. Die muss in dein Loch passen. Die perfekte Fül-
lung, der totale Schwanz. Und du stehst beim Saturn. Und du weißt
genau. Du weißt verdammt genau, was da abgeht. Warum dich
dieser iPod, warum dich der so anmacht. Dieser Nutten-iPod, der
so tut, als wär er dein Freund, als wär er die Liebe, als wär er genau
das, was du brauchst, was du jetzt in diesem scheiß Drecks-Moment
brauchst. Für dein Loch. Für dieses verfickte Loch in dir. Und du
weißt genau, dass das nicht stimmt. Du weißt genau, dass der Nut-

ten-iPod lügt. Alles lügt. Beim Saturn lügt alles und überhaupt und diese Nutte, dieses Nutten-Produkt, dieser Lügen-iPod, du weißt ganz genau, dass dir diese Nutte nicht die Wohnung mit Freunden füllt und dich nicht schöner macht und dir keine Kohle und kein bisschen verdammten Stil, verdammt, dein Stil und Geschmack, du Landei, das gibt dir dieses Ding nicht. Und du sagst zu dieser Nutte, sagst zu dieser Produktnutte. Nein. Nein, sagst du. Nein. Ich hasse dich. Ich hasse dich. Sagst du zu dieser Produktnutte. Ich hasse dich. Du bist es nicht. Nein. Leider. Du bist es nicht. Du bist nicht das. Du bist es nicht. Du weißt das ganz genau, dass das Produkt eine Nutte ist. Das weißt du ganz genau. Und das sagst du auch. So wie der Jeani. Der Jeani. Der hast du auch. Damals hast du der Jeani auch gesagt. Nicht wörtlich. Die Liebe. Du weißt. Du denkst. Du denkst, dass du weißt, dass die Liebe. Für dich. Du weißt, dass die Liebe für dich eine Nutte ist. Und nie genug und nie ganz. Und das Loch immer zu groß und dein Schwanz immer zu klein und die Nutte immer ein scheiß Produkt, das durch dein Loch plumpst und fort. Und wenn sich da eine festkrallen will. In deinem Loch. Wenn da eine kommt und sagt, ich halt mich da fest, ich pass schon in dein Loch. Ich wachs da rein. Ich mach mich passend. Ich pass schon. Wenn da eine kommt und sich festkrallt in deinem Loch und sich aufbläst und so tut, als wär sie total. Wenn da eine kommt und total sein will. Und sich in deinem Loch festmacht. Sich dort einnistet und ihr Nestchen baut in deinem Loch. Wenn dieses Produkt in deinem Loch wohnen will. Dieses Produkt, von dem du genau weißt, dass es nicht passt, dass es da nicht reinpasst, in dieses Loch, weil da nichts reinpasst. Kann gar nichts passen. Kann es gar nicht. Nichts kann das, und drum offen. Drum offen lassen das Loch. Drum lässt du das Loch offen. Und keine kann sich da so einfach. Keiner kann sich da reinwohnen, weil das offen. Weil du das offen lässt. Das Loch. Weil die Liebe. Das Loch bleibt offen. Die Liebe ist ein Messias. Und die Nutte. Die Produktnutte wohnt sich rein. Und du willst das offen. Die Liebe ist ein Messias. Und dein Loch, das lässt du offen, und die Jeani versteht das nicht, und du hast nur zwei Möglichkeiten. Die Jeani hält sich fest, keilt sich da rein, in dein Loch. Und du nur zwei Möglichkeiten. Größer oder kleiner. Das Loch größer oder kleiner. Fallen lassen. Zerdrücken. Babsi. Jeani.

Größer. Kleiner. Fallen lassen. Zerdrücken. Nutte. Messias. Und du stehst beim Saturn. Und du weißt genau. Du weißt genau, wenn du schwach wirst. Wenn du schwach wirst. Wenn es dich fickt, das Produkt. Wenn du zulässt, dass es dich fickt, dieses gottverdammte Arschloch-Fut-Produkt, wenn es dich fickt, und du kaufst. Wenn du kurz schwach und das Glück kaufst, die Nutte als Messias, und kurz ein Glück, und dann in der U-Bahn sitzt, und dein Produkt und dein Glück bei dir. Wenn dein Glück und du. Wenn du mal ganz öffentlich sein willst, du und dein Glück. Die Nutte, Messias und du. Kurz ganz öffentlich. Du und dein Produkt. Und dein Produkt den Menschen, den Menschen dort, wo du ganz öffentlich bist, den Menschen in der U-Bahn. Dann erzählt dein Produkt den Menschen, dass du glücklich bist und dass da immer Freunde auf Besuch, und alle so schön wie du, und gemeinsam Reisgerichte kochen und auf Surfbrettern Rohkost essen und dein Körper Werbefläche nur für dich und dein Sex ein Themenpark gemeinsam mit Freunden von überall die ganze Welt bei dir zu Haus und der Sound dafür immer dabei. Und die Liebe. Lügt die Nutte. Lügt die iPod-Nutte. Lügt die Liebe als Produkt. Und du hörst die Liebe lügen und den Messias und die Nutte und den iPod und schaust dich um und glaubst dir selber nicht, dass du kurz. Ganz kurz nur. Wirklich kurz nur irre geil wirst. Dass dich das Lügen so geil macht, dass du gleich kommen könntest. Gleich öffentlich könntest du kommen, weil dich die totale Glücks-Lüge so geil macht, die öffentliche Glückslüge. So geil wie schon lange nicht mehr, denkst du dir. Der Messias ist eine geile Sau. Die Produktnutte bläst wie eine Göttin, und alle können sehn, wie gut's dir geht. Weil du schwach geworden bist. Und es fällt dir wie Schuppen von den Augen. Und du beschließt. Direkt dort. In der U-Bahn mit deinem neuen Nutten-iPod sitzt du und beschließt. Öffentlich beschließt du. Öffentlich nie mehr. Nie mehr öffentlich. Nie mehr öffentlich diesen iPod für dich lügen lassen. Nie mehr öffentlich glücklich sein. Nie mehr unpolitisch geil sein. Bis der Messias kommt nie mehr.

(14)

BABSI »Reden« hast gesagt.
       »Reden«.
       Wolltest bei ihm.
       Oder?
       Bei ihm.
       Wolltest beim Max. Beim Max wolltest.
       Gib's zu.
       Beim Max.
       Bloß leider.
       Der Max.
       Wollt leider nicht.
       Wollt nicht. Der Max.
       Wollt nicht.
       Wollt lieber allein.
       Wollt allein ein Zimmer.
       Ohne dich.
       Ganz ohne dich.
       Allein.
       Der Max.
JEANI Stimmt. Allein.
       Der Max.
BABSI Ja.
JEANI Der Max is gern allein.
BABSI Ja.
JEANI Und du?

(15)

JEANI Ja. Der Max is gern allein. Dem macht das nichts. Wirklich.
Das Alleinsein, das macht ihm nichts, dem Max. Nein. Gar nicht.
Weil der Max. Ich mein, der Max, der war ja immer. Immer. Oder
fast. Ich mein fast immer. Und da glaub ich nicht, dass er jetzt. Also,
dass der Max jetzt. Ich mein, dass der jetzt wen. Hat der wen, der
Max? Ich hab noch gar nicht gefragt, aber sicher nicht, ich mein, der

Max. Der is doch gern allein. Der is doch wirklich gern allein. Bevor
der irgendwas. Ich mein, Tschuldigung, aber, bevor der Max irgendwas. Ich mein, irgendwas. Ich mein, bevor der irgendwas, da bleibt
er lieber allein.

BABSI   Warst du »irgendwas«?, frag ich sie. Warst du »irgendwas«?, Jeani? Ha? »Irgendwas«?, frag ich sie. Weil wenn der Max
lieber »nichts« als »irgendwas«. Und damals, da hat der Max. Und
das würd dann heißen, dass die Jeani. Dass die »irgendwas«. Die
Jeani. Das würd das heißen. Denk ich mir. Warst du »irgendwas«?,
frag ich sie. Und dann Stille. Stille. Schweigen. Nichts. Aber die
Babsi. Die Babsi. Die hat auch einen. Ja, die hat sich auch entwi-
ckelt, die Babsi. Auch einen Schritt gemacht. Und nicht mehr so.
Nicht mehr so wie damals. Babsi. Babsilein. Babsilein. Babsilili.
Babsichen. Babsilein durchschaut das. Durchschaut das alles. Was
die Jeani vom Max. Die Jeani. Weil das ist sicher kein Zufall, dass
sie plötzlich auf die Idee kommt. Ganz plötzlich soll die auf die Idee
kommen, dass wir drei. Nein, ein Zufall ist das sicher nicht. Dass die
Jeani. Den Max. Die will den Max, die Jeani. Nicht so. Nicht so wie
man wen will, wenn man. Nein. Nicht so. Und die durchschaut das,
die Babsi. Die durchschaut die Jeani. Und wie die Babsi die Jeani
durchschaut. Weil die Babsi, die merkt sowas. Die kann auch zwischen den Zeilen, die Babsi. Die durchschaut das. Eine Ahnung hat
die Babsi. Einen Verdacht. Einen bösen Verdacht. Böse aber wahr.
Sehr wahr sogar. Bestimmt wahr sogar, der Verdacht, der böse.
Dass die Jeani. Dass das alles hier. Das alles. Das schöne. Das
wunderschöne Hotel und das alles hier. Das ist alles nur. Alles nur,
damit die Jeani. Damit die Jeani einmal noch. Noch ein letztes Mal.
Einen linken Abschiedsfick will sie. Die Jeani.

JEANI   Ich find das eine tolle Eigenschaft. Ja. Toll. Toll find ich das.
Wenn wer sagt: Du, unter einem Level. Unter einem gewissen Level.
Unter einer Grenze: Nein. Wenn wer sagt: Nein, unter einer gewissen Grenze. Nicht mit mir. Das ist toll. Wenn's wer nicht nötig hat
und auch allein und einfach bei sich selber und. Toll. Der Max is
total intern. Das is er. Intern. Ganz bei sich. Der braucht das alles
nicht. Nicht der Max. Der braucht das nicht. Der is frei. Der is

intern und frei und schert sich einen Dreck. Einen Dreck schert sich
der Max, was man soll und muss und überhaupt. Extern. Was man
extern muss und soll und überhaupt. Da schert sich der echt einen
Dreck drum, der Max. Intern. Ja. Intern. Sicher. Intern schon. Das
schert ihn. Das Interne. Sein eigener Level. Einen Anspruch haben.
Einen Anspruch. Intern und eigen und drunter geht nichts und intern mit sich selber konsistent und stimmig. Stimmig. Der Max ist
stimmig. Das mag ich so. Wenn mich wer fragt, was ich am Max so
mag, dann sag ich: »stimmig.« »Stimmig,« sag ich. Der Max ist
stimmig. Intern völlig stimmig mit sich selber und alles. So allein.
Und so stimmig allein. Der braucht das gar nicht. Ich glaub, der
braucht das nicht. Das Externe braucht der Max nicht. Ich mein,
vielleicht. Vielleicht nur ein bisschen. Aber nicht soviel wie die Babsi
oder ich. Der Max. Der Max, der kann sein. Der kann bei sich selber
sein. Das kann er wirklich gut. Und der kommt auch wirklich gut
aus. Der kommt wirklich gut aus mit sich selber und den Dingen
und dem Geld. Ich mein, der braucht einfach nicht so viel, und dem
ist das auch nicht so wichtig. Ich mein, sicher, für so alltägliche
Sachen. Da schon. Aber so insgesamt. Ich mein. Der Max, der legt
da nicht soviel Wert drauf. So Accessoires und so. Nein. Nicht der
Max. Ist ihm nicht so wichtig. So Accessoires und so. Dabei, ich
mein, sicher, so ein Faible. So ein Faible hat er schon, der Max. So
ein Faible für die Technik. Also für so technisches Spielzeug. Für so
kleine technische Sachen. So was mag er. So technisches Spielzeug.
Aber so was kostet halt. So was kostet. Und drum kann sich das der
Max auch nicht. Also hin und wieder schon. Aber. Ich mein, so was
braucht man ja auch nicht so dringend. Das sind ja dann doch mehr
so die Luxus-Sachen. Und »brauchen« kann man das echt nicht
nennen. Aber der Max bekommt so was dann immer von seinen
Eltern zu Weihnachten. Süß irgendwie. Zu Weihnachten. Süß.

BABSI   Das mit dem Max. Also das mit dem Max und mir. Ich
mein. Ja. Das war. Ich mein, wir beide, der Max und ich, haben halt
gedacht. Ich mein. Das muss ja nicht immer alles, also muss doch
nicht immer alles sexuell oder so. Muss es nicht. Und wir haben uns
da einfach. Ich mein, es gibt doch auch wirklich noch was anderes,
und nicht immer alles sexuell. Weil zufällig gibt's da auch noch ein

paar andere Bedürfnisse. Zufällig auch noch andere. Andere Bedürfnisse. Und das ist jetzt wirklich ganz ohne Wertung. Also ich würd das nicht als Wertung, wenn ich da jetzt sage, dass das vielleicht. Vielleicht sind das sogar tiefere Bedürfnisse. Also jetzt ohne Wertung, aber vielleicht tiefer. Muss ja nicht immer alles sexuell oder so. Muss ja nicht immer. Und der Max und ich. Ich mein, wer sagt denn, dass das immer alles. Kuscheln. Kann doch auch mal nur Kuscheln sein. Ohne. Ich mein ohne. Nur mit Kuscheln. Sonst ohne. Kuscheln ohne. Also ohne. Geht doch auch. Haben der Max und ich gesagt. Weil man hat doch auch seine Bedürfnisse. Jetzt nicht nur sexuell hat man doch auch seine verdammten Bedürfnisse, dass dich mal wer. Ja verdammt, dass dich mal wer einfach nur so, ganz ohne, dass dich mal wer einfach nur so. Einfach nur so. Und der Max und ich. Wir beide. Der Max und ich voll mit diesem verdammten scheiß Bedürfnis. Und dann haben wir gesagt, wir zwei, der Max und ich, dass wir uns da zusammentun. Zusammentun, so ein Mikrosystem, haben wir uns gedacht, ein Kuschel-Mikrosystem. Tun wir uns zusammen, haben wir uns gesagt, wir zwei. Nur so. Nur so tun wir uns zusammen, ganz ohne, zum Kuscheln, weil jeder sein Bedürfnis hat, mal ganz. Also. Mal ganz. Weil man muss doch auch mal loslassen. Und der Max und ich. Also das Loslassen. Drum so ein System, so ein System im System, so ein Kuschel-Mikrosystem im System, weil die Jeani, die kuschelt ja nicht so gern. Und man kann sich da auf dieser Ebene ja doch einiges geben, ohne dass das immer gleich. Ja. Muss ja nicht immer gleich, verdammt. Bloß kuscheln. Bloß kuscheln, der Max und ich. Bloß so. Ohne irgendwas. Ich mein. Ja. Versteht halt keiner. Versteht keiner, dass wir zwei da einfach bloß so, ganz ohne. Und liegen nur so da. Im Bett, der Max und ich. Kommt spät in der Nacht noch zu mir, der Max, und in mein Bett, und kuscheln wir zwei, kuscheln wir und drücken und halten, und total schön für uns beide, weil wir sonst ja jeder für sich ziemlich, also der Druck ist schon recht groß, und drum so ein bisschen kuscheln, und ich mein damals, da waren wir ja beide doch eher, also psychisch, da waren wir beide. Jedenfalls so ein Kuschel-Mikrosystem im System und ja. Jedenfalls.

JEANI   Ich mein. Das mit der Babsi und dem Max. Ich mein. Naja. Das war ja nur. Also das war ja wirklich. Dabei hätt ich's ihr wirklich. Also der Babsi. Hätt ihr das wirklich vergönnt, der Babsi, dass das mit ihr und Max. Dass das. Ja. Das hätt ja auch was werden können, das mit der Babsi und. Aber der Max. Ich mein, der Max, der is da einfach anders. Der Max, der is da. Ich glaub, der is da nicht so auf Beziehung und so. Der is total intern der Max.

BABSI   Und dann liegst du neben diesem Typen im Bett, und er seinen Kopf auf deiner Brust, und du fragst dich, was verdammt da jetzt Halten dran sein soll, wenn der Typ immer mit seinem Kopf auf deiner Brust liegt und du vielleicht auch gern mal mit deinem Kopf auf seiner, aber der seinen scheiß Kopf nicht wegbewegt und dein Busen schon ganz wehtut von seinem Arschlochkopf und du dir denkst, okay, vielleicht einfach bisschen streicheln den Kopf, und dann genügt's ihm und er legt sich verdammt nochmal wieder normal ins Bett und nicht mit dem Kopf auf deinem Busen, und beginnst seinen Kopf zu streicheln, weil das Ganze ist ja schon auch ein Deal, also auf Gegenseitigkeit, und du denkst dir, wenn du ihn streichelst, dann fällt ihm auf, dass jetzt dann langsam er auch mal bei dir. Und drum streichelst du und streichelst du. Und dein Busen tut scheiß weh, und du streichelst und kraulst und herzt und liebkost – verdammtes Scheißwort »liebkosen« – liebkost seinen Kopf an dieser Stelle, wo er in ein paar Jahren eine Glatze haben wird, und »liebkost« wie eine Wahnsinnige, wie verrückt liebkost du den Scheißkopf von diesem Egoschwein. Und das Ganze mit dem Kuscheln, das soll doch für euch beide. So war doch der Plan, dass ihr euch beide gegenseitig was Tolles. Also einfach gegenseitig sich was Tolles tun. Und dir tut der Busen weh und die Hand schon vom Streicheln, und dieses Kuscheln ist der größte verwichste Scheißdreck, und der atmet plötzlich so ruhig, der atmet so ruhig, wie der plötzlich ruhig atmet auf deinem Busen mit seinem Kopf, und dann schläft er. Und seiner Depri-Stimmung geht's wieder gut, und schläft wie ein Baby und kann nicht abspritzen und kann auch nicht kuscheln. Aber so ist halt der Max, und unser Mikro-Kuschelsystem war leider nicht so eine gute Idee. Weil unter Kuscheln stell ich mir was anderes vor. Echt. Ich mein, bitte. Da stell ich mir wirklich

was anderes. Weil schließlich. Ich mein, schließlich möchte ich auch
mal. Verdammt, das gibt's doch nicht, dass ich nicht mal beim Kuscheln, dass ich nicht mal da. Ich mein, das gibt's ja nicht. Beim Sex,
da kann ich. Wenn's da nicht klappt, dann kann ich noch immer.
Wenn der einschläft, mach ich's mir halt selber, verdammt. Ich
mein. Ja. Das kommt vor. Aber beim. Ich mein, bitte, Tschuldigung.
Beim Kuscheln. Ich mein, bitte, beim Kuscheln, wie soll ich denn?
Kann ich? Bitte, kann ich mich selber? Wenn der einschläft, da kann
ich's mir leider nicht selber, beim Kuscheln. Selber, das kann ich
dann leider nicht, wenn der einschläft. Selber. Selber halten. So ein
Drecksscheiß aber auch. Und ich damals auch voll depri und sag
nichts und bekomm kein Auge zu die ganze Nacht lang und weiß
genau, dass mich meine Therapeutin fragen wird, ob ich noch ganz
dicht bin. Fotze.

JEANI   Ja. Scheiß drauf. Ich mein. Kennst du das nicht? Dass du
das Gefühl hast, dass dich da wer. Ich mein. Das klingt jetzt scheiß
brutal und alles. Aber das ist doch normal, dass man manchmal das
Gefühl hat, dass dich ein anderer Mensch. Und das sagt nichts über
den Menschen oder so. Ich mein. Aber die zieht mich runter verdammt. Ja. Klar. Ich mein. Sicher. Ihr Ratschlag. Ich mein. Ja. Das
war schon eine gute Idee. Geh zur Beratung. Das war schon eine
gute. Verdammt. Ja. Aber. Ich mein. Soll ich mich jetzt. Das wär ja
lächerlich. Das wär ja verdammt scheiß lächerlich, dass ich mich
jetzt schuldig fühlen muss, weil es mir gut geht und weil ich nicht
mehr so scheiße drauf bin wie damals und mich selber jetzt ein
bisschen akzeptieren kann und alles, und ich mein, das ist doch jetzt
echt verdammt nichts, wofür man sich schuldig fühlen muss. Echt.
Weißt du was. Weißt du was? Ich glaub. Ja, sicher. Das ist jetzt eine
böse. Ja. Weiß ich schon. Das ist jetzt eine extra böse. Verdammt. Ja.
Eine Unterstellung. Aber manchmal. Manchmal hab ich mir echt
gedacht. Manchmal. Früher. Jetzt nicht mehr. Aber früher hab ich
mir echt manchmal gedacht. Ja. Unterstellung. Aber scheiß drauf.
Hab mir einfach gedacht, der wär's lieber, wenn's mir auch wieder
so scheiß schlecht geht wie ihr. Das würd ihr gefallen, hab ich mir
gedacht. Böse Unterstellung. Das würd ihr gefallen, wenn wir beide
ganz unten. Wieder beide ganz unten. Das hätt ihr gefallen. Ja. Eine
Unterstellung. Böse. Scheiß drauf. Jetzt bin ich grad total unfair.

(16)

BABSI   Ganz wie der Max.
         Total gern allein.
         Der Max und ich.
         Wir zwei.
         Total gern allein.
         Lustig.
         Wir zwei.
         Echt lustig.
         So gern allein.
         Wirklich lustig.
         Finden sich doch wirklich.
         Wir zwei.
         Der Max und ich.
         Zwei von derselben Sorte.
         Der Max und ich.
JEANI   Magst bei mir.
         Babsi?
         Bei mir?
         Heut?
BABSI   Nein.
JEANI   Nein.
         »Frauenzimmer« hab ich.
         Hab ich echt gesagt.
         »Frauenzimmer«.
         Wir zwei Babsi.
BABSI   Finden sich.
         Lustig.
         Zwei von derselben Sorte.
JEANI   Babsi magst?
         Heut?
         Wir. Zwei.
BABSI   Lustig.
         Wirklich lustig.
         Der Max und ich.
         Und du und der Hans.

JEANI »Frauenzimmer« hab ich gesagt.
BABSI Ja.
       Und »reden«.
JEANI Ja.
       Und »reden«.

(17)

JEANI   Ja, und dann hab ich den Max schon gefragt, ob er. Ich
mein, Tschuldigung. Was der für Vorstellungen. Glaubt der. Ich
mein, glaubt der doch wirklich. Rechnet sich das durch und glaubt
doch wirklich, dass wir drei. Ich mein. Zuerst hab ich mir ja gedacht,
ich hör nicht recht. Hab echt gedacht, ich hör nicht recht, wie mir
der Max. Ich mein Tschuldigung. Glaubt der echt, dass wir drei da.
Und kommt mir dann mit Zukunft. Und dass das auch finanziell.
Und dann hab ich mir schon gedacht, dass mich gar nichts. Also
mich wundert gar nichts. Nein. Mich wundert gar nichts. Dass wir
alle drei, nein, das wundert mich gar nicht. Ich mein, Tschuldigung,
aber wie soll denn da wer. Bitte, wie soll denn da wer von uns. Wie
denn. Wenn wir uns gegenseitig. Und ich mein das gar nicht bös.
Aber wir blockieren uns. Gegenseitig. Echt. Der Max, der blockiert
uns. Und wie uns der blockiert. Ich mein, spätestens wenn eine von
uns. Wenn bei einer von uns. Also, wenn sich da was tut, dann würd
sich da ja sowieso. Also, dann würd das alles. Ich mein, stell dir vor,
du hast einen Freund. Ich mein, aus dem Alter sind wir schon draußen, dass wir. Ich mein, ein bisschen privat. Weil aus dem Alter. Ein
bisschen privat, das kann man irgendwann schon verlangen. Und
dann sag ich zu ihm: Ja, das is mein Luxus. Tschuldigung, dass ich
mir das leisten will. Ein bisschen privat sein können, das ist mein
Luxus, weil ich glaub, man strahlt das schon aus. Draußen. Wenn
du wen kennenlernst, da strahlst du das nämlich, glaub ich, schon
aus, dass du eigentlich gar nix Privates und dass da eigentlich gar
kein Platz ist für wen, weil so wie du wohnst, da hat überhaupt
keiner Platz, und das spüren die, weil du das ausstrahlst, und dann
brauchst du dich nicht wundern, dass du keinen hast, weil wenn du
dauernd ausstrahlst, dass da kein Platz ist für wen. Dass du blo-

ckiert. Dass dich dein Wohnen blockiert. Und drum hab ich gesagt, ja, ich gönn mir den Luxus, dass da wer Platz haben kann. Theoretisch. Theoretisch hat seitdem ich allein. Also in meiner Wohnung, da hab ich jetzt schon Platz, und auch ein bisschen privat, und theoretisch ist da jetzt auch Platz für einen Menschen. Und der könnte dann theoretisch. Also, ich weiß ja wirklich nicht, wie sich der Max das vorstellt. Ich mein, der glaubt doch nicht, dass wir dann irgendwann zu sechst. Wenn jeder wen hat, und ich nicht so blockiert. Ich mein, Tschuldigung, aber irgendwann will ich dann schon auch ein bisschen privat sein. Und nicht zu sechst. Und dann tut der so, als wär ich die Böse, nur weil mir zu sechst. Ich mein Tschuldigung. Du strahlst das aus. Wie du wohnst. Das strahlst du aus, dein Wohnen. Und dann darfst dich nicht wundern, hab ich mir gedacht. Darfst dich nicht wundern. So wie du wohnst, darfst dich nicht wundern. Und immer warten. Blockiert sein und warten. Und wohnen. Ohne irgendwie privat. Dauernd ohne privat und theoretisch zu sechst und schon fast wie Glas, so ganz ohne privat, und trotzdem warten, schau ich beim Fenster raus, ob wer kommt und ich total blockiert, weil mein Wohnen. So ein verdammter Scheiß. Dauernd am Warten, dass was Neues. Und total blockiert. Schau beim Fenster raus. Ob wer kommt. Beim Fenster, ob wer kommt. Und seh nur Glas. Und zu sechst. Theoretisch. Und theoretisch könnt ich auch mal glücklich.

(18)

BABSI	Hallo Max.
MAX	Hallo.
BABSI	Und?
	Schlafen können?
MAX	Ja.
BABSI	Und?
	Gut?
	Gut geschlafen?
	Und stehst immer noch früh auf.
MAX	Du auch.

BABSI   Ja.
        Auch.
        So wie du.
MAX   Und die Jeani?
BABSI   Die nicht.
        Gut schaust aus, Max.
        Echt.
        Komisch, oder?
        Dass das damals.
        Mit uns.
        Ich mein.
        Dass das.
        Doch komisch, oder?
        Dass das nicht.
        Doch wirklich komisch.
        Is einfach nichts passiert.
        Damals.
        Bei uns.
        Is einfach nichts passiert.
        Immer gleich.
        Alles immer gleich.
        Alles gleich geblieben.
MAX   Und jetzt?
BABSI   Jetzt?
MAX   Gleich geblieben?
        Jetzt?
BABSI   Nein.
        Nicht.
        Ich nicht.
        Du?
MAX   Nein.
BABSI   Das ist sexy.
        Die Jeani sagt, das ist sexy.
        Nicht-gleich-bleiben.
        Sexy.
        Und weißt was noch?
        Weißt was die Jeani noch sexy.

          Nein.
          Das sollt ich jetzt glaub ich nicht.
          Aber ich sag's einfach.
          Weil is ja nix dabei.
          Oder?
          Am Sexy-Finden.
          Is ja nix dabei find ich. Am Sexy.
          Weißt was die sexy, die Jeani?
MAX   Nein.
BABSI   Und bei uns.
          Gleich.
          Alles.
          Immer.
          Immer alles gleich. Bei uns.
          Total gleich.
          Alles.
          Und nichts passiert.
          Nichts entwickelt.
          Hat sich gar nichts entwickelt. Bei uns.
          Alles gleich.
          Kein Entwicklungsschritt. Bei uns.
          Nein.
          Immer gleich.
          Oder?
MAX   Ja.
          Is nix passiert.
BABSI   Nein.
MAX   War aber alles da.
BABSI   Ja?
MAX   Ja.
          Alles da.
          Ich mein.
          Hätt nur.
          Hätt nur was passieren.
          Müssen.
          Müsste.
          Hätte müssen.

BABSI   Und jetzt?
        Und?
        Max!
        Und?
        Passiert was?
        Ha? Passiert da was?
        Jetzt?
        Max!
        Nichts. Oder?
        Hab ich recht?
        Verdammt verfickt nichts!
        Oder?
        Max.
        Oder?
        Passiert was?
MAX   Nein.
BABSI   Und warum nicht?
        Ha?
        Schau ich alt aus?
        Doch alles da.
        Alles. Wie damals.
        Alles da.
        Oder?
        Oder?
        Max!
        Doch alles da.
        Und nichts.
        Nichts passiert.
        Nicht mal feucht.
        Nein.
        Nicht mal feucht werd ich.
        Alles da.
        Aber nicht mal. Nein.
        Und die Liebe?
        Nein.
        Auch nicht.
        Trocken und keine Liebe.

Wie damals.
Trocken und keine Liebe.
Da haben sich ja zwei gefunden.
Trocken und keine Liebe.
Da haben sich zwei.
Ich trocken. Du trocken. Und die Liebe. Ich keine. Du keine.*
Da haben sich ja zwei.
Und nix passiert.
Nix.
Weißt du was?
Unser Problem, Max.
Unser Problem.
Ganz einfach.
Zu ähnlich, Max.
Wir zwei.
Du und ich.
Einfach zu ähnlich.
Und wenn ich schon selber trocken.
Da brauch ich dann schon einen Kerl, der. Weil bei dir kommt ja nichts.*
Ob da Staub rauskommt?
Ob aus deinem Schwanz Staub? Wenn du kommst? Max?
Aber du kommst ja nicht.
Genau wie ich.
Kommen beide nicht.
Keine Höhepunkte, Max.
Wir zwei.
Keine Höhepunkte.
Meine Fotze und dein Schwanz.
Staub.
Wüste.
Ausgetrocknet. Unser Fickzeug.
Von der Sonne ausgetrocknet.
Samenlose Glashauspflänzchen.
Hat die Sonne tot gemacht.
Hat keiner gegossen.
Im Glashaus verdorrt.

MAX   Was willst du, Babsi?
BABSI   Bisschen feucht werden, Max.
        Ist dir auch so heiß.
        Mir is so heiß, Max.
        Die Sonne.
        Die brennt so runter.
        Diese scheiß Arschloch-Sonne.
        Wie die brennt.
        Wie die auf mich runterbrennt.
        Und mir so heiß, dass ich mir gleich die Kleider vom Leib.
MAX   Was willst? Ha?
        Babsi?
BABSI   Max.
        Manchmal.
        Da hab ich.
        Hast du das auch? Manchmal?
        Dass du.
        Ich mein. Das Gefühl.
        Dass da was kommt.
        Dass da was Epochales.
        Nicht so wie früher.
        Nicht wie früher.
        Nicht wie damals, wo wir drei.
        Wir und die Jeani.
        Wo wir dachten, dass da was »Epochales« kommt, und
        dass wir drei.*
        Wir und die Jeani.
        Dass wir drei »dran teil«.
        Und das »tragen«.
        Und »ganz nah am Neuen«.
        Und eine »Epoche« mit uns.
        Und den »anderen«.
        Irgendwo.
        Damals.
        Nein.
        Und jetzt. Nicht wie früher.
        Nicht wie damals, Max.

Das Neue.
Was da kommt.
Das Neue, das da kommt.
Das sind nicht wir, Max.
Was da kommt, das sind nicht wir.
Nicht du und nicht ich und die Jeani nicht.
Was da kommt.
Nicht wir.
Nicht mehr.
Max.
Manchmal.
Das Gefühl.
Hast du das auch?
Manchmal.
Dass da was kommt.
Draußen.
Nicht wir.
Draußen.
Extern.
Extern epochal.
Nicht wir.
Und ich steh und schau und wart.
Steh und schau beim Fenster raus.
Steh und schau und wart.
Bis die Flut.
Oder der Sturm.
Bis die Welt untergeht, Max.
Und uns eine Maschine am Leben hält.
Bis uns der Strom ausgeht.
Und uns keiner mehr gießt.
Du nicht. Max.
Oder?
Manchmal.
Das Gefühl, Max.
Du.

(19)

JEANI   Du.
BABSI   Du.
JEANI   Du. Ja.
BABSI   Du.
JEANI   Lassen. Ja.
BABSI   Gehen lassen.
JEANI   Hast dich gehen lassen.
BABSI   Du.
JEANI   Dich.
BABSI   Dich gehen lassen.
JEANI   Hast du.
BABSI   Hast dich gehen lassen.
JEANI   Intern einfach gehen lassen.
BABSI   Lassen.
JEANI   Immer lassen.
BABSI   Immer intern lassen.
JEANI   Müssen.
BABSI   Muss man halt mal müssen.
JEANI   Nicht nur lassen. Auch mal müssen.
BABSI   Müssen muss man.
JEANI   Manchmal.
BABSI   Schritte.
JEANI   Schritte machen.
BABSI   Manchmal.
JEANI   Muss man.
BABSI   Manchmal muss man Schritte machen.
JEANI   Muss man.
BABSI   Machst du nicht.
JEANI   Machst du nicht.
BABSI   Du.
JEANI   Keinen Schritt.
BABSI   Entwicklungsschritt.
JEANI   Du.

JEANI   Am Minimum.
BABSI   Perspektivenminimum.
JEANI   Wir drei.
BABSI   Jeder.
JEANI   Wir drei jeder. Alle.
BABSI   Und da soll doch was.
JEANI   Soll doch was.
BABSI   Was Neues.
JEANI   Was Neues soll.
BABSI   Muss.
JEANI   Was Neues muss.
BABSI   Und Sollen. Vorher.
JEANI   Maximal.
BABSI   Das Sollen.
JEANI   Unsres.
BABSI   Maximales Sollen. Vorher.
JEANI   Und dann Neues.
BABSI   Muss.
JEANI   Maximales Müssen.
BABSI   Jetzt.
JEANI   Schmerzen.

BABSI   Das Sollen ist ein Fuß, der nicht da ist.
JEANI   Das Müssen ist ein Fuß, der da ist.
BABSI   Ein Fuß im Gesicht.
JEANI   Ein Fuß im Schritt.
BABSI   Maximal.

(20)

BABSI   Du nicht. Max.
         Oder?
         Manchmal.
         Das Gefühl, Max.
         Du.

(21)

MAX   Und dagegen. Also dagegen kann man auch gar nichts. Dass wer seine Perspektiven maximiert, dagegen kann man wirklich nichts. Maximieren. Seine Perspektiven. Dagegen. Nein. Kann man nichts sagen. Weil du ja auch an deinen. Vielleicht nicht gerade maximieren. Also maximieren würdest du das vielleicht nicht nennen. Aber du arbeitest auch an denen. An deinen Perspektiven. Arbeitest du auch. Wobei du da eher. Also dein Zugang ist da weniger. Weniger technisch. Weil du würdest das doch als technisch bezeichnen, wenn wer so Pläne für sein Leben. Und das dann umsetzt und maximiert. Also zielorientiert. Würdest das doch eher als technisch bezeichnen. Und du. Du selber bist da irgendwie nicht so. Also nicht so technisch, wenn man das technisch nennen kann. Bist da eher. Also anders. Organisch. Wenn man das organisch nennen kann, dass man. Also auf keiner Bahn. Auf keiner Kurve. Ganz ohne Plan. Ohne Mathematik. Verdammt wenig Mathematik in deinem Leben. Aber das macht dir nichts mehr. Dass da so wenig Mathematik und keine Kurve und kein Zenit. Das macht dir nichts mehr aus. Weil du einfach keine Sonne. Bist einfach keine. Und kannst dir drum keinen Vorwurf. Kannst dir keinen Vorwurf machen, dass da kein Zenit. Weil du bist einfach keine Sonne. Und wenn du keine Sonne bist, dann eben auch kein Zenit und keine Kurve, und drum keine Mathematik. Die Sonne sind die andern. Und dann verwirfst du. Verwirfst du die Mathematik. Verwirfst den Zenit. Das Zenit-Denken verwirfst du. Deine Zenit-Geometrie. Weil du einfach keine Sonne. Bist einfach keine Sonne. Bist du nicht. Steigst nicht auf. Longitudinal. So ist das bei dir. Nicht oben und unten. Bist keine Sonne. Longitudinal. Vor und zurück. Verdichtung. Physik, bitte! Steigst nicht auf, sondern vor und zurück. Dicht und dünn. Eine Druckwelle. Du denkst, du bist eine Druckwelle. Und findest das ganz schön. Irgendwie nicht so technisch. Irgendwie organisch. Deine Verwandlung. Dicht oder dünn. Und findest das irgendwie organischer als oben oder unten und hast dann halt dichte und dünne Zeiten und nicht so oben oder unten, sondern flach. Bist das Flache überhaupt. Und du bist also eine Druckwelle und hast dichte und dünne. Und eher organisch. Und nicht so sehr

zielorientiert. Und findest, dass die Physik dir da wirklich hilft, weil
du eine Druckwelle. Und als die Jeani und die Babsi. Als die da
maximieren mussten. Mussten, weil die mussten das wirklich. Maximieren ist immer ein Müssen. Und als die maximieren mussten,
bist du nicht rauf oder runter, sondern einfach weiter. Die Druckwelle einfach weiter, aber dann halt mal dünn. Dünne Phase. Die
dünne Druckwellenphase. Allein ist immer dünn. Allein sein ist eine
dünne Phase aber trotzdem einfach weiter und gar nicht unten, nein
unten gar nicht. Und auch nicht rauf. Hast keinen Zenit. Druckwellen haben keinen. Nein, einen Zenit haben Druckwellen nicht.
Nicht rauf oder runter. Weiter. Dünn halt. Aber weiter. Immer weiter. Dünn aber weiter. Organisch weiter. Ohne Zenit und allein.
Und allein ist dünn, und wenn dann wer wohnt bei dir, dann dicht.
Dann eine dichte Zeit. Dichte Druckwellenphase, wenn wer bei dir
wohnt. Und physikalisch keine Liebe, weil du dich verwandelt und
eine Druckwelle und kein Zenit, weil die Liebe wär ja ein Zenit in
deiner Physik. Und du fühlst nichts. Kein Höhepunkt, wenn da wer
wohnt. Kein Zenit aber dicht. Fühlst, dass es dicht wird, wenn da
wer. Wenn da wer wohnt. Und im letzten Jahr drei Leute bei dir
gewohnt und drei dichte Phasen und die dünnen Phasen, da bist du
gar nicht unten, sondern einfach weiter. Horizontal einfach weiter.
Schwingst dich einfach horizontal. Dünn und dicht und dünn und
dicht und parallel zum Horizont und ohne Liebe. Weil die Liebe.
Das weißt du. Die Liebe ist vertikal. Und das Geld auch. Und das
Vertikale. In deiner Physik gibt's das nicht, das Vertikale, und drum
keine Liebe und kein Zenit, nur dicht und dünn. Parallel zum Horizont. Und deine Freunde am Zenit und du irgendwo. Deine
Freunde vertikal und du parallel zum Horizont, und wartest, dass
die Sonne untergeht. Die scheiß verwichste Arschloch-Sonne, diese
vertikale Dreckssonne, die auf dich niederbrennt und so tut, als
müsste alles einen Zenit. Müsste! Und nur nicht du. Und wartest,
dass sie untergeht und endlich weg, und mit ihr auch die. Deine
Freunde. Mit der Sonne auch die. Mit der Sonne deine Freunde.
Sollen untergehen mit der Sonne, deine Freunde. Sollen untergehen,
mit ihrer scheiß Zenit-Technik. Mit ihrer Fascho-Mathematik. Mit
ihrer verwichsten Maximierungs-Perspektiven-Kacke, sollen untergehen mit dieser Arschloch-Sonne deine Drecksfotzen-Freunde mit

ihrer vertikalen Scheißperspektive. Aber nicht du. Nein. Nicht du. Bist ja eine Druckwelle. Sagt die Physik. Eine Druckwelle bist du. Aber dann. Ganz plötzlich. Falsch verwandelt. Plötzlich falsch verwandelt. Keine Rettung. Falsch verwandelt. Weil die rettet dich nicht. Die Physik. Falsch verwandelt. Die rettet dich nicht. Nicht die Physik. Nicht die Mathematik. Aber organisch. So richtig organisch. Ein Pulsieren. Aber nicht die Physik. Ein Geschwür. Hast dich verwandelt. Scheiß auf Zenit. Scheiß auf Physik. Scheiß auf verfickte Drecks-Perspektive. Ein Geschwür. Bist ein Geschwür. Eine Blase bist du. Und pulsierst. Und unter Druck. Und pulsierst, und die Sonne hoch oben. Ganz hoch im Zenit, und du ein Geschwür und pulsierst, und durchs Glas die Sonne. Und brennt. Und steigt auf ganz hoch. Und brennt durchs Glas, und du ein Geschwür und pulsierst und immer mehr und ganz heiß und platzt und spritzt, und ganz hoch durchs Glas die Sonne. Und auf ihr der Messias. Reitet die Sonne. Schmilzt das Glas. Und kommt zu spät.

Jeani und Babsi treten in Wanderkleidung auf.

(22)

Jeani, Babsi und Max hoch oben in den Bergen. Man sitzt und trinkt und ist sehr ausgelassen.

MAX   Dann hoch die Gläser.
BABSI   Ich freu mich so, Jeani.
JEANI   Ich mich auch!
MAX   Und so richtig in Weiß?
JEANI   Klar. So richtig in Weiß und alles.
        Wenn mir das mal wer gesagt. Dass ich in Weiß.
        Ich mein. Ich.
        In Weiß.
        Aber steht mir sicher. Oder?
        Steht mir sicher.
        Ganz in Weiß.

Naja.
Bin zwar keine Jungfrau mehr.
Ich mein.
Das wär in meinem Alter auch ganz schön komisch.
Scheiß auf Jungfrau.
Und ist ja nur für einen Tag.
Scheiß drauf.
Einen Tag Prinzessin.
Und.
Ich mein.
Wann hat man das denn wieder, ganz in Weiß.
Wann hat man das denn wieder?
Scheiß auf Jungfrau.
Schaut mal.
Die Sonne.

MAX   Schön.

ENDE

hamlet ist tot.
keine schwerkraft

Wenn jemand spricht, wird es hell.
(Sigmund Freud)

Personen

KURT   ein Vater
CARO   eine Mutter
OLI   ein guter Freund
MANI   ein Sohn
DANI   eine Tochter
BINE   eine gute Freundin

Die am linken Rand ausgerichteten Passagen wenden sich nach außen, während die nach rechts eingerückten Passagen der Intention
nach an eine andere Person, also nach innen, gerichtet sind. Dies
bedeutet nicht, dass diese Passagen auch direkt zum Publikum oder
zu einer anderen Person gesprochen werden müssen, lediglich die
unterschiedlichen Gerichtetheiten sind in der Spielweise sichtbar zu
machen. Blocksätze markieren eine nochmals verstärkte Richtung
der betreffenden Passagen nach außen hin. Sämtliche Szenenwech-
sel sind direkt und ohne Unterbrechung zu inszenieren. Die Sze-
nenumbrüche bzw. -nummerierungen dienen lediglich der struktu-
rellen Orientierung.

Für die Zahllosen und einen. Weil sich die Achsen gedreht haben.

( )

DANI und jetzt?
kann jetzt vielleicht mal endlich wer
ich mein
kann da jetzt mal wer anfangen
vielleicht

CARO was ist denn das da für eine scheiß gottverdammte Hurerei

DANI fängt jetzt vielleicht mal endlich

CARO so eine gottverdammte Hurerei das alles

KURT also ein Anfang
ein Systemwechsel
das ist leider nur ein Wechsel von einem System in ein anderes*

DANI Tschuldigung
fängt jetzt vielleicht endlich mal
ja ich nicht

KURT und jemanden anderen vögeln ist genau so ein scheiß Systemwechsel, der in Wirklichkeit gar kein
also theoretisch müsst man das Vögeln neu erfinden

CARO so eine gottverdammte Hurerei

KURT aber ich bin hier nicht fürs Theoretische

DANI jetzt fang doch endlich

MANI verdammt
jetzt haltet doch mal endlich alle das Maul hier

MANI   Bei Betrachtung, bei einer Gesamtbetrachtung der Verhältnisse, ja, ist ein scheiß Wort »Verhältnisse«, »Situation«,
also bei einer Gesamtbetrachtung der Situation und nach
eingehender Analyse, ist man gezwungen und drängt sich
einem auf, Doppelpunkt, der Himmel ist eine Maschine.

DANI   jetzt fang doch bitte endlich an

MANI   verdammt, ich fang ja grad

MANI   Also. Nach eingehender, nach verdammt eingehender
Analyse der gegenwärtigen Situation, globalen Situation,
versteht sich, weil man hier ja auch einem Anspruch, einem
globalen Anspruch in der Analyse, obwohl das jetzt natürlich nur eine Analyse im kleinen Rahmen, also eher im
privaten persönlichen kleinen, also jetzt mehr so lokal und
partikulär wahrscheinlich, aber trotzdem ein Anspruch,
dem man hier gerecht werden, und nach eingehender Analyse der globalen Situation, Kern der These der eingehen-
den Analyse der globalen Situation, Doppelpunkt, der
Himmel ist eine Maschine.

BINE   also ich glaub, das hat mit dem Hannes

OLI   ja das glaub ich auch, dass das mit dem Hannes
also angefangen

BINE   ja, das hat wirklich mit dem Hannes angefangen

OLI   zumindest für uns zwei hat das mit dem Hannes

BINE   und hatten ja keinen Kontakt mehr zu den beiden

OLI   nein, bis das mit dem Hannes, hatten wir überhaupt keinen
zu den beiden

BINE   und drum hat das mit dem Hannes

OLI   weil wir ja vorher überhaupt keinen Kontakt mehr

BINE   also, zu den beiden
und dann hat das irgendwie angefangen

MANI   ich hab gesagt, ihr sollt das Maul

MANI   Der Himmel ist eine Maschine, Ausführung der These, Doppelpunkt.*

OLI   ja, und dann hat das angefangen

MANI   Seit Gott tot, ist der Himmel leer, aber nicht ganz, also fast leer, der Himmel, und drum kann man in einer allgemeinen Topographie des Himmels sagen, dass der Himmel selber zwar leer, aber als solcher, als leerer Himmel, ist der Himmel eine Maschine, der Himmel ist leer, aber eine Maschine, und die Maschine, die der Himmel ist, die Maschine gibt die Zahl. Zweite These, Doppelpunkt, der Himmel ist eine Maschine und gibt die Zahl. Wie das Amt. So muss man sich das vorstellen. Der Himmel ist wie das Amt. Ist wie das Arbeitsamt zum Beispiel, nein, ist wie die Maschine am Arbeitsamt und gibt dir eine Zahl. Am Amt ziehst du dir aus der Maschine im Warteraum eine Zahl, und beim Himmel ist das fast so ähnlich. Und wenn dir der Himmel eine Zahl gibt, dann kann man mit dir rechnen. Dann rechnet man mit dir, wenn du eine Zahl hast. Wenn dir der Himmel eine Zahl gibt, die Maschine, dann rechnet man mit dir, dann kann man mit dir rechnen, dann spielst du eine Rolle in der allgemeinen Rechnung der gegenwärtigen Situation, in der Ökonomie der Zukunft, im globalen Rechnungswesen der Gegenwart und in der zukünftigen Bilanz am Ende aller Geschäfte, am Ende der Zeit, am Ende der Welt, wenn dir der Himmel, die Maschine, wenn die dir eine Zahl.

BINE   jedenfalls war das wirklich ein Zufall
dass wir die beiden beim Hannes

DANI   wir verscheißen das gerade total
merkt das vielleicht sonst auch noch wer
dass wir das gerade total verscheißen

OLI   ja, war wirklich ein Zufall, dass wir vier

CARO   was heißt jetzt »wir vier«?

BINE   also ich würd sagen, dass das beim Hannes
wie wir vier beim Hannes

CARO   naja
ich bin zwar hier die Mutter und hab gedacht,
dass alles immer mit Mutter anfängt
aber wir sind ja hier nicht fürs Theoretische
oder?

KURT   nein
sind wir nicht

CARO   dann lassen wir mal die vier, nicht wahr

KURT   und weil ich hier der Vater bin, sag ich natürlich
»Alles Gute«

DANI   kann jetzt vielleicht mal endlich wer
ich glaub, mir sprengt's gleich den Kopf weg
kann da jetzt mal wer anfangen
vielleicht

(1)

BINE   Dani, hallo
du
das ist ja
meine Güte
du hier
das gibt's ja nicht

DANI   Bine, hallo

BINE   Dani
das gibt's ja nicht

DANI   Bine
sowas aber auch

       das ist ja echt
       hallo Bine

BINE   Oli, schau, wer da ist
       schau, die Dani und
       das gibt's ja nicht
       und der Mani ist auch da
       Oli, schau, der Mani
       Mani, hallo

MANI   hallo Bine

BINE   Oli, schau
       Mani, hallo

OLI   hallo Mani
       das ist jetzt aber ein Zufall

MANI   hallo Oli
       Bine, hallo
       schön
       du
       ihr

BINE   Mani, hallo
       so
       jetzt ist die Begrüßung mal durch
       ich glaub's ja echt nicht
       hallo ihr
       so ein Zufall
       Wahnsinn
       ich glaub's nicht

DANI   ja, ich auch nicht
       Bine Bine, das ist ja wirklich

OLI   und ihr seid extra wegen dem
       ich mein
       wegen dem Hannes
       extra hergekommen?

MANI   naja
nicht ganz
aber

BINE   Wahnsinn, Dani
warum habt ihr denn nicht
ich mein
dass ihr auch kommt
hättet ja was sagen können
ich mein
dass ihr auch kommt
das ist jetzt aber echt ein Zufall
Wahnsinn
hättet wirklich was sagen können
aber zum Glück hab ich euch ja

OLI   ja, der Bine entgeht man nicht
da kommt ihr ganz heimlich her
aber die Bine
der entgeht man nicht
die hat Augen wie ein Adler
die Bine

BINE   ja, das stimmt
mir entgeht gar nix
nicht wahr, Dani
hab dich gleich gesehen
und den Mani auch
hab euch beide gleich gesehen
aber hättet wirklich was sagen können
Dani
Mani
echt

DANI   Bine, das ist echt der totale Zufall, dass wir da sind
der Mani und ich
total der Zufall

MANI ja total
weil wir eigentlich
also eigentlich sind wir gar nicht wegen dem
Hannes*
also
ursprünglich

DANI die Oma hat Geburtstag, und drum sind wir zufällig*

MANI aber zum Glück entgeht der Bine ja nix

OLI nein, der entgeht gar nix, der Bine
ich bin ihr auch nicht
also
entgangen

DANI ja, das stimmt
hallo Oli
nochmal
hallo

BINE steh ich so rum und wart auf den Oli
schau bisschen in der Gegend rum
und wen seh ich
die Dani und den Mani
zuerst die Dani und dann

DANI Oli
schön, dass ich dich

DANI kann ich vielleicht kurz eine Pause?

BINE seh ich einfach die Dani und den Mani
so ein Zufall
echt

OLI hallo Dani

DANI ich brauch echt nur kurz
nur ganz kurz
kann ich vielleicht kurz eine Pause?

(2)

BINE   So ein Zufall. Treffen wir die beiden doch echt beim Han-
        nes. Und haben uns wirklich gefreut, der Oli und ich, wirk-
        lich. Echt gefreut, wir zwei. Total. Dass wir die beiden da
        beim Hannes. Und schon total lang nicht mehr gesehen,
        und dann schau ich so und seh die beiden und freu mich
        total. Echt. Ja. Schade. Ich mein. Hat echt total schön an-
        gefangen und hab mich echt total gefreut. Ja echt total
        schade. Und hat ja keiner wissen können, dass das dann.
        Also wenn ich mir das überleg, dann hat das mit dem Han-
        nes. Das hat mit dem Hannes. Also, dass wir die beiden da
        getroffen, beim Hannes, da hat das irgendwie alles ange-
        fangen, und ehrlich gesagt, irgendwie war das total ko-
        misch, als wir die beiden, die Dani und den Mani, aber hab
        mich echt gefreut, und der Oli auch, am Anfang. Echt. To-
        tal. Echt.

        BINE   Oli, kannst du vielleicht auch mal was sagen?

BINE   naja,
        jedenfalls hat das alles beim Hannes

OLI   beim Begräbnis vom Hannes

BINE   ja
        beim Begräbnis vom Hannes

DANI   so, ich glaub, jetzt geht's wieder

(3)

        DANI   weiß wer, wo wir

        OLI   ich glaub, dort geht's raus, Dani

        BINE   Oli, bist dir sicher, dort?
                ich glaub, wir sind doch von da
                sind wir nicht von da gekommen?

jetzt kenn ich mich überhaupt nicht mehr
wir sind doch von da gekommen

MANI   geht noch wer zum Leichenschmaus?

DANI   also ich sicher nicht

BINE   ich auch nicht

OLI   na typisch
ganz wie früher, die zwei Mädels

BINE   ja, ganz wie früher
weil wir zwei Frauen, »Frauen«!, Oli
zufälligerweise sind wir nämlich jetzt schon
Frauen*
und keine Mädels
und wir gehn da jetzt nämlich nicht mit
basta, Punkt, Schluss, aus

DANI   ganz genau
und da brauchst gar nicht so schauen, Mani
weil die zwei Frauen, die gehen jetzt einen Kaffee
oder, Bine?
wir zwei Frauen, wir gehen jetzt einen Kaffee
eins, zwei
zwei Frauen
und die gehen jetzt einen Kaffee

OLI   na, da haben wir's wieder
ganz wie früher

BINE   Wahnsinn, Dani, ich freu mich ja echt
dass ihr zwei, der Mani und du
und dass wir uns so zufällig
ich mein
die Umstände sind halt nicht

DANI   ja, die Umstände sind wirklich nicht gerade

BINE   aber trotzdem
und dass wir vier uns so zufällig beim Hannes
ich mein
»beim Hannes«, das klingt jetzt so komisch
dass wir uns beim Begräbnis vom Hannes
Dani
ich freu mich echt total
und der Mani
lass dich anschaun

MANI   Bine, hallo

BINE   Mani, Mani
das ist ja echt
so ein Zufall

OLI   ja, das ist echt ein Zufall
oder?
Mani
und dass wir vier da jetzt so
ganz wie früher

BINE   weiß jetzt vielleicht wer, wo wir?

OLI   ich glaub, dort geht's raus

DANI   also ich hab jetzt auch keine Orientierung mehr

OLI   Dani, ich glaub, dort geht's

BINE   du Dani, das freut mich jetzt echt, dass wir vier
uns hier[*]

OLI   oder, Mani?

MANI   ja
schon
glaub ich

BINE   Oli, bist dir sicher?

OLI   also, der Mani und ich

BINE   du Oli, nein, ich glaub, das ist falsch
         wir sind doch von da
         schau, da vorn geht sogar noch wer
         hast die Handbewegung gesehen, Dani?
         hast die gesehen?
         das macht er immer, wenn er glaubt, dass er
         Oli, das ist falsch!

DANI   scheiß drauf, ich geh mit dir
         weil ich hab jetzt echt keine Orientierung

BINE   bitte, dann gehen wir zwei halt so, und die Jungs
         sollen selber schaun
         bis später, Jungs!

OLI   bis später, Mädels!

BINE   jetzt sagt der schon wieder »Mädels«
         sind echt schon alle weg jetzt
         komisch, oder?
         naja
         ich mein
         bei solchen Umständen
         und bei dem Wetter
         und die Mutter vom Hannes völlig niedergespritzt
         irgendwie ist das, glaub ich, auch eine Ironie
         also eine Ironie des Schicksals
         dass die dann am Grab und auch voll auf Droge
         das ist echt eine Ironie
         naja
         schade, dass ihr nicht zur Hochzeit
         der Mani und du
         war total schön, die Hochzeit
         total
         echt

(4)

DANI   Du denkst dir, das ist jetzt die Unendlichkeit. Ja, ist ein
scheiß Gedanke, weißt du selber auch, braucht dir keiner
sagen, ist ein scheiß Gedanke, aber bitte verdammt, den
gönnst du dir jetzt mal, den gönnst du dir jetzt mal, dass
das jetzt die Unendlichkeit ist oder sein könnte oder würde oder gewesen sein wird, nein, müsste, müsste verdammt, die Unendlichkeit sein müsste, verdammte
Drecksscheiße verdammte, und dass du da jetzt so ein
Gefühl hast, das dir sagt, dass das jetzt die Unendlichkeit,
dass das ewig, unendlich, dass das in die Breite, in die
Breite unendlich. Weil, ja, du scheiß Fotze, denkst du dir,
hast dir leider gedacht, dass das mit ihm was Großes, die
Unendlichkeit, und noch nie so einen Menschen, und
hast ihm das, nein, nicht nur gedacht, hast ihm das sogar
gesagt, noch nie so einen Menschen getroffen, vorher,
hast gesagt, du blöde Fotze. Ihm. Dabei, vorher hast ja
schon viele, hast schon viele Menschen, ja, weil sowas
ergibt sich, und bist auch keine 20 mehr und da ergibt sich
das einfach, dass man so Menschen trifft, so Menschen-
männer trifft man da und glaubt, dass das die Liebe und
auch ein bisschen unendlich, also auf Unendlichkeit hin
angelegt, bis der Tod euch, der Länge nach, verdammt
auf Unendlichkeit der Länge nach hin angelegt, aber leider nie was draus worden. Nie was draus worden der
Länge nach mit diesen Menschenmännern, die du getroffen, die du, bist ja verdammt keine 20 mehr, die du der
Länge nach getroffen hast. Leider nichts draus worden.
Aber waren ja im Kern auch nicht ausgestattet, hast du
dir, waren leider der Anlage nach im Kern nicht ausgestattet für die Unendlichkeit der Länge, leider nicht,
denkst du dir, und drum nichts draus worden und alle
wieder verpisst. Und dann er. Dann kommt der da einfach so her, und denkst dir, gut so, bist auch keine 20
mehr, höchste Zeit, dass der da daherkommt, so einer wie
der, mit einer anderen, mit einer anderen Anlage, hast du

dir gedacht, mit einer Anlage für die Unendlichkeit der
Breite nach, hast du dir gedacht und hast ihm das auch
gesagt, dass das jetzt ganz anders ist und noch nie so einen
Menschen getroffen und plötzlich alles ganz reich und
voll und alles da und alles möglich und da könnte einfach
alles, ja, hast du gesagt, dass da jetzt einfach alles möglich
und die volle Unendlichkeit, aber nicht der Länge nach,
nein, nicht bis der Tod, daran denkst du in dem Moment
gar nicht, hart wie der Tod ist die Liebe, und daran denkst
du gar nicht, weil das nicht der Länge nach, nicht eine
Linie, nicht bis in den Tod, denkst du, weil der Augenblick, bist nur im Augenblick, und der spannt sich dann
so auf und wird ganz grenzenlos und reich und voll und
alles möglich in diesem Augenblick, der sich aufdehnt
und wächst und wächst und wächst, in die Breite wächst
und unendlich, drehst die Länge um 90 Grad und wird
eine Breite draus, und das ist dann die Unendlichkeit in
die Breite, denkst du dir, dass alles in diesem einen Augenblick möglich und keine Grenzen und die totale Möglichkeit und die totale Hingabe, das ist das Ereignis,
denkst du dir, das ist deine Revolution, dein Hiroshima,
das ist dein 9/11, deine Wiedergeburt, Wende, Taufe,
scheiß drauf, Auferstehung, von mir aus, dass du diesen
Menschen triffst und plötzlich alles Sinn, plötzlich macht
da alles Sinn, wie da plötzlich alles Sinn macht, in diesem
Augenblick. Und damit da jetzt keine verdammten Missverständnisse, weil das ist nämlich keine Liebe auf den
ersten Blick, wenn du da jetzt von Augenblick, also, damit da jetzt keine Missverständnisse, dieser Augenblick
war schon für sich eine verdammte Ewigkeit, war ein Diskurs, dieser Augenblick, war ein gottverdammter Mail-
Verkehr-Diskurs über dich und ihn, hat eine verdammte
scheiß Ewigkeit gedauert dieser Diskurs, ja, und später
dann auch am Telefon, habt das dann auch am Telefon,
und hat scheiß viel gekostet dieser Diskurs dann am Telefon über euch, weil man sich dann ja auch mal ein bisschen innerlicher werden will und auch ein bisschen Be-

findlichkeit und nicht nur Text, sondern auch mal mit
Stimme und so und auch mal die Zwischentöne, weil in
deiner Revolution sind die Zwischentöne nämlich ganz
schön wichtig. Und da hat ja dann auch plötzlich alles
Sinn, und das Problem war bloß dein Denken, dein Denken der Unendlichkeit, der Unendlichkeit der Länge
nach, dein Problem war verdammt nochmal nur dein
scheiß Unendlichkeitsdenken der Länge nach, und dann
kommt der daher und bricht dein Denken auf, und die
dreht sich dann so um, die Unendlichkeit, dreht sich
um, dreht sich um 90 Grad, dreht sich genau um 90 Grad,
und aus der Länge wird eine Breite, und die Unendlichkeit ist der Breite nach plötzlich ganz klar in dir, in diesem
Moment in genau dem Augenblick, die Unendlichkeit ist
immer und andauernd und eine Breite und nicht der Länge nach und drum ist alles möglich und noch nie so einen
Menschen getroffen. Und dann sagt der: »Du, ich glaub,
ich bin echt nicht, ich mein, ich bin echt nicht, also, kein
Mann für dich, also nicht dein Mann, aber voll wichtig,
du, das ist jetzt echt total wichtig für mich. Ja. Genau.
Genau. Bei mir auch. Voll. Bei mir auch. Auch noch nie
so wen. Total noch nie so wen wie dich. Voll wichtig. Und
total stark, das zwischen uns zwei. Aber ich glaub, das
klingt jetzt vielleicht komisch, aber ich glaub, das ist was
ganz anderes zwischen uns, das ist was total Spirituelles,
klingt jetzt vielleicht komisch, aber das zwischen uns, das
ist tiefer, das ist, ich mein, die Ebene, das ist auf einer total
anderen Ebene, total tiefer, spirituell.« Und ich denk mir
»feinstofflich«. Wenn der jetzt »feinstofflich« sagt, dann
wachs ich ihm durchs Telefon, denk ich mir, verdammte
Scheiße, wenn der jetzt »feinstofflich«, dann. »Feinstofflich«, sagt der dann. Und ich denk mir, verdammt, ich
telefonier nicht auf meine Kosten zwei Stunden lang, voll
mit dieser scheiß Unendlichkeit der Breite nach, ja, ist
eine verdammte Befindlichkeit, weiß ich schon, und dann
kann ich mir so einen pseudoreligiösen Scheißdreck, fick
dich, denk ich mir, fick dich und deinen Feinstoff und

deinen Spirit, fick dich. Und kann mir vielleicht einer sagen, warum ich als Frau immer über diese scheiß Liebe
reden muss? Kann mir das vielleicht irgendwer sagen,
warum, bitte immer über diese scheiß verdammte Drecksliebe. Aber hab ich jetzt auch gar nicht. Hab gar nicht
über Liebe. Hab über die Unendlichkeit. Ach, scheiß
drauf. Fickt euch alle.

(5)

BINE   naja
und die Jungs sind dann schon mal ohne uns
und wir zwei stehen noch bisschen so rum
die Dani und ich
scheiß Wetter
war ziemlich kalt

  DANI   Bine
  sag mal, ist bei euch was im Kommen?

  BINE   was?

  DANI   na, ich mein, ob da was
  ob da was im Kommen halt
  beim Oli und bei dir

  BINE   nein
  wie kommst jetzt da drauf?

  DANI   nur so

BINE   und dann fragt sie mich, ob da was im Kommen
und ich denk mir
auch ein komischer Ort
am Friedhof sowas fragen
aber naja
hat sie halt alles ziemlich mitgenommen

DANI   einen Scheiß hat mich das mitgenommen
        das mit dem Hannes
        du blöde Fotze
        denk ich mir

        DANI   Scheiße, Bine, ich hab das mit der Erde vergessen
                du, ich muss nochmal schnell

BINE   und ist dann sogar nochmal zurück wegen der Erde
        hat sie wirklich mitgenommen
        hätt ich gar nicht geglaubt

DANI   und ich denk mir, das ist jetzt aber bitte sowas von billig
        so eine verdammte billige Unendlichkeit
        einen Braten in der Röhre
        die hat sicher einen Braten und gibt's nicht zu
        aber ich spür das ganz genau, dass da was im Kommen bei
        der*
        weil zufällig spür ich nämlich ausgesprochen viel,
        verdammt*
        und dann werf ich noch bisschen Erde auf den Hannes
        und hab das Gefühl, dass es mir gleich den Kopf weg-
        sprengt*

BINE   und ist dann vom Grab zurück und hat gesagt

        DANI   Scheiße, ich glaub, mir sprengt's gleich den Kopf
                weg*

BINE   lächerlich
        dass es ihr den Kopf weg
        wirklich lächerlich
        hat sie früher auch oft gesagt
        naja
        liegt in der Familie bei denen
        und das ist jetzt auch irgendwie eine Ironie
        glaub ich
        dass es ihr den Kopf wegsprengt
        liegt in der Familie

(6)

   CARO so, ich glaub, das war jetzt mein Stichwort
       »Familie«
       das war jetzt, glaub ich, mein Stichwort

CARO Also, die sind extra gekommen, also wegen dem Geburtstag, die Kinder. Wegen dem Geburtstag von ihr. Also von
meiner. Ja. Drum sind die gekommen, die Kinder, wegen
dem Geburtstag. 95. Stattliches Alter, kann man nix sagen.
Stattliches Alter, 95. Hab Schweinsbraten gemacht.

   CARO mag noch wer Kaffee?

CARO Und dann sind die zum Hannes, also zum Begräbnis vom
Hannes, die Kinder. So ein Zufall auch, dass das mit dem
Geburtstag und dem Begräbnis am selben Tag. Wirklich
ein Zufall. Weil sonst wären die ja gar nicht da, die Kinder,
wären ja gar nicht da gewesen, wenn das nicht mit dem
Geburtstag, und hätten gar nicht zum Begräbnis, und
dann wär das alles ganz anders, weil wenn mich wer fragt,
dann würd ich schon sagen, dass das mit dem Hannes. Also
angefangen.

   CARO oder?
       du
       Kurt, oder?
       jetzt sag doch auch mal was, verdammt
       das gibt's ja nicht
       nur weil das zufällig mein Stichwort
       ja, scheiß drauf
       »Familie« war mein Stichwort
       aber das heißt noch lang nicht, dass du nicht auch
       was sagen
       ich mein, das gibt's ja nicht
       nur weil »Familie« mein Stichwort
       aber das ist jetzt ja wieder sowas von typisch
       hätt ja auch dein Stichwort
       aber du sagst ja nichts

Familie!
jedenfalls hat das alles mit dem Hannes!

KURT   Und ich denk mir, ich weiß ganz genau, warum sie das jetzt
sagt, scheiß auf dein Stichwort, scheiß auf dein verdammtes Stichwort, weiß nämlich ganz genau, warum für sie das
alles mit dem Hannes, und dass der Hannes jetzt mein verdammtes Stichwort sein soll, und das kann sie jetzt noch
hundertmal sagen, dass das alles mit dem Hannes.

CARO   hörst du?
hat alles mit dem Hannes angefangen

KURT   Und ich hör das gar nicht und denk mir, dass man theoretisch den Anfang, theoretisch muss mir da vielleicht mal
einer erklären, was das ist, so ein Anfang, weil das weiß ich
nämlich nicht, wenn diese ganze verdammte Vergangenheit, weil das ist jetzt, glaub ich, eine Vergangenheit, die ich
erzählen soll, ist, glaub ich, eine Vergangenheit, weil eine
Zukunft kann man leider nicht erzählen und eine Gegenwart auch nicht, weil die viel zu klein ist zum Erzählen und
gleich wieder Vergangenheit, und drum weiß ich jetzt leider
gar nicht, wo ich da anfangen soll zum Erzählen, weil ich
leider nicht weiß, wo die anfängt, die Vergangenheit, und
da muss man, glaub ich, mal ordentlich aufräumen hier,
weil ich vor lauter Vergangenheit keinen Anfang, und die
ein Krebsgeschwür und wuchert und wächst und schiebt
und faltet und drückt und bäumt, und seh hier keinen Anfang, und komm, glaub ich, überhaupt nie in der Gegenwart an, wenn das so weitergeht.

CARO   dann halt nicht
dann sagst halt nichts
aber vielleicht könntest ja doch irgendwas
ich mein
naja
ich glaub, mir sprengt's gleich den Kopf weg

(7)

DANI   Ja, und dann noch schnell einen Kaffee, wir zwei, die zwei Mädels. Und die Jungs auch irgendwas. Und ich mag schon gar keinen Kaffee mehr, weil ich an dem Tag dauernd, und die Bine und ich dann halt schnell einen Kaffee, und ich denk mir, ich sollt echt nicht so so viel, muss ja dauernd aufs Klo von dem scheiß Kaffee.

        DANI   ich muss schnell
                    kann ich schnell kurz
                    nur kurz eine Pause

(8)

        CARO   mag noch wer Kaffee?

        MANI   danke, wir müssen dann

        KURT   stimmt, ihr müsst dann ja gleich
                    schlimme Sache, mit dem Hannes
                    schlimme Sache

        CARO   ja, das ist wirklich schlimm

        KURT   kann man sich gar nicht vorstellen, sowas

        CARO   nein, kann man sich gar nicht vorstellen
                    und wie's zu sowas kommen kann
                    da hast wirklich recht, Kurt
                    aber da sieht man ja nicht rein, in so eine Familie
                    oder?
                    wer soll denn da auch reinsehen, Kurt
                    in so eine Familie
                    da siehst ja nicht rein, Kurt
                    oder?

        KURT   nein, sieht man nicht

CARO   naja, so ist das
die Alten feiern Geburtstag, und die Jungen gräbt
man ein[*]

KURT   Caro, jetzt wirst aber morbid

CARO   warum werd ich morbid?
ist doch so
die Alten feiern Geburtstag, und die Jungen gräbt
man ein[*]
verrückte Welt

MANI   naja

CARO   oder?
Manuel, oder?
ist doch so

KURT   jedenfalls furchtbar, das mit dem Hannes

CARO   Manuel!
oder?
hab ich recht?
die Alten feiern Geburtstag, und die Jungen
Manuel!
hab ich recht?

(9)

MANI   Heute ist ein guter Tag, denkst du dir, du kommst nachhaus und denkst dir, dass heute ein guter Tag, verdammt
nochmal, so ein guter Tag aber auch. Kommst nachhaus,
kommst in deine tolle Wohnung, kommst in deine tolle,
kein Standard, nein, kein Standard, deine Wohnung, aber
toll, gerade passend, verdammt passend für dich, und als
Single, ich mein, bitte, als Single, was braucht man denn
da schon, und wenn du mal rechnest und jeder Mensch,
wenn jeder Mensch auf dieser scheiß Erde soviel Platz wie
du, da wär dann leider kein Platz mehr auf der Erde, wenn

jeder soviel Platz wie du, und drum ist das sogar ein Luxus, deine tolle Wohnung, das ist ein Luxus, verdammt,
soviel Platz, und scheiß auf Standard oder Sub, scheiß
mal auf Substandard, und sei mal neutral, denkst du dir,
sei mal bitte verdammt CO_2neutral, weil das bist du leider
nicht, CO_2neutral bist du leider nicht und regst dich trotzdem auf, von wegen Standard und so, muss man auch mal
an die andern denken, muss man auch mal für die anderen denken, und mal ein bisschen global bitte, ein bisschen globales Denken schadet dir nämlich sicher nicht in
deiner scheiß abgewichsten Dreckswohnung, das schadet
dir sicher nicht, und nicht immer weinen, symbolisch weinen, weil das musst du schon zugeben, dass du innerlich
immer am Weinen, weinst symbolisch immer dem Luxus
hinterher und der Konjunktur, weil das interessiert dich
schon, wenn du beim Frühstück deine schöne Zeitung, da
interessiert dich das nämlich schon, das mit der Konjunktur, ob's bergauf, ob's nachhaltig, nachhaltig bitte bergauf geht, und dann rechnest du auch, kennst dich zwar
nicht aus, aber rechnest trotzdem, ob sich das ausgeht, ob
du vielleicht noch rechtzeitig aus deiner Wohnung raus
und auch mal einen Standard und auch mal glücklich,
weil das leider nämlich eine Funktion, das Glück, leider
eine wirtschaftliche Funktion, und drum die Konjunktur
leider schon ein bisschen wichtig, weil das schon schön
wär, wenn sich das ausgeht mit deinem Glück und der
Welt und dem Luxus, bevor die kommen, weil das weißt
du, das weißt du leider, dass die kommen, dass die schon
in den Startlöchern, diese Jungen, diese Generation, diese
junge Generation, diese neue, weil das ist dir seit einiger
Zeit leider sonnenklar, dass da schon die nächste, dass da
schon die nächste Generation, dass du jetzt leider schon
in einem Alter, wo du sagen musst, ja, da gibt's schon
wieder eine, eine Generation eine neue gibt's da schon
wieder, und die haben nicht die gleiche Scheiße wie du im
Hirn, und noch vor deinem Karrieresprung sitzen die
schon ewig auf deinem Posten und pissen dir ans Bein,

aber das macht auch nichts, weil die Konjunktur und das Klima, und so wer wie du braucht ja auch nichts, also Substandard, brauchst wenigstens nicht viel Platz und fast neutral, weil du nur Apfelsaft, und wenn Orange, dann bitte fair. Und kommst in deine Substandardwohnung und denkst dir, war ein schöner Tag heute, weil du so müde bist, weil daran erkennt man die schönen Tage, wenn du müde von der Arbeit und nachhaus kommst und den Fernseher an und den Computer und nichts mehr im Kühlschrank und du so müde im Kopf, und machst den Computer an und den Fernseher und ziehst dir die Hosen aus und was Bequemes oder einfach so und sitzt im Hemd und ohne Hosen vorm Fernseher, und auch mit 30 ist einem noch langweilig, und auch mit 30 endet ein schöner Tag vor dem Fernseher und mit deinem Schwanz in der Hand. Und jeder Tag ist ein schöner Tag, und jeder Tag am Ende vorm Fernseher, vorm Computer und den Schwanz in der Hand und die ganze Welt bei dir am Bildschirm und der Schwanz in der Hand und die Welt am Untergehn und wichst mit der Welt um die Wette, auf die Flut und die Bomben, auf den Papst und die Dürre und auf den Osten, du wichst mal kräftig auf den Nahen Osten, auf Jerusalem wichst du und auf Amerika und auf die tausend afrikanischen Kinderfressen-Fliegen und auf die Netrebko, auf die wichst du auch, und wie du auf die wichst, und plötzlich wird dir klar, in deiner abgefuckten Zweizimmerwohnung ohne Standard und das Klo am Gang, genau in dem Moment in deiner verdammten abgefuckten Single-Dreckswohnung wird dir klar, das ist ein Hoffen, was du da machst, ist ein Hoffen bitte, und es fällt dir wie Schuppen von den Augen, weil das soll dir mal einer nachmachen, so hoffen wie du, soll dir mal wer nachmachen, weil bitte, das ist kein Wichsen, nein, das ist die Hoffnung, das ist die Religion bitte, das ist der religiöse Akt schlechthin, allein zu Haus mit dir und der Welt und eine kühle Stirn und ein harter Schwanz und alles wird gut.

(10)

DANI   so, ich glaub, wir müssen jetzt mal
oder, Mani?

MANI   ja, stimmt

KURT   ich find das toll

DANI   was?

KURT   ich find das toll, dass ihr zum Hannes

CARO   und ich bin morbid, oder wie?

KURT   was denn?
ich find das halt toll, dass die da hingehen
obwohl da jetzt fast kein Kontakt mehr
und jetzt gehen sie trotzdem hin
das find ich halt toll, Caro

CARO   aha
hab ja nicht gewusst, dass dich das so mitnimmt
aber kannst ja auch zum Begräbnis, wenn dich das
so mitnimmt
und die freuen sich bestimmt
die Mutter vom Hannes zum Beispiel
und wenn dich das so mitnimmt
hab ja nicht gewusst, dass dich das

DANI   ja, das wundert mich auch, wenn ich ehrlich bin

KURT   was denn?
ich find das halt toll
ich weiß auch nicht, was ihr alle habt
und warum du immer alles schlechtmachen

CARO   warum ich immer alles schlechtmachen muss
vorher die Welt und jetzt noch das tolle Begräbnis
und den Schweinsbraten nicht zu vergessen, der
ihr nicht geschmeckt

MANI   Mutti, jetzt

CARO   ja, leider, Manuel
weil den Schweinsbraten, den hab ich leider auch
schlecht*

DANI   jetzt, Mutti, bitte

CARO   nix »Mutti, bitte«

DANI   aber der hat ihr doch geschmeckt
und mir auch

KURT   Caro

CARO   hab ich was an den Ohren?
hab ich was überhört?
weil ich kann mich leider gar nicht erinnern, dass
sie gesagt hat, dass ihr der Braten geschmeckt
hab ich was an den Ohren?

MANI   nein, aber gesehen hat man's

CARO   ach, gesehen, dann hab ich was an den Augen

KURT   Caro, der war gut
der Braten

(11)

CARO   Scheiß auf den Braten, denk ich mir. Da geht's nicht um
den Braten, das weiß ich selber. Weil ich bin zwar vielleicht
morbid, aber so blöd bin ich auch nicht, dass ich nicht
weiß, dass es nicht um den scheiß Braten. Aber vielleicht
kann mir ja einer sagen, warum die immer so Sachen?
Wenn ihr der ja angeblich so geschmeckt hat. Verdammte
Geburtstagsfeier. Kommt aus ihrem Zimmer runter, und
die Kinder da, und wir vier und sie, und sagt dann immer
so Sachen. Dass sich die Russen das Gesicht in der Kloschüssel. Dass sich die Russen. Blödsinn. Das Gesicht in

der Kloschüssel. »Haben sich das Gesicht in der Kloschüssel gewaschen, weil die keine Kloschüssel kennen, die
Russen«, sagt sie. Kommen und kennen keine Kloschüssel
und waschen sich das Gesicht drinnen. Blödsinn. Damals
hat's noch gar keine Kloschüssel gegeben im Haus. Weil
die haben der Kurt und ich,

KURT   das hat einen verdammten Dreck mit dem Hannes angefangen*
denk ich mir
weil das nämlich mit dem Haus
das hat alles mit dem Haus
aber in ihrem System hat das ja mit dem Hannes
und da ist das jetzt wieder mit dieser verdammten Vergangenheit*

CARO   da waren die Russen schon lange fort, haben er und ich die
Kloschüssel eingebaut, weil's hier keine gegeben. Hier
hat's verdammt nochmal keine Kloschüssel gegeben, weil
die haben er und ich eingebaut. Bevor die Kinder. Bevor
die Kinder auf die Welt gekommen, haben er und ich die
Kloschüssel eingebaut, damit sich die Kinder beim Scheißen nicht den Arsch verkühlen. Aber wenn sie sagt, dass
sich die Russen im Wasserklo das Gesicht gewaschen, dann
haben sich die Russen im Wasserklo das Gesicht, und wenn
sie sagt, dass der Himmel grün, dann ist der Himmel grün
und nicht blau, und wenn du sagst, dass der Himmel blau
und es die Kloschüssel noch nicht gegeben, dann kannst du
dir von der noch sagen lassen, dass du das Maul halten.
Aber Hauptsache der Braten.

KURT   in meiner Vergangenheit hat das alles mit dem Haus
und das Haus hat eine Hypothek
und die Hypothek ist die Alte
und das ist eine Vergangenheit, die sich niemals abbezahlt
und eine Zukunft kann sich leider keiner leisten

CARO   Weiß zwar nicht, wie die auf die Idee, dass ihr der Braten.
Aber werden schon recht haben. Und wenn die sagen, er

hat ihr geschmeckt, dann hat er ihr geschmeckt, und dann
sag ich nicht, dass er ihr nicht. Dann halt ich das Maul.

DANI   und dann sagt sie doch echt
die Alten feiern Geburtstag, und die Jungen gräbt man ein

CARO   Und der Himmel ist grün, und die scheiß Kloschüssel hat
sie vom Kaiser zur Hochzeit. So. Jetzt hab ich das auch
noch schlechtgemacht.

MANI   hätt von uns stammen können

DANI   ja, ich glaub, der Satz hätte auch von uns

MANI   die Alten feiern Geburtstag, und die Jungen gräbt man

(12)

OLI   naja
wir haben uns jedenfalls sehr gefreut
die Bine und ich

BINE   ja, da hat der Oli recht
haben uns wirklich sehr gefreut, dass wir die beiden beim
Hannes*

OLI   beim Begräbnis vom Hannes

BINE   ja, beim Begräbnis vom Hannes
dass wir die da getroffen
die Dani und den Mani

OLI   ich mein, die Umstände hätten halt

BINE   aber trotzdem schön
war wirklich trotzdem schön, dass wir die beiden

OLI   beim Begräbnis vom Hannes

BINE   und ich glaub, da hat das dann angefangen
ich mein

war ja vorher kein Kontakt mehr
zu den beiden
also zum Mani und zur Dani

OLI   nein, zwischen uns vieren war da ja echt
sind nicht mal zur Hochzeit die beiden
haben sie eingeladen
haben die beiden zur Hochzeit eingeladen, aber sind nicht
gekommen[*]
haben bloß so 'ne Karte geschrieben
dass sie nicht können

    BINE   nein, das stimmt nicht, Oli
        das stimmt nicht
        einen Scheiß haben die eine Karte geschrieben

    OLI   sicher hat die Dani

    BINE   ah, die Dani
        hat eine Karte geschrieben
        die Dani
        hab ich gar nicht gewusst
        dass die Dani eine Karte
        mir hat die Dani, glaub ich, keine Karte

    OLI   oder ein mail

    BINE   naja, wenn dir die Dani eine Karte oder ein mail
        weiß ich jetzt gar nicht
        aber wenn dir die Dani eine Karte oder ein mail

    OLI   scheiß auf die Karte
        die sind jedenfalls nicht gekommen

BINE   nein
stimmt
sind nicht gekommen
zur Hochzeit
vom Oli und von mir

OLI   ich mein
damals
also wir waren schon recht eng, wir vier
also der Mani und die Dani und die Bine und ich
die Jungs und die Mädels
und dann hat sich das halt irgendwie verschoben
also die Achsen

BINE   ja, das war so, wie wenn du ein Quadrat drehst

OLI   da haben sich einfach die Achsen

BINE   wenn du ein Quadrat um 90 Grad drehst

OLI   zuerst die Jungs und die Mädels
und dann Junge Mädel Junge Mädel

BINE   Bine Oli und Dani Mani

OLI   da haben sich einfach die Achsen

BINE   wie bei einem Quadrat
obwohl
ganz stimmt das ja jetzt nicht
also der Vergleich
das mit dem Quadrat und so
weil der Mani und die Dani
die waren ja schon vorher
bevor sich die Achsen
Blut ist dicker als Wasser
ich mein
aber unser Wasser, also das vom Oli und von mir
also eigentlich ist das auch ganz schön dick
unser Wasser
viel dicker sogar

(13)

CARO   Ja, und ich mach Schweinsbraten, steh in der Küche und
mach Schweinsbraten, und sie die Stiege runter und stellt
sich so her. »Wann denn? Wann kommen die denn, die
Kinder? Wann denn? Du! Sag mal. Wann die Kinder.
Wann die kommen, die Kinder?« Und ich: Die kommen
schon, sag ich beim Bratenmachen, die kommen schon,
die Kinder, sag ich. »Und wann?«, fragt sie, »wann kommen die, die Kinder«, fragt sie. Fragt das die ganze Zeit.
Und ich mach diesen scheiß Schweinsbraten, und sie die
Stiege runter und fragt die ganze Zeit, wann die Kinder
kommen. Wann die Städter kommen. Die Städter. Aus
der Stadt. Die Kinder aus der Stadt. Wann die kommen
und ob sie kommen und wann sie kommen und ob sie
bald kommen und ob sie noch lange warten muss, dass
die Kinder, die Städter, dass die Kinder aus der Stadt.
Dass die kommen. Werden schon kommen. Werden verdammt nochmal schon kommen, die Kinder. Und soll
jetzt aufhören. Verdammt, soll endlich zum Fragen und
die Finger da weg, und die kommen schon. Ja. Die kommen, die Kinder. Ja, verdammt. Und bekommt dann diesen Tunnelblick. Mach Schweinsbraten, und sie diesen
Tunnelblick und schaut dann, ja, das glaub ich wirklich,
in diesen Tunnel schaut sie, glaub ich. Weiß nicht wohin.
In den Tunnel halt. Bekommt diesen Tunnelblick und
schaut in den Tunnel, und keine Ahnung, was sie da sieht.
Aber sicher kein Licht. Sieht sicher kein Licht. Nein. Die
nicht. Schaut in den Tunnel und sicher kein Licht. Am
Ende. Kein Licht. Am Ende. Nein. Der ihr Tunnel hat
kein Licht, denk ich mir. Nein, ein Licht hat der ihr Tunnel sicher nicht. Weil das ist ausgegangen, das Licht, am
Ende. Das ist ausgegangen. Hat gewartet, ja, hat gewartet, das Licht. Hat gewartet, dass sie kommt. Dass sie
stirbt. Hat jahrzehntelang gewartet, dass sie endlich
durch diesen scheißverfluchten Tunnel geht. Hat gewartet, das Licht, aber sie nicht gekommen, nicht gegangen,

nicht durch diesen scheiß Tunnel, und das Licht hat sich dann gedacht, »Da geh ich aus.« »Da wart ich nimma. Da geh ich aus. Ich bin das Licht am Ende des Tunnels, und ich wart nicht mehr, und drum geh ich jetzt aus«, sagt das Licht am Ende des Tunnels, und sie noch immer den Tunnelblick ohne Licht am Ende, und schaut und fragt und atmet und fragt und atmet, und wann die Kinder kommen, fragt sie, wann die kommen, die Kinder. Weil wenn die Kinder kommen, wird es Licht. Und schaut in diesen Tunnel ohne Licht und traut sich nicht rein, traut sich seit Jahren nicht rein in den Tunnel, weil der ja kein Licht und finster, und sie ja seit ein paar Jahren Angst im Finstern. Hat ja Angst im Finstern seit ein paar Jahren, wie ein Kind hat sie im Finstern Angst, und schaut in den Tunnel und traut sich nicht rein und wartet, dass die Kinder kommen, weil wenn die Kinder kommen, wird es Licht. Wenn die Kinder kommen, wird es Licht. Und ich frag mich, ob sie vielleicht dann, verdammt, wenn die Kinder kommen und das scheiß Licht, ob sie dann vielleicht. Weil sie ja Angst im Dunkeln. Aber wenn die Kinder kommen und es Licht wird, ob sie dann vielleicht mit ihrem Tunnelblick und dem Atmen und dem Fragen, ob dann endlich Schluss und sie in diesen scheiß Tunnel. Aber dann kommen die Kinder, und geht ihr wieder gut, und kein Tunnelblick und kein Fragen, und das Atmen wieder leise, und schaut nicht in den Tunnel, und saugt das Licht auf von den Kindern und sperrt es ein und hebt es auf für die Unendlichkeit, und geht nicht durch den Tunnel. Die alte Sau.

(14)

CARO   mag noch wer Kaffee?

MANI   nein, wir müssen dann mal

DANI   Scheiße, schon so spät
wir müssen jetzt echt
kann ich so?
ich hab nichts Schwarzes
naja

KURT   bis später
und ich find das wirklich toll, Kinder

CARO   und dann sind die Kinder nach dem Geburtstag
also nach dem Essen und bisschen Kaffee
und sie nur kurz runter
zum Schweinsbraten und weil die Kinder
und dann wieder rauf und bisschen schlafen oder was weiß
ich[*]
und die Kinder sind dann mal zum Begräbnis
der Kurt hat das übrigens sehr toll gefunden, dass die
Kinder[*]
naja
und die Alten leben ewig und feiern Geburtstag
95
stattliches Alter, 95
und ich denk mir, wenn die schon 95, dann leb ich sicher
ewig[*]
denk ich mir
schlimmer Gedanke
wirklich furchtbar schlimmer Gedanke
und irgendwie war der Schweinsbraten doch nicht gut,
glaub ich[*]
weil mir dann irgendwie so schlecht

CARO   ich glaub, ich muss schnell
nur kurz

CARO   verdammt, ich weiß auch nicht, wie sowas passieren
das hat doch alles mit dem Hannes

KURT   und dann kniet sie vor der Schüssel am Klo und sagt

CARO   hat alles mit dem Hannes angefangen, sag ich

KURT   kotzt sich die Seele aus dem Leib und sagt, dass das alles
mit dem Hannes[*]
und ich denk mir, wie man so lügen kann

    KURT   das glaubst du doch nicht echt?

CARO   furchtbar, das

    KURT   das glaubst du doch nicht echt?
dass das mit dem Hannes

CARO   wirklich furchtbar

    KURT   Caro, verdammt, das glaubst du doch nicht echt?

KURT   wie man so lügen kann, denk ich mir

    KURT   Caro, verdammt nochmal!

    CARO   jetzt schrei mich nicht so an
so eine Hurerei das alles
so eine gottverdammte Hurerei
schrei mich nicht so an!

CARO   und ich kotz mir die Seele aus dem Leib und denk mir, zwei
Schüsse, und kotz mir die Seele aus dem Leib

    KURT   Caro, sag was

    CARO   was denn?

    KURT   weiß nicht
sag halt was

CARO   ich glaub, ich bin ziemlich am Ende, denk ich mir

    KURT   Caro, sag was

CARO   ich hab Braten gemacht

KURT   und ich denk mir, das Ewigleben kann sich leider keiner
leisten[*]

(15)

      BINE   und da sitzen wir jetzt
Dani, ich freu mich so
echt
total

      DANI   du, ich mich auch, Bine

      BINE   ja
lustig

      DANI   Bine, Bine

      BINE   ich glaub's ja nicht
ganz wie früher sitzen wir jetzt da
die zwei Mädels und trinken Kaffee

BINE   ja, verdammt nochmal, natürlich hab ich mich gefreut
ich mein
das ist doch ganz normal, dass man sich da freut
wenn man sich nach so langer Zeit
und dass man dann auf einen Kaffee
und heißt ja nicht, dass man dann gleich wieder ganz dick
und ich mein, die Umstände waren ja auch nicht gerade
also das mit dem Hannes
ich mein
die Stimmung war schon bisschen gedrückt, würd ich sagen[*]

      BINE   Wahnsinn, Dani
und so ein Zufall, dass wir vier
ich sag's dir, wenn du das planst, das klappt nie
ich schwör's dir!

> wenn du das planst, dass wir vier
> nie und nimmer klappt das
> Wahnsinn
> echt der total glückliche Zufall

DANI   und ich denk mir, diese Zufallsscheiße kannst du dir sonst
wo hin[*]

> BINE   jetzt erzähl schon!
> wie geht's euch denn?
> dem Mani und dir
> wie geht's euch denn?
> gut?
> geht's euch gut?

> DANI   mir geht's gut
> ja danke
> und den Mani musst du, glaub ich, selber fragen

> BINE   klar, den muss ich selber fragen
> aber den fragt jetzt sicher der Oli grade
> trinken sicher grade ein Bier, die beiden Jungs,
> und der Oli fragt den Mani grade, wie's ihm geht

(16)

MANI   Du bist modern, denkst du dir, bist modern und jung und
jetzt und heutig und total am Puls, bist total am Puls, am
Puls der Zeit bist und ein junger Mensch und total am
Puls, im Jetzt, verdammt, du bist sowas von total im Jetzt
und in der Gegenwart und im Augenblick, da kann man
sich doch auch freuen, denkst du dir, dass du so im Augenblick, da kann man sich doch jetzt wirklich auch mal
freuen, verdammt. Und dann freust du dich. Freust dich
kurz, und dann plötzlich, plötzlich nach dem Freuen,
nach dem Freuen über die Gegenwart, über dein In-der-
Gegenwart-im-Augenblick-Sein, plötzlich wird dir klar,
dass das leider einen Scheißdreck sagt, weil das eine

scheißverfickte Tatsache und sagt sonst leider überhaupt nichts, außer, dass du jetzt halt zufällig, ja zufällig, verdammt nochmal, zufällig in dieser scheiß Gegenwart, zufällig im Augenblick, zufällig jetzt hier heute, einen Scheißdreck sagt das. Aber Augenblick mal! Weil immerhin, bitte, immerhin machst du das gar nicht schlecht, also, dass du da so im Augenblick, und soll dir mal einer nachmachen, dein Im-Augenblick, Im-Jetzt-und-Hier-und-Heute. Und dann denkst du dir, dass das ja total östlich, findest du, das ist ja total östlich jetzt, wie du da gerade im Augenblick. Mensch, das ist ja echt total die östliche Praxis, ist ja fast wie Zen und Buddhismus, denkst du dir, und bist, ganz ohne dass du's willst, in der total östlichen Im-Augenblick-Sein-Drecksmeditation angelangt. Einfach so und ohne Praxis, und trotzdem der totale Buddhist, voll der anonyme Buddhist, und total unbewusst und ohne Anstrengung und ohne Praxis, der total unbewusste Buddhismus ohne, ohne Ausblenden und Versenken und Vergessen, und verstehst das jetzt leider gar nicht, was da dran schön sein und warum das noch wer freiwillig und sich ein Räucherstäbchen anzünden für dieses scheiß Im-Augenblick-Sein. Weil das die Krankheit ist. Dein anonymer Buddhismus ist die Krankheit und nicht die Heilung, verdammt, und wenn da einer kommt und sagt, da muss man auch mal locker, lass mal locker und mal im Augenblick und mal ganz du und nicht immer wer anders und nicht immer wollen, wenn da einer kommt und sagt, dass du einfach mal nur im Augenblick, weil's da nämlich eine Technik, eine Augenblickstechnik gibt's da nämlich, fürs Sein, fürs Bei-sich-selber-Sein, wenn da einer kommt, dann soll der bitte verdammt nochmal sein Maul. Soll sein verdammtes Maul halten, mit seinem Augenblicksscheiß und dieser verwichsten Psychotechnik und dem Buddhadreck und dem ganzen Scheiß, weil das die Krankheit, und das kannst du schon längst, verdammt, weil du nämlich dauernd, verdammt andauernd bist du in diesem Augenblick, und ohne Technik, und immer und andauernd bist in jedem scheiß Augenblick im Augenblick, und drum soll der verdammt nochmal sein Maul halten, weil du immer im Augenblick und immer ein Punkt und immer ausgestreut und auf dieser Kurve und leider keine Funktion, da muss man jetzt mal mathematisch. Nein, eine Funktion leider nicht. Wenn man das mal mathematisch. Hast leider keine Funktion, leider keine mathematische Funktion, keine Rechnung, und keine Funktion für deine Kurve, und drum nur Punkte, und die streuen sich dann aus, deine Punkte, streuen sich aus, ganz ohne Mathematik, ganz ohne Rechnung, ganz ohne Funktion, streuen sich aus und machen dann leider, nein, eine Linie machen deine Augenblicke leider nicht, das ist die Fliegenscheiße am Fenster, denkst du dir, und keine Linie, und immer nur Augenblick und jetzt und ausgestreut und ein Jetzt und ein Jetzt und ein Jetzt und dazwischen keine Linie, keine Linie zwischen den Punkten und keine Kurve und keine Zukunft, nein leider keine Zukunft, die du denken kannst, weil die Zukunft ist eine Ableitung, eine Ableitung der Funktion, und du leider nur Punkte und kannst da keine Kurve, kannst da leider keine Kurve mit dem Lineal durchlegen und mal eine Zukunft ableiten und wissen, wohin das geht, und drum soll der verdammt nochmal sein scheiß Drecksmaul, weil dein Buddhismus die Krankheit, aber der weiß dann irgendwie leider gar nicht, was du jetzt hast, und warum das jetzt ein Problem sein soll, weil, Tschuldigung, aber die im Osten, die im östlichen Denken, die haben da auch kein Problem, und was du immer hast, und von wegen Krankheit, weil die da im Osten nämlich überhaupt kein Problem, und da ist das sogar das Ziel, da ist das die Erleuchtung, da ist das das Glück, nur im Augenblick und total im Jetzt, und warum du da so ein Problem, nur weil du keine Rechnung für deine Punkte und keine Funktion und plötzlich willst, dass die eine Kurve und eine Linie, weil das interessiert die in Asien überhaupt nicht, und warum du immer eine

Rechnung und ein System. Tschuldigung, muss da immer
ein System und eine Rechnung, bitte, und da muss man
sich dann schon auch mal klar sein, dass das schon leider
ein sehr westlicher Diskurs ist, die Mathematik und alles,
das ist leider schon ein recht westlicher, ein Herrschafts-
diskurs ist das und sehr schwanzfixiert, und in Asien geht
das nämlich auch ohne, da geht das bitte verdammt ohne.
Und denen geht's besser, ja, denen in Asien geht's echt
verdammt besser, weil die wissen noch, wie man lebt, wie
man einfach lebt, ja, einfach, die leben einfach, aber dafür
leider auch besser und ohne System und werden alt, ja, die
in Asien, das glaubst du nicht, wie alt die werden in Asien,
und einen Krebs haben die auch nicht, hat er wo gelesen,
dass die keinen Krebs oder weniger oder zumindest nicht
so oft wie bei uns und dass die älter werden und dass das
das Reisfressen macht, die fressen soviel Reis, dass die
keinen Krebs, und voll im Augenblick und total im Hier
und Jetzt und total glücklich, und dann würdest du diesem Klugscheißer am liebsten seine Essstäbchen in den
Arsch rammen und seinen Drecksreis hinterher und ihm
sagen, dass das gerade eine total schöne Praxis für den
Augenblick ist, und er sich in sich selber versenken und
mal genießen und sicher keinen Krebs bekommt, weil das
machen der Reis und das Tropenholz in seinem Arsch,
total gut gegen Verspannung und Krebs, und soll jetzt
mal locker und dir eine Karte aus Asien und endlich mal
sein gottverdammtes Drecksmaul, scheiß Wichser.

(17)

KURT   und, wie war's?
        beim Hannes
        beim Begräbnis vom Hannes?

MANI   und dann kommen wir nachhaus
        und das Treffen mit den beiden war, glaub ich, nicht so ein
        glücklicher Zufall

zumindest mein Biertrinken mit dem Oli nicht
und dann erzählt mir die Dani, dass die am Abend nochmal[*]

DANI   ja, verdammt, ich weiß auch nicht, warum
hab mir halt gedacht, dass das

MANI   und ich frag mich, ob sie das wegen dem Oli
und dann sitzen wir so da und noch immer dieser scheiß
Braten am Tisch
und der Papa sagt

KURT   wirklich furchtbar
das mit dem Hannes
wirklich

MANI   und dann sagt er nochmal, dass er das so toll von uns
dass wir beim Begräbnis

KURT   das ist wirklich toll
dass ihr zum Hannes

CARO   und ich hör ihm gar nicht zu
und denk mir, wenn die 95, dann leb ich sicher ewig
und sie auch
die lebt sicher ewig
die Alten leben ewig, und die Jungen gräbt man ein

KURT   ja, geb ich zu
hat mich wirklich mitgenommen
das mit dem Hannes
hat mich wirklich scheiß mitgenommen
und hat alles kaputt
aber wenn ich ehrlich bin, dann versteh ich das
dann versteh ich das mit dem Hannes
weil ich hier nämlich der Vater bin
und da versteht man sowas

CARO   verdammt, die lebt sicher ewig, denk ich mir

DANI   und der Mani geht aufs Klo
und der Papa hinterher
weil er noch bisschen Braten zur Jause und jetzt seine Hände waschen*

    CARO   das Klo haben die Russen eingebaut!
denkt dran, wenn ihr zwei
dass das Klo die Russen!

DANI   und ich mit ihr allein am Tisch

MANI   und ich geh aufs Klo, und Papa hinterher
und das nimmt ihn so mit, das mit dem Hannes, sagt er

    KURT   das nimmt mich wirklich mit

DANI   und ich mit ihr allein am Tisch

CARO   die lebt sicher ewig, denk ich mir
verdammt, denk ich mir, die lebt sicher ewig
95
verdammt
die macht das mit Absicht
die macht das mit Absicht, die stirbt mit Absicht nicht

DANI   und dann sagt sie, die stirbt mit Absicht nicht
und dass die

CARO   die ist doch schon tot, hab ich gesagt
schon seit Jahren ist die tot
verdammt, da kommt doch nichts mehr bei der
die ist doch schon ewig tot
lebendig tot ist die und geht mit Absicht nicht

    CARO   Dani, die macht mein Haus zu einer Gruft

MANI   und ich steh am Klo
und er wäscht sich die Hände
und dann erzählt er nochmal das vom Hannes
nochmal

    MANI   das hast mir schon erzählt, Papa
hast mir schon am Telefon

CARO   mit der Alten drin ist das eine Gruft

DANI   sagt sie
mit der Alten drin ist das eine Gruft

MANI   Papa, das hast mir wirklich schon am Telefon

KURT   aber nicht von Anfang an

MANI   und dann erzählt er mir das vom Hannes

DANI   und sie sagt

CARO   das Licht
hab mir gedacht, das Licht
wenn die Kinder kommen, dann wird es Licht
und ganz hell im Tunnel
vom Ende her
dann kommt das Licht am Ende des Tunnels
weil wenn die Kinder kommen, wird es Licht
hab ich mir gedacht
und sie dann keine Angst mehr im Finstern und

KURT   und dann erzähl ich ihm nochmal das vom Hannes
dass der total am Ende und sich wieder weggedröhnt und
schon wieder kein Geld
und braucht aber ein Geld
braucht ein Geld, der Hannes
weiß man nicht wofür, aber braucht ein Geld
aber kann man sich vorstellen, wofür er das braucht, das
Geld*
und das hab ich ihm nicht gesagt, dem Mani, aber ich hab
da so meine Quelle und weiß genau, wofür der Hannes
immer das Geld

MANI   und dann erzählt er nochmal
und ich halt's kaum aus und würd ihm am liebsten den
Hals umdrehen*
weil er wieder mit dem Hannes
ich steh am Klo, und er kommt rein und wieder mit dem
Hannes*

CARO   manchmal denk ich mir, die stirbt mit Absicht
nicht*
die röchelt uns die Luft weg
dem Kurt und mir
röchelt sie uns die Luft weg
verdammt nochmal
ich leb in einer Gruft
hier stinkt's
ganz faulig stinkt's hier
das riecht man doch, verdammt nochmal

KURT   und jedenfalls braucht der Hannes wieder mal ein
Geld*

DANI   und dann sagt sie
noch so einen Geburtstag
noch so einen
noch ein Jahr
das geb ich mir nicht

KURT   und irgendwann steht der Hannes in der Nacht im
Schlafzimmer von den Eltern
und die Eltern nicht zuhaus
unterwegs, die Eltern
hörst mir zu, Mani?
ob du mir zuhörst?

MANI   ja

MANI   und dann wasch ich mir auch mal die Hände
und er steht in der Tür und lässt mich nicht raus

DANI   und dann sagt sie
ich spann ihr eine Schnur

CARO   ja
hab ich gesagt
ich spann ihr eine Schnur
ja
hab ich gesagt

geb ich zu
hab ich gesagt

KURT   und die Eltern nicht zuhaus und der Hannes im
Schlafzimmer
weil da wo das Geld
weil da wo die Sparbücher
und der Hannes sucht und stellt das Zimmer auf
den Kopf*
und sucht und sucht

CARO   ja, verdammt nochmal, das hab ich gesagt
dass ich ihr eine Schnur
ja, verdammt

MANI   und dann geht die Tür auf, und der Vater kommt rein

DANI   heimlich in der Nacht, sagt sie
heimlich in der Nacht spannt sie eine Schnur

CARO   heimlich in der Nacht spann ich eine Schnur

KURT   und dann kommt der Vater rein

MANI   sind schon früher gegangen, weil die Mutter von ihm so
Kopfweh*

KURT   und haben oben Licht gesehen
und der Vater geht rauf und steht in der Tür

DANI   und dann sagt sie
nein, nicht in der Nacht, nicht in der Nacht
am Abend
wenn's finster wird und sie nochmal auf die Schüssel
nochmal aufs Klo
auf ihre Kloschüssel, in der sich die Russen
dann spann ich die Schnur

KURT   und der Vater steht in der Tür
und sieht den Hannes
und das Zimmer
und alles auf den Kopf gestellt

CARO   und dann fahren wir weg
        übers Wochenende
        noch am Abend fahren wir weg
        und ich eine Schnur gespannt

KURT   und der Hannes schreit »Wo ist das Geld«
        und der Vater dreht sich um
        und lässt den Hannes schreien
        und macht kehrt
        und geht die Stiege runter

DANI   und dann in der Nacht steht sie nochmal auf
        wie jeden Tag steht sie nochmal auf
        weil sie aufs Klo
        steht auf und geht zur Stiege
        und macht den ersten Schritt die Stiege runter
        und fällt über die Schnur
        und fällt die Stiege runter

CARO   und wir weg übers Wochenende
        und kommen zurück
        und machen die Schnur weg
        und eine alte Frau ist die Stiege runter

MANI   und unten am Klo die Mutter
        die Mutter vom Hannes
        kotzt sich die Seele aus dem Leib
        weil ihr der Kopf so weh

KURT   und der Vater geht zum Jagdschrank

DANI   und sowas kommt vor, sagt sie
        dass eine alte Frau die Stiege runter

MANI   und die Mutter kotzt sich die Seele aus dem Leib
        und der Vater wieder die Stiege rauf

KURT   und der Hannes schreit wieder, wo das Geld

CARO   jeden Tag fällt wo eine alte Frau
        jeden Tag fallen auf der ganzen Welt Tausende
        Frauen[*]

jetzt genau in der Sekunde fallen auf der ganzen
Welt Zigtausende alte Frauen die Treppe runter,
und keiner fragt sich[*]
weil das normal
sowas kommt vor

KURT   wo ist das Geld, schreit er

CARO   in Afrika sterben auch dauernd Leute
Tausende
Zigtausende
in Afrika zum Beispiel

KURT   und der Vater legt an und drückt ab

DANI   das ist voll normal, sagt sie

KURT   legt an und zielt und drückt ab
und zuerst den Hannes
und dann sich selber

MANI   und die Mutter kotzt sich die Seele aus dem Leib und hört
zwei Schüsse und kotzt sich die Seele aus dem Leib

KURT   zuerst den Hannes
und dann

CARO   aber die stirbt ja mit Absicht nicht
der wachsen dann sicher noch Flügel

KURT   eins zwei

DANI   da hinten aus dem Buckel wachsen der sicher noch Flügel,
sagt sie[*]

CARO   fällt über die Schnur und wachsen ihr Flügel
und fliegt die Treppe runter
und landet unten und geht aufs Klo mit diesen
scheiß Flügeln
und stirbt mit Absicht nicht

KURT   legt an und drückt ab
eins zwei

CARO   und ich denk mir
         verdammt
         in Afrika warten die ja auch nicht ewig mit dem Sterben

(18)

BINE   Tschuldigung, aber ich glaub, da gibt's jetzt sicher nichts,
         wofür wir uns da schuldig, also der Oli und ich. Ich glaub,
         da gibt's jetzt echt nichts, wofür wir uns da schuldig füh-
         len müssen, weil ich mein, so ist das halt. Ja, das klingt
         jetzt hart, das klingt jetzt vielleicht total hart und fies und
         böse und mies und alles, aber da scheiß ich jetzt mal drauf,
         weil leider, ich mein, Tschuldigung, aber manchmal geht
         das Leben woanders weiter. Ja, das ist jetzt fies und total
         unkorrekt, ja, auch politisch ist das total unkorrekt, aber
         das ist leider kein Kindergeburtstag das Leben, und das
         geht manchmal woanders weiter, und in diesem scheiß
         Drecksquadrat, da haben sich dann halt leider die Ach-
         sen. Ich mein, Tschuldigung, wenn das Blut so dick wird,
         dass es stockt, dann ist das leider vielleicht ein bisschen zu
         dick, würd ich sagen, und wenn mich die Dani damals
         gefragt hätte, also wenn die mich nach einem Rat, dann
         hätt ich sicher gesagt, du, wenn das Blut zu dick ist, dann
         stockt's, das Blut, und dann geht nichts mehr, und dann
         sucht sich das Leben eine andere Bahn, weil das hat näm-
         lich auch nicht ewig Zeit, das Leben, leider nein, ewig Zeit
         hat das leider auch nicht, das Leben, hätt ich ihr gesagt,
         der Dani, wenn sie mich gefragt hätt, oder der Mani. Und
         leider war dann ich die andere Bahn, also der Oli und ich,
         die andere Bahn, das waren leider dann wir, weil da hat
         sich das Leben gedacht, da nehm ich lieber die andere
         Bahn, da nehm ich den Oli und die Bine, da dreh ich mal
         die Achsen, hat sich das Leben gedacht, die Achsen von
         diesem scheiß Quadrat, die Jungs und die Mädels, hat
         sich das Leben gedacht und mal Klartext gesprochen,
         weil das Leben spricht nämlich auch manchmal Klartext

und rechnet nur mit ganzen Zahlen, und hätten sich das
vielleicht besser eine Lehre sein lassen, die Dani und der
Mani, das vom Hannes, hätten sich das vielleicht eine
Lehre, weil beim Hannes ist das Leben auch, leider, ist
eine harte Sau, das Leben, und wenn man sich das dann
am Schluss, also wenn man zurückschaut, dann muss
man jetzt leider schon sagen, dass das Leben recht gehabt,
mit der Achse, also der anderen Achse und der Bahn und
so, da hat das Leben leider recht gehabt, weil das baut
nämlich auch nicht auf Sand, das Leben, und ich kann da
jetzt echt total überhaupt nichts dafür. So eine Scheiße.

(19)

MANI   jetzt haltet mal alle das Maul hier
        verdammt nochmal

DANI   wir verscheißen das gerade so was von
        wie man das alles so verscheißen kann
        so eine verwichste Drecksscheiße hier
        der Himmel ist eine Maschine
        verdammte Arschloch-Drecksscheiße, verfickte

MANI   ja, eine Maschine
        hab ich schon am Anfang

DANI   und die Maschine gibt dir eine Zahl
        und es geht verdammt überhaupt nicht darum, was für eine
        Zahl du bekommst vom Himmel
        darum geht's überhaupt nicht
        es geht nur um das DASS
        es geht nur um das DASS der Zahl, um das DASS der
        Rechnung*
        OB man mit dir rechnet, darum geht's
        ob du ein Teil der allgemeinen Rechnung

MANI   ob du zur Menge der Elemente
        ob du Teil der Menge der Elemente bist, mit denen in der
        Ökonomie der Zukunft gerechnet

DANI   verdammt genau darum geht's

MANI   ob du ein Teil des Ensembles, der Menge der Berechnung

DANI   ob du auf der Achse

MANI   ob du überhaupt auf der Achse der Zahlen
ob du eine Zahl auf der Achse, dem Zahlenstrahl, der
Achse des Guten[*]

DANI   scheiß auf Achse des Guten
das ist verdammt nochmal scheißegal
Hauptsache eine Achse
solange du auf einer Achse, ist alles gut

MANI   weil alles, was auf einer Achse

DANI   verdammt scheißegal, was für eine Achse

MANI   alles, was auf einer Achse, spielt verdammt nochmal eine
Rolle[*]

DANI   wenn du zum Ensemble

MANI   zur Menge der Zahlen
nicht bestimmter Zahlen
zur Menge der Zahlen überhaupt
dann rechnet man mit dir
dann hast du eine Zukunft

DANI   weil die Achse, der Zahlenstrahl, der geht immer in die
Zukunft[*]
geht von null bis unendlich, der Länge nach
bis unendlich in die Zukunft
wenn du eine Zahl
dann hast du eine, eine Zukunft, verdammt
alles auf der Achse hat eine Zukunft und spielt verdammt
nochmal eine Rolle in dieser scheiß Zukunftsökonomie-
rechnung

MANI   und dann können sich die auf der Achse des Bösen nämlich
freuen, dass sie überhaupt auf einer Achse

> dass sie überhaupt auf irgendeiner beschissenen Achse,
> und nicht auf keiner
> weil wenn du auf keiner Achse
> wenn dir der Himmel

DANI   der Himmel ist eine Maschine

MANI   und wenn du auf keiner Achse
weil du keine Zahl vom Himmel
dann kommst du nicht vor
bist leider ein Überschuss, der nicht eingeht in die Rechnung[*]

DANI   du machst Mathematik
und daneben hast du ein Cola am Tisch stehen
und das rechnest du auch nicht in die Rechnung rein
das Cola am Tisch, verdammt nochmal
ja, ist ein blödes Beispiel
das mit dem Cola
weiß ich schon
aber hat keine Zahl

MANI   und da gibt's Tausende
Zigtausende gibt's da

DANI   Millionen

MANI   ja, Millionen von anderen, die nicht auf der Achse und
drum überhaupt keine Rolle spielen

DANI   und das muss ihnen doch verdammt auch einer sagen, dass
der Himmel eine Maschine
und sie halt leider keine Zahl und auf keiner Achse

MAN   und drum leider ein vernachlässigbarer Überschuss

DANI   ein exzessiver Rest
ein Zellüberschuss
ein Zellhaufen
ein halber Zellplanet
ein Karzinom im Verdauungstrakt der Welt
ein scheiß Karzinom

MANI   ein ausgelagertes Kohlenwasserstoff-Depot

DANI   ein organischer Zwischenspeicher
vielleicht für später, weiß man nicht

MANI   und laut Massenerhaltungssatz ganz normal
weil da haben sich die Atome in der Wüste oder sonst wo
halt gedacht, da geh ich mal eine Verbindung ein, da geh
ich mal eine Kohlenwasserstoff-Verbindung
und mal bisschen organisch sein

DANI   vielleicht als Speicher für später mal, weiß man nicht
und weiß auch die Maschine nicht

MANI   die Maschine ist im strengen Sinne und nach eingehender
Analyse*

DANI   nach verdammt eingehender Analyse

MANI   die Maschine ist die Transzendenz

DANI   die totale Transzendenz
und so transzendent wie die Maschine war Gott, glaub ich,
nie*
aber dafür jetzt die Maschine
viel transzendenter als Gott und eigentlich jetzt der totale
Gott*

MANI   die totale Transzendenz

DANI   nach eingehender Analyse steht am Ende der Entwicklungsgeschichte*

MANI   der Entwicklungsgeschichte der Religion

DANI   und nach dem Tod Gottes

MANI   am Ende steht da die Maschine

(20)

OLI   Und dann haben die uns noch zu sich nach Haus eingeladen. Ich mein. Wenn wir das gewusst. Die Bine, die Doof-
nuss, fragt, ob sie schon was vorhaben am Abend. Weil
man sich ja schon so lange nicht mehr gesehen, und wir ja
am Abend vielleicht, und dann sagt die Dani, dass wir ja
vorbeischaun können bei ihnen. Am Abend. Können ja zu
ihnen nachhaus. Also ins Haus von den Eltern. Weil selber
haben die ja noch keins. Also ein Haus. Und die Bine hat
gesagt: »Dani, Dani, ich freu mich. So ein Zufall. Echt.
Und klar kommen wir. Schauen wir noch vorbei. Am
Abend.« Und die Eltern nicht daheim und dann sitzen wir
so, und dann erzählen die beiden so Sachen. Weiß auch
nicht, warum die da so Sachen erzählen müssen, so private,
wenn wir bei denen auf Besuch, warum die da so Sachen.

(21)

BINE   Wahnsinn
das ist ja echt heftig
und das hat sie echt gesagt?
das mit der Schnur und so?
ich mein

DANI   ja, alles, genau so

BINE   Wahnsinn
total heftig
echt

MANI   und er steht in der Klotür und lässt mich nicht
raus*

OLI   naja

BINE   Wahnsinn
sag, Dani, warum schaust mir denn so auf den
Bauch*

DANI   was?
         ich?

BINE   ja, du
         schaust mir dauernd auf den Bauch

DANI   vielleicht, weil ich deine scheißverfickte Visage nicht ertrag
denk ich mir

BINE   schaust mir echt dauernd auf den Bauch
         hab ich das Gefühl
         irgendwie

DANI   nein, das stimmt nicht

BINE   oder, Oli?
         schon
         oder?

OLI   Bine, also
         ich

MANI   Oli, der droht mir

OLI   was?

BINE   Oli!
         naja, vielleicht bild ich's mir ja nur ein

MANI   na, Oli, das mit dem Hannes
         dass der immer wieder damit anfängt
         der droht mir

OLI   bitte, Mani
         das ist jetzt aber schon ein bisschen paranoid
         findest nicht?

BINE   Dani, ich lüg dich nicht an
         echt nicht

DANI   was, du lügst mich nicht an

MANI   bitte, was ist da jetzt paranoid, Oli

BINE na, ich mein, dass da nichts im Kommen ist bei
      mir*

OLI   dass das eine Drohung, Mani
      das find ich jetzt schon ein bisschen

BINE Dani, ich lüg dich echt nicht an

OLI   das ist doch echt paranoid, Mani
      ich mein

BINE bei mir ist wirklich nix im Kommen
      oder, Oli?

OLI   was?

BINE bei mir is nix im Kommen, gell?
      also bei uns

DANI Bine, ich versteh jetzt echt grad gar nichts

OLI   ich auch nicht

MANI naja, Oli, wahrscheinlich hast recht
      und wär ja auch komisch, wenn der mir droht
      bin echt schon paranoid
      hast recht, Oli

DANI Bine!
      ich mein, ich weiß jetzt nicht, was du meinst

DANI und dann sagt sie, dass sie sich gedacht hat, dass ich glaub,
      sie lügt mich an, wenn sie sagt, dass da bei ihr nichts im
      Kommen ist, und dass ich ihr drum dauernd auf den

BINE ich bin ja auch schon paranoid

MANI na dann is ja gut, dass wir uns wieder getroffen
      haben, Bine
      weil ich bin ja auch

OLI   ja, das ist gut
      siehst, Mani

die Bine kommt auch immer auf so komische
Sachen*

BINE   naja, aber nicht so wie der Mani
echt nicht
aber Dani, du
ich mein
ich lüg dich echt nicht an

DANI   und dann frag ich sie, wie sie da drauf kommt

BINE   wie ich auf was komm?

DANI   dass ich dir nicht glaub, dass da nix im Kommen
und dir drum angeblich auf den Bauch

BINE   naja, ich hab mir halt gedacht, dass
also
weil bei mir tickt ja schon die Uhr
also, die biologische Uhr
und vielleicht ja bei dir auch und dass du drum

DANI   dass ich neidisch bin, weil sie vielleicht einen Braten
denkt sich echt, dass ich da vielleicht neidisch bin auf sie

OLI   oje, das is jetzt das arge Thema

DANI   ja, Oli, das ist jetzt das arge Thema
weil da kommt das liebe Pärchen auf Besuch zu
alten Freunden
sind ja alte Freunde, oder?
Mani?
sind unsre alten Freunde
und seit kurzem ein Paar
sogar mit Hochzeit und allem
und kommen auf Besuch
und dann unterstellt man mir, dass ich neidisch
und dass meine Uhr
ach, scheiß drauf

OLI   also, Dani, jetzt echt
Mani, sag was?

MANI   was soll ich denn sagen?

DANI   so was hab ich gar nicht, so eine scheiß biologische Uhr, denk ich mir[*]
und sag ich dann auch laut, und der Mani sagt

MANI   scheiß drauf, Dani, ich auch nicht

DANI   ja, der Mani und ich haben so was nicht
leider

MANI   naja, sind ja auch Geschwister

OLI   ja
wahrscheinlich darum

MANI   sind ja auch Geschwister

DANI   und Blut ist dicker als Wasser
wir sind ganz dick, der Mani und ich

BINE   naja, das wart ihr ja schon immer
nicht wahr?

DANI   nein
nicht immer
oder, Mani?
nicht immer

MANI   nein, stimmt
nicht immer
eigentlich erst seit der Oli und du, Bine

BINE   nein, schon vorher, echt, ich find schon vorher, sag ich
und dann denk ich mir, dass das Ganze jetzt, glaub ich,
langsam aus dem Ruder
und ich versteh das ja, dass die Dani
so allein und alles
dass das auch nicht leicht
aber dann muss sie sich halt wen suchen
aber die war ja immer so eng mit dem Mani

DANI   und ich sag, nein, erst seit der Oli und du

       DANI   Bine, leider, aber da besteh ich jetzt drauf
                  erst seit der Oli und du
                  weil vorher waren eher die Jungs und die Mädels
                  und erst dann war das so, dass du und der Oli
                  und der Mani und ich

       MANI   nur anders halt

       DANI   ja, nur anders
                  weil unter Geschwistern
                  ich mein

       MANI   unter Geschwistern ist das anders

OLI   und er sagt, unter Geschwistern ist das anders
      und ich denk mir, ja, da hast du recht
      nur leider ist das bei euch zwei schon auch ein bisschen
      komisch*
      hab ich mir damals schon gedacht, wie der Mani und ich so
      dick*
      hab mir das schon damals, dass das komisch zwischen den
      beiden*
      und dass das dem Mani gar nicht
      also
      wenn ich mir vorstell, dass ich seine Schwester gevögelt
      das hätt ihm sicher nicht
      und drum hab ich dann
      also jetzt nicht »darum«
      aber dann hab ich dann ja die Bine

       DANI   und damals hat ja keiner wissen können, dass am
                  Schluss der Oli und du, Bine
                  hat ja eigentlich einiges dafür gesprochen, dass
                  nicht du und der Oli, sondern ich und der
                  naja
                  hat ja einiges dafür gesprochen
                  theoretisch

MANI   und dann schaut mich der Oli an und sagt

    OLI   naja
          »wo die Liebe hinfällt«

    DANI   ach, Blödsinn
          wo die Liebe hinfällt
          so ein Blödsinn
          oder?
          Mani

MANI   und ich denk mir, du Arschloch
        du scheißverwichstes Drecksarschloch du

    DANI   naja, hat ja einiges dafür gesprochen
          aber dann
          ich mein, man informiert sich ja
          bevor die Liebe irgendwo hinfällt, informiert man
          sich*
          ich mein, man hat ja seine Quellen
          die Jungs und die Mädels
          und ich frag mal meine Quelle
          weil ja die Jungs so ganz dicke Freunde
          und frag meine Quelle
          und die Quelle sagt:
          naja, ob das der Länge nach für die Unendlichkeit

    MANI   naja
          ich jedenfalls glaub dir, Bine
          dass da nichts im Kommen
          bei dir

    DANI   und weil Blut dicker als Wasser
          hab ich mir gedacht, nein, den lass ich dir, Bine

OLI   ob der seine Schwester fickt, frag ich mich
    ob der Wichser seine Schwester fickt

BINE   den lässt sie mir, sagt sie, die blöde Schlampe
    den lässt sie mir

und ich denk mir, das ist sehr sehr lieb von dir, dass du mir
den Oli gelassen hast, aber den hab ich nicht geschenkt
bekommen, den hat mir nicht die Dani geschenkt, weil da
kommt bitte schon auch noch was anderes dazu
den lass ich dir, sagt sie
und ich sag

BINE   naja, wo die Liebe hinfällt, Dani

OLI   ganz genau, Bine
wo die Liebe hinfällt

OLI   Und dann sagt der Mani, ob's da eine Schwerkraft gibt

MANI   ob's da eine Schwerkraft gibt?

OLI   und ich denk mir, das ist jetzt aber wieder typisch
wenn's haarig wird, das Thema wechseln
aber ich weiß auch so, wer die Quelle

BINE   ob's für was eine Schwerkraft gibt?

MANI   wo die Liebe hinfällt
ob's für das eine Schwerkraft gibt
weil, wenn's für das eine Schwerkraft gibt, dann
haben die Dani und ich keine
oder zu wenig
vielleicht haben die Dani und ich einfach zu wenig
Schwerkraft

DANI   ja, da könntest recht haben, Mani

DANI   sag ich und denk mir, dass es mir gleich wieder den Kopf
wegsprengt*
und dass ich das jetzt gar nicht hören will
und dass das jetzt wieder so ein Satz ist, wie das mit dem
Himmel und den Alten und den Jungen und alles
und dass ich das verdammt jetzt echt nicht hören will

MANI   haben einfach zu wenig Schwerkraft
und drum fällt die Liebe nicht

BINE   lustig
         wie ein Apfel

MANI   genau, wie ein Apfel
         und drum fällt die Liebe nicht
         und die Dani und ich die Erde, und fällt nicht, die
         Liebe*

BINE   und dann steht sie auf und geht wieder mal aufs Klo

DANI   ich muss aufs Klo

OLI   und die Dani steht auf und geht aufs Klo
         ziemlich lang sogar, die Dani
         und ich denk mir, wir beide gehen dann mal
         die Bine und ich
         wenn die Dani vom Klo zurück
         ist ziemlich lang am Klo, die Dani

(22)

DANI   Ja, verdammt, das weiß ich schon, dass das hier alles eine
         gottverdammte Befindlichkeitsscheiße ist und dass wir
         hier alle, ja, das muss jetzt leider auch mal einer sagen,
         dass wir hier Luxus sind, den wir uns selber leisten, leisten
         uns selber, leisten uns uns selber mal, sind das Muttermal
         am Arsch der Welt, aber weil so eine Asymmetrie auch
         sehr schön sein kann, leisten wir uns das mal, so ein Mut-
         termal auf der linken Arschbacke, so eine Befindlich-
         keitsdrecksscheiße aber auch. Und dann frag ich mich,
         bitte verdammt, warum komm ich denn nicht aus dieser
         scheiß Umlaufbahn, aus dieser emotionalen, analogen
         Umlaufbahn um mich selber und meinen Befindlichkeits-
         dreck und die ganze Scheiße in meinem Hirn. Da muss
         man doch auch mal rauskommen und nicht dauernd um
         sich selber und nicht dauernd auf dieser Arschbacke ho-
         cken, und leider keine Politik, und warum ich als Frau
         immer über diese scheißverdammte drecksverwichste

Liebe reden müssen soll, und das tu ich jetzt nicht mehr, und die Liebe kann mich am Arsch lecken, kann mir mein linkes Muttermal von der Arschbacke lecken, diese Drecksliebe, und jetzt tu ich's schon wieder und red schon wieder von der Liebe, ich blöde Schlampe, denk ich mir, und damit ist jetzt Schluss, Schluss damit, verdammt. Und weil ich leider aus diesem Befindlichkeitskontext nicht so einfach rauskomm, aus dieser scheiß Umlaufbahn, denk ich mir, vielleicht muss ich mich ja mal so richtig in diesen Befindlichkeitskontext reinversenken, weil ich leider jenseits meiner Befindlichkeit keine Politik, das muss ich jetzt hier und heute leider öffentlich am Scheißhaus, mit meinen beiden, ja, verdammt, mit meinen beiden Arschbacken, der rechten und der linken, mit meinen beiden Arschbacken auf der Schüssel hock ich und piss mir einen Zahlenstrahl und ganz öffentlich geb ich zu, dass ich leider keine Politik hab außer meiner scheiß analogen Befindlichkeit, geb ich zu, geb ich verdammt nochmal zu. Und versenk mich mal in diesen Befindlichkeitskontext und mach aus der lokalen analogen Befindlichkeitsscheiße in meinem Hirn ein globales Programm, weil ich leider so viel spüren tu, und drum sag ich, dass das die einzige Politik ist, die ich hab, und weil ich mein Muttermal links trag, hab ich jetzt leider ein kleines Problem, und dann denk ich mir, dass Scheiße immer rechts von der linken und links von der rechten rauskommt und mein Arschloch die goldene Mitte, und das find ich jetzt total lustig, und dann steh ich auf und dreh mich um und schau mir die Scheiße an, die aus mir raus, und denk mir, dass ich grad was total Analoges produziert hab, und versenk mich nochmal schnell in meinen Kontext und denk mir, dass wenn meine Befindlichkeit die einzige Politik, dann muss ich nur mehr warten, bis ich einen kühlen Kopf und ich nichts mehr will und mir das Muttermal sagt, dass es Zeit wird.

(23)

BINE   und mir fällt dann plötzlich ein, dass wenn ich mich in den
Mani verliebt, dann wär das Leben sicher auch an mir vorbei
da hab ich, glaub ich, echt ein Glück gehabt
wo die Liebe hinfällt
so ein Zufall
da hab ich echt ein Glück
total
und dann ist die Dani wieder zurück vom Klo

OLI   du, ich glaub, die Bine und ich gehen jetzt mal

BINE   und quatschen noch bisschen in der Tür

OLI   stehen noch bisschen in der Tür und quatschen

BINE   und dann noch Küsschen Küsschen
die Jungs und die Mädels
und die Mädels und die Jungs

OLI   also diagonal
wie bei einem Quadrat
so diagonal

BINE   und dann

DANI   ja, hat sogar Küsschen gegeben

DANI   Bine, baba

BINE   und dann ist die die Stiege runter
verdammt
die ist einfach so die Stiege runter
ich dreh mich noch schnell um und greif nach dem Regen-
schirm, der da so am Geländer lehnt, und dann schau ich
nach oben, und da steht wer, und ich glaub zuerst, das ist
ein Gespenst, und das rudert mit den Armen und das
Nachthemd weiß und rudert wie mit so Flügeln und fliegt
dann einfach so die Stiege runter, verdammt, und landet
unten direkt vor meinen Füßen

      so eine Drecksscheiße
      echt
      ich mein
      fliegt die einfach so die Stiege runter

OLI   verdammte Scheiße, denk ich mir
      und ob der seine Schwester fickt
      ja, weiß auch nicht, warum ich mir das genau in dem Mo-
      ment*
      warum ich da an so was denk, verdammt
      weiß ich auch nicht
      verdammte Scheiße, da ist eine alte Frau die Stiege runter

BINE   fliegt die einfach so die Stiege runter

OLI   einfach die Stiege runter

BINE   ob die ihr eine Schnur, denk ich kurz, nur kurz
      schau die Dani an, schau sie an und kurz nur
      echt nur kurz denk ich mir

DANI   Genickbruch

BINE   und schau die Dani an und sie mich
      und ich denk mir, wenn das
      also
      wenn das die Dani
      dann muss doch wer die Schnur
      ich mein, die muss man doch weg
      ich mein, die muss man doch weg, bevor die Rettung
      aber da is so finster, dass ich gar nix seh
      warum ist's denn hier so finster, verdammt
      da muss man doch
      bevor die Rettung
      ich mein
      aber ich kann leider gar nix sehen
      also keine Schnur oder so
      und kann ja sein, dass die einfach so runter
      ich mein
      sowas passiert, dass eine alte Frau

OLI   und stehn so da und schaun und irgendwer geht zum Telefon und die Rettung
und die Bine und ich sind dann mal gegangen
bevor die Rettung gekommen
da sind wir dann mal gegangen, die Bine und ich
und die hat auch nicht mehr geatmet

(24)

DANI   verdammt, da ist doch was faul hier
verdammt nochmal, da ist doch was faul

MANI   der Himmel ist eine Maschine

DANI   verdammt, da ist doch was faul hier

MANI   und ich denk mir, da muss doch endlich was anfangen

DANI   ich brauch dann, glaub ich, echt mal eine Pause
ich mein, da ist doch

MANI   und wenn da nichts anfängt, dann geht das ewig so weiter
bis wir alle keine Zahl
weil sich die Achsen
und ich spür's, das fängt schon an
und dreht sich alles so schnell
und je weiter du am Rand, umso größer die Fliehkraft
und die reißt an deiner Zahl
weil die Welt eine Zentrifuge
und du der Bodensatz
bist der Aminosäurekomplex an der Reagenzglaswand
und keine Zahl und keine Zukunft

DANI   und ich glaub, mir sprengt's gleich den Schädel

MANI   und ich will, dass das alles mal stillsteht und ich mal Urlaub
und nicht immer nur Augenblick
sondern eine Geschichte und eine Erzählung
und ein Lineal durch die Welt legen und ausrechnen, was
da rauskommt

am Ende
und dann drehn sich die Achsen
und die Fliehkraft
und die Dani und ich
und schleudert uns raus
und ganz allein, denk ich mir
zwei Planeten, die keiner besiedelt

DANI   hab keine Schwerkraft, denk ich mir
bin ein Planet ohne Schwerkraft
und rund um mich die anderen
die fetten
die fetten anderen mit ihrer Schwerkraft
und ich daneben
und die ziehn dann alles an sich
und ich keine Schwerkraft und keinen Mond und möcht,
dass etwas in mich stürzt
möcht, dass etwas in mich fällt

MANI   und ich sag ihr, die gibt's nicht mehr, die Schwerkraft
die gibt's nicht mehr
keine Schwerkraft, sag ich
die gibt's nicht mehr
weil du ein Planet ohne Kern
und ohne Sonne
und keine Umlaufbahn
und kein Mond
bist nicht mal ein Planet, sag ich
eine Gaswolke bist
und drum keine Schwerkraft und total flüchtig
und das Feste wo anders
und nicht bei dir
die Schwerkraft
wo anders, sag ich
beim Ende
weil da ein Ort, wo das Ende wohnt
wo die ganze Schwerkraft und das Feste
wo sich das sammelt und verdichtet

und dort irgendwann so viel Festes, dass alles ins Ende
stürzt*
und du eine Gaswolke
und rund um dich, da fliegt dann alles zum Ende
und durch dich durch und an dir vorbei

DANI   und mir sprengt's gleich den Schädel
und ich frag mich, wie das Neue auf die Welt kommt
wenn ich ein Planet
und allein

MANI   und keine Sonne

DANI   und meine scheiß Befindlichkeit ist leider die einzige Politik, die ich noch hab
meine Befindlichkeitsscheiße und der Dreck in meinem
Hirn*

MANI   und die Welt eine Zentrifuge

DANI   und mir sprengt's gleich den Schädel
und ich brauch schon wieder eine Pause, glaub ich
nein
jetzt nicht

(25)

CARO   so eine gottverdammte Hurerei, du Arschloch
du gottverdammtes Arschloch
eins zwei
der zweite
das war wegen dir, du Arschloch
der zweite Schuss, der war wegen dir, verdammt

KURT   dem Hannes seine Mutter hat das wirklich mitgenommen
hat mich nicht mehr sehen wollen
weil ihr
der liegt ja im Krankenhaus

nachdem er den Hannes und dann sich selber
liegt im Krankenhaus und kann nicht sterben
will mich nicht mehr sehen, hat sie gesagt

CARO   verdammt, ich hab das alles gewusst
        du scheiß Arschloch
        glaubst echt, ich spür das nicht
        und ER hat das auch gespürt
        dass da noch wer
        dass du sie vögelst

KURT   und ich denk mir, man müsste das Vögeln neu erfinden
        und ein Systemwechsel ist das leider nicht
        und will mich nicht mehr sehen
        und immer im Krankenhaus
        und an seinem Bett
        und warten, dass er

CARO   Kurt, der zweite
        der zweite Schuss, da kann der Hannes nix dafür
        weil du sie vögelst
        drum hat er sich selber

KURT   geht's dir besser, Caro? ha?
        ob's dir besser geht, verdammt!
        du, mit deiner scheiß Schnur

KURT   spann sie dir selber
        spann sie dir selber um den Hals, deine scheiß Schnur, denk
        ich mir*
        wenn du eine Schnur, dann spann sie dir selber
        und dann kommen wir nachhaus und alles finster, und sie
        sagt*

CARO   du, irgendwie ist's da feucht
        mach mal Licht
        Kurt, irgendwie ist's da feucht

KURT   und ich mach mal Licht, und sie steht in einer Pfütze
        am Ende der Stiege steht sie in einer Pfütze

CARO   wann kommen denn die Kinder
          wann kommen die denn
          hat sie immer gefragt

KURT   und ich schau rauf, schau die Stufen rauf, und oben die
          Dani*
          steht ganz oben auf der ersten Stufe und hat was in der
          Hand*

CARO   hallo Dani

DANI   hallo Mama, sag ich und hab die Schnur in der Hand

CARO   hallo Dani

DANI   hat keiner gesehen, die Schnur
          hat keiner gesehen, wie die Rettung da war
          so was kommt vor, dass eine alte Frau die Stiege

DANI   die ist aufs Klo

MANI   und ich wart schon mal
          oben im Zimmer wart ich schon mal auf die Dani
          oben im Zimmer

KURT   wenn ich nochmal, ich würd mir ein Haus bauen
          komisch, dass ich mir das denk
          in dem Augenblick, wo ich die Pfütze und die Dani

MANI   ich komm gleich, hat sie gesagt
          mach noch schnell die Schnur ab
          und ich ins Zimmer und wart auf sie
          und ich hab mich schon mal ins Bett gelegt

CARO   und ich steh in dieser Pfütze, und irgendwie wird mir ganz
          schlecht*

KURT   und ich geh die Stiege rauf zu ihr und schau sie an

CARO   ich glaub, ich muss aufs Klo
          mir ist grad nicht so gut, glaub ich

DANI   ich brauch dann, glaub ich, echt eine Pause

KURT   und ich geh rauf zu ihr

      DANI   hallo Papa

KURT   und schlag sie ins Gesicht
und schlag sie nochmal
und schlag sie nochmal

MANI   und lieg im Bett und wart

CARO   und ich am Klo und kotz mir die Seele aus dem Leib

MANI   und denk mir, Blut ist dicker als Wasser

KURT   und lass sie liegen am Boden oben auf der Stiege und hör
was und schau und geh ins Schlafzimmer, ins Schlafzimmer von der Caro und mir

MANI   und lieg im Ehebett und wart, dass die Dani
und hab mich schon mal ausgezogen

KURT   und geh zur Tür

MANI   hab mich schon mal für die Zukunft ausgezogen

      MANI   Hallo Papa

CARO   und die Mutter kotzt sich die Seele aus dem Leib und hört
zwei Schüsse und kotzt sich die Seele aus dem Leib

(26)

BINE   der Himmel ist eine Maschine, hat er immer gesagt

OLI   und sie dann auch

BINE   haben das beide gesagt, das mit dem Himmel

OLI   und der Maschine

BINE   ich mein, wir hatten da ja auch fast keinen Kontakt mehr
oder?*

OLI   nein
       also
       wenn das mit dem Hannes nicht, dann hätten wir sicher
       überhaupt keinen

BINE   ja, sicher, haben die zur Hochzeit eingeladen
       aber ich mein
       das sagt jetzt nicht viel, oder?

OLI   im Buddhismus muss man übrigens aufhören, dass man
       dauernd was will

BINE   naja
       und dann liegt die so richtig zu meinen Füßen
       wie die da die Stiegen runter

OLI   ich hab mir noch gedacht, Wahnsinn, Bine, hattest du aber
       ein Glück*

BINE   hatte ich echt ein Glück

OLI   stell dir vor, du stehst einen halben Meter näher an der
       Stiege*

BINE   ich glaub, die hätt mich erschlagen, die hätt mich echt er-
       schlagen*

OLI   da hatten wir echt ein Glück, dass wir nicht erschlagen
       naja

BINE   kann ich vielleicht schnell mal eine Pause
       oder erzählst mir nochmal das mit dem Himmel, Oli
       bitte
       erzähl doch nochmal diese Geschichte mit dem Himmel
       Oli, mach schon
       bitte

OLI   Also. Gott ist tot. Und das Problem ist, dass dann der
       Himmel leer, weil ja Gott tot, und drum steht der Himmel
       so die ganze Zeit einfach leer da, und das kann sich bitte
       auch keiner lange leisten, dass man den Himmel so ganz

ungenützt leer stehen lässt, und drum hat sich der Himmel
gedacht, bevor ich da so leer in der Gegend herum, also
nicht »herumstehe«, weil der Himmel steht ja nicht herum,
also bevor ich da so leer und nutzlos in der Gegend »her-
um-irgendwas«, da hätt ich bitte schon gern ein Möbelstück oder so, was ich da reinstellen kann, damit da jetzt
auch was, weil seit Gott tot, bin ich ja scheiß leer, und das
kann einen schon auch in eine komische Stimmung bringen, so leer herum bis in alle Ewigkeit, und drum hat sich
der Himmel was reingestellt, und ein Möbelstück wär eine
blöde Idee gewesen, weil ja da niemand drauf sitzen kann,
wo Gott tot, wer soll denn da drauf sitzen oder so, und
dann hat er sich einfach eine Maschine, der Himmel.

BINE   bei uns ist übrigens was im Kommen

OLI   ja

BINE   und das freut uns total
echt

ENDE

> Wie eine »Sorglosigkeit« denken, die keine Flucht wäre?
>
> (François Jullien)

Personen

PAUL
INES
FRITZ
ANNE
ROBERT
TANJA

»Faust« und »Grete« fehlen in der oben stehenden Liste. Sie werden von den sechs anwesenden Figuren nachgespielt. Die durchgestrichenen Personennamen im Text markieren dementsprechend, dass die jeweils durchgestrichene Figur »Faust« bzw. »Grete« ist. Ihre wahren Namen kennt man nicht.
Für Szene (-1), Vorspiel im TV, sind ANNE, INES und PAUL als Sprecherin bzw. lustige Personen zu »besetzen«. Selbiges gilt für ANNE in Szene (15), Zwischenspiel im TV.
Worte in eckigen Klammern werden nicht gesprochen. Sie sind nur der besseren Verständlichkeit halber angeführt.

(-1)
Vorspiel im TV

STIMME   sie kennt jede
            jede einzelne Kurve kennt sie
            die Kurven waren immer
            waren von Anfang an
            waren noch vor dem Anfang
            sie ist diese Kurven
            als sie noch im Bauch ihrer
            da ist sie diese Kurven
            wahrscheinlich im Rettungswagen
            im Bauch im Rettungswagen die Kurven
            aber in die entgegengesetzte
            die Kurven hinab
            und dem Sanitäter vielleicht schlecht
            von den Kurven
            und der Geschwindigkeit
            und dem Sitz neben der Tragbahre im rechten Winkel
            zur Fahrtrichtung*
            da muss einem ja schlecht
            so wie ihr als Kind
            bis sich irgendwann ihr Körper und die Kurven
            die sie kennt
            jede einzelne
            auch die, die's nicht mehr gibt
            weil man die Straße grade gemacht und die Kurven weg
            kennt sie auch die Kurven, die nicht mehr da, und fährt
            querfeldein*
            sie fährt schnell
            denkt sie sich
            sie kennt sie noch immer

denkt sie
ich kenn sie noch immer
dann noch zwei kurze wie ein »S« von unten geschrieben
und dann die lange
die letzte lange nach links durch den Wald und aus dem
Wald und in die Grade*
wo eine Kurve fehlt
und mit der Kurve die Bäume
fehlt ein Wald
und man sogar noch schneller
schneller fahren könnt sie
was sie dann nicht tut und nicht den nächsten Gang, den
vierten*
und die Ortstafel schon sehen kann
und das könnte überall sein
denkt sie sich
muss sie immer denken
dass dieser Ort überall und irgendwo
wenn nicht die Ortstafel
die sagt, dass das genau, ganz genau hier und nicht irgend überall*
sagt die Ortstafel
dass das genau hier
und nochmal, nochmal Gas
die ersten Häuser links und rechts
die Straße leer
dann heult die Sirene
und stellen sich die Haare auf im Nacken und die Wir-
belsäule rauf*
noch bevor die heult
weil das Gruseln schneller als das Hören und das Hirn
das das noch wissen müsste
müsste
weil jeden Samstag um Punkt zwölf, da heult die Feuer-
wehrsirene*
und keine Gefahr
und sammelt die Kinder, sammelt sie um den Mittags-
tisch*

und hält kein Suppenlöffel still in der Luft
sondern geht zum Mund
wenn die Sirene
und das Kirchturmkreuz blitzt
und wieder still
und die Suppe die Kinderkehlen runter
noch bis zur Kirche vor und links und links und rechts
die kleine Gasse rauf*
und kann das Haus schon sehen
in der Einfahrt ein Staubsauger am Asphalt
Garage offen
das Kabel rein
der Schlauch ins Wageninnere
ein totes Tier
denkt sie

SIE Besuch, die Nachbarn, schau, Besuch
sag ich zu ihm
und hat man nicht gewusst: Besuch
am Gehsteig stand ein Auto
und jemand hinterm Lenkrad
siehst du
hab mir ja gedacht, hab was gehört
und fährt ja nichts bei uns
da hört man jedes Auto, wenn ein Auto
bin vom Tisch auf und zum Fenster
haben keine Glocke
hätt ja auch für uns

ER ach, Schmarrn
wer soll denn Samstagmittag

SIE sagt mein Mann
das weiß ja ich nicht
hätt ja können sein
bin auf vom Tisch
zum Fenster hin

ER   wie immer sie zum Fenster hin

SIE   bring doch mal schnell das Fernglas her

ER   ich ess hier meine Suppe

SIE   sagt er
            hab mir dann das Fernglas selbst geholt

ER   jetzt mach dich doch nicht lächerlich
            das sind fünf Meter bis zur andern Seite
            das kann man auch mit bloßem Aug

SIE   »das kann man auch mit bloßem Aug«
            und löffelt weiter seine Suppe
            hab mir gedacht, warum steigt der nicht aus?
            jetzt schau doch mal
            da sitzt wer drin und steigt nicht aus
            und so was kommt nicht oft hier vor
            da fährt kein Mensch nur durch, weil er woandershin
            verschlagen tut's hier keinen nur aus Zufall her

ER   kein Schwein verschlägt's hierher
            zu uns

SIE   da hat er recht, mein Mann
            verschlägt hier keine Menschenseele her

ER   Baugrundschautouristen, denk ich
            kommen die schon wieder her?
            bis vor paar Jahren gab's, ich nenn's mal Baugrund-
            schautouristen*
            Autos mit so Nummernschildern, die man hier nicht
            kennt*

SIE   sogar besonders fremde Nummernschilder
            fast exotisch

ER   wie Touristen
            wie Touristen waren die
            und halten rechts am Straßenrand

vor Feldern, Wiesen
machen Fotos
trampeln durch das Gras
mit Riesenschritten im Quadrat
bin damals mal zu einem hin von denen
so ein Pärchen aus der Stadt
die Frau mit Kompass in der Hand
und hab gesagt, das ist kein Baugrund nicht
das ist nur für die Kühe
die müssen Geld wie Heu, hab ich gedacht
und seit paar Jahren
kommen auch nicht mehr

SIE   die warten, bis wir alle ausgestorben
bis alle Häuser leer
und sitzt der dann noch immer drinnen
und konnt man nicht erkennen, wer das ist

ER   und das trotz Fernglas nicht

SIE   die Scheibe von dem Auto spiegelt in der Sonne
und hab mir dann gedacht, ob der das Nachbarhaus
die können's kaum erwarten
schaun sich schon die Häuser an
fürs Wochenende dann
sag ich zu ihm
kann einem schon auch eine Panik machen
wenn man sich vorstellt, alles hier mit Autos zugeparkt
und drinnen in den Autos
die Nummernschilder sehr exotisch
die Scheiben schwarz verspiegelt
und sitzt in jedem Auto wer
und uns beobachten und warten
die warten bis wir alle ausgestorben
und plötzlich geht die Autotüre auf
das ist die Tochter ist das die von drüben
oder?
schau doch mal

da nimm das Fernglas jetzt und schau doch mal
das ist die Tochter, oder?

ER   das weiß man nicht, warum die da so lange hinterm
Lenkrad*
so lang wie ich für einen Teller Suppe brauch
warum die nicht schon früher ausgestiegen

SIE   und ist dann die Garage rein
wär fast gestolpert übers Kabel von dem Staubsauger,
der in der Einfahrt lag*
der hat sein Auto wieder mal geputzt
wie jeden Samstag
sehr genau putzt der das immer

ER   und so ein Auto musst du kaufen
gebraucht aus zweiter Hand
wennst dir gebraucht ein Auto kaufst, dann nur von
einem so wie dem, der einen Fanatismus hat und eine
Liebe hin zum Auto
mit Staubsauger
mit Rehleder
da steht der jeden Samstag
stundenlang

SIE   und sie
sie stolpert übers Kabel, sie
und schleicht sich die Garage rein

ER   Blödsinn: »schleicht sich die Garage rein«

SIE   fast wie ein Dieb in schwarzer Nacht

ER   ein Samstag war das kurz nach zwölf zur Mittagszeit

SIE   ich weiß ja nicht
die hat vielleicht ja keinen Schlüssel mehr
ist kaum mehr hergekommen
hätt sie ja selber kaum erkannt, wie die da plötzlich aus
dem Auto steigt*
war mehr schon eine Fremde hier

STIMME   ein totes Tier
          denkt sie und macht die Autotüre auf
          steigt aus und geht die Einfahrt hoch
          und wieder »nachgestellte Szene« eingeblendet unten
          links im Bild*
          und stolpert nicht, was der Regie sehr wichtig war
          und die Garage rein
          dann schwarz, das Bild

(0)
Prolog
kein Himmel

PAUL   wir fallen

INES   stürzen

PAUL   durch das Nichts

ROBERT   das zwischen den Planeten

TANJA   Sternen

PAUL   fallen

INES   stürzen aus den Wolken

ROBERT   rasen ungebremst

TANJA   kein Fallschirm

INES   keine Flügel

TANJA   Flügel keine

INES   abgebrannt und ausgerupft

ROBERT   und war die Luft im Himmel viel zu dünn für uns

PAUL   die hat uns nicht getragen länger

ROBERT   war zu dünn

PAUL   der Himmel

INES   weggezogen

TANJA   da hat's den Himmel unter unsren Füßen

INES   den hat's uns einfach weggezogen

ROBERT   bodenlos

TANJA   da ging ein Stürzen durch die Himmel

PAUL   nachdem der Flügelbrand die letzte Luft gefressen
            und kein Atom mehr unter unsern Füßen war

INES   da sind wir dann gefallen, wir

PAUL   und wie wir da gefallen sind

INES   so rasend schnell, das glaubt man nicht

TANJA   das glaubt man nicht, wie schnell man fällt, wenn nichts
            mehr hält*

ROBERT   und glaubt man nicht, wie hart man fällt

TANJA   und stürzt

PAUL   und warn ja nur an Luft gewöhnt

INES   und plötzlich weg, die Luft

TANJA   mit IHM ins Nichts verschwunden

PAUL   und dann der Flügelbrand

TANJA   und weiß man nicht, wen der Gedanke wie ein Blitz zu-
            erst getroffen*

INES   »der Funke«, rief wer

TANJA   einer

INES   alle

PAUL   und gruben suchend mit den Händen tief nach drinnen

ROBERT   und rissen uns die Haut vom Leib

TANJA   man legte Muskeln, Sehnen, Knochen frei

INES   die Haut wie Flügel ausgespannt

PAUL   am Boden jetzt, nicht in der Luft

INES   drauf Innereien ausgestreut, als könnt man draus die Zukunft lesen[*]

TANJA   ein Graben, Bohren, Suchen tief nach drinnen

ROBERT   einander Schädel spaltend ging man sich zur Hand

TANJA   bis in den letzten Winkel dringend

PAUL   und fand

TANJA   nicht einer

INES   alle

PAUL   fand nur nichts

TANJA   fand nur verkohlten Kerzendocht

PAUL   und kalt

INES   kein Licht

TANJA   und plötzlich nur mehr Welt

ROBERT   und schweift der Blick nach draußen dann

INES   schaut links und rechts
im Kreis

TANJA   und plötzlich nur mehr Welt

(1)

PAUL   so, ich glaub, das ist jetzt vielleicht der Augenblick für
            eine kleine*

ANNE   Scheiße, Fritz, ich glaub's nicht, der Paul hält eine Rede

PAUL   also, schön, dass ihr alle gekommen
            das freut uns sehr
            die Ines und mich
            uns freut das sehr
            die Ines und
            und dass wir dieses Mal zwei neue
            also, Gäste
            in unsrem
            ähm, Kreis
            weil heute auch die Anne und der Fritz
            unsre neuen Nachbarn von oben

FRITZ   naja, ganz so neu
            ich mein

ANNE   relativ neu
            im Vergleich

PAUL   also schön, dass ihr da seid, Anne, Fritz
            das freut uns
            die Ines und mich

ANNE   ja, uns freut das auch
            dass ihr uns

FRITZ   ja, das freut uns wirklich
            die Anne und mich

ANNE   ja, sehr

PAUL   ja, uns freut's auch
            und die Tanja und den Robert von drüben
            also nebenan
            die freut das natürlich auch sehr

die Tanja und den Robert
wahrscheinlich kennt ihr euch ja schon
das sind die

ANNE   ja, vom Sehn
man läuft sich ja im Stiegenhaus
nicht wahr?

ROBERT   Paul, wir haben uns schon alle in der Küche
vorher
da warst du grad am Klo
da haben wir uns schon vorgestellt

PAUL   schön, dass mir das keiner sagt
und ich mich hier zum Affen mach
naja
dann war das jetzt mal offiziell
fürs Protokoll
sozusagen
also schön, dass wir heute sieben
mit Anne und mit Fritz
da sind wir heute also sieben

INES   hab schon zum Paul gesagt, dass das ein Glück,
dass wir die größre Wohnung

PAUL   ja, das ist wirklich
haben wir den Kreis ein bisschen größer

INES   ja, genau
den Kreis
wie bei diesem Lied
»zieh den Kreis nicht zu klein«
haben wir als Kinder immer
hab eine katholische Vergangenheit
aber das verschweig ich lieber

TANJA   das hast du aber gut verschwiegen, Ines

ROBERT   ja, da schaun wir jetzt, die Tanja und ich
da schaun wir jetzt
dass du so eine katholische

INES   ja mein Gott
Pfadfinder hat's nicht gegeben, wo ich her bin
bin ich halt zur Jungschar
und Lagerfeuer bleibt Lagerfeuer

ANNE   Fritz, hast du das Babyphon?

FRITZ   Scheiße, nein
das ist noch in der Tasche draußen

INES   jedenfalls ziehn wir den Kreis hier nicht zu klein

TANJA   nein, das tun wir wirklich nicht
den Kreis zu klein

ROBERT   schon gar nicht, wenn's die Ines früher so gesungen hat

INES   ja danke, Robert
mach dich ruhig lustig über mich
scheiß auf katholisch
und auf Pfadfinder
ich kann auch ohne
wenn man mich im Wald
ich mach ein Lagerfeuer, dass ihr nur so schaut
Paul, jetzt mach schon weiter

ANNE   ich muss schnell

PAUL   jedenfalls sind wir heute also sieben
ich mein, noch nicht ganz
also, fast sieben
weil wir noch auf den Herrn mit der Musik
den kennt ihr jedenfalls noch nicht, Anne, Fritz
aber wir fangen jetzt einfach trotzdem mal an, würd ich
sagen[*]
weil mit der Pünktlichkeit
damit hat er's nicht

INES   die Feste fallen, wie man sie feiert, sag ich immer

ROBERT   die Ines hat heut glaub ich ein Stammbuch gefrühstückt

INES   ja, Robert, da hast du vollkommen recht
                die Feste fallen, wie man sie feiert, und drum feiern wir
                mal*
                Robert, Prost

ROBERT   Prost

ANNE   ich bin gleich wieder da
                ich hol nur schnell

FRITZ   das Babyphon
                das ist noch in der Tasche draußen
                sonst hören wir

ANNE   ich bin dann mal zur Garderobe raus

TANJA   naja, ich glaub, man muss das jetzt ganz kurz erklären
                der Robert hat
                das war ein Sommer, wie wir hergezogen damals
                hat im Baumarkt einen Gasgriller für die Terrasse

ROBERT   Elektro
                und Balkon

TANJA   was weiß ich
                haben die von drüben angerufen
                die Ines und den Paul

ROBERT   hab bei denen angeklopft und gesagt
                bei uns herüben ist der Griller an
                könnt ihr auch was drauflegen, wenn ihr wollt

TANJA   wenn die nichts haben, schneid ich die Zucchini auf
                aber soll nicht zur Gewohnheit werden

ROBERT   und dann mal wir bei denen
                hab ich den Griller einfach rüber
                ich glaub, ich nehm zur Sicherheit noch schnell die
                Kabeltrommel*

TANJA   so hat sich das langsam eingespielt
wie so Sachen halt laufen
trifft man sich halt hin und wieder abends
»bring what you eat!«
bringt jeder was zum Essen mit
alle im gleichen Haus
alle bis auf IHN
und dann vor kurzem
weiß ich jetzt nicht wann
sind die da oben
die Ines hat gesagt, die könnten wir doch auch dazu
weil so ein Pärchen, hat die Ines
so ein Pärchen
noch dazu mit Kind
die kommen sicher nicht viel raus
hat sie gesagt
die freun sich sicher
brauchen nur ein Stockwerk runter
sind sie dann nicht so allein
ja, mein Gott, das weiß man nicht
man hat sich halt gedacht
die Ines hat das dann ein bisschen aufgeblasen
für die Neuen
würd ich sagen
der Paul hat eine Rede
naja
versucht

ROBERT   was hätt er denn auch sagen sollen
ich mein, der Paul
dass man die integrieren muss?
aber war dann auch egal
dann fängt die Ines mit diesem scheiß bekackten Lied
da hätt man gleich das Kind beim Namen nennen

TANJA   naja
jedenfalls
»bring what you eat«

	bringt jeder was zum Essen mit also fast jeder weil der Freund vom Paul

ANNE   Ines, du, ich glaub, da ist wer an der Tür

ROBERT   hat meistens nur ein Sechserpack
der Freund vom Paul
von wegen: »integriern«
aber auch gut, wenn wer fürs Trinken
sind zwar alle eher Wein[trinker]
naja

ANNE   Ines, du, da ist wer an der Tür!

ROBERT   da kommt's ja schon
das Bier

INES   Anne, machst du auf!

ANNE   ja, ich find nur grad den Öffner nicht

INES   dann geh halt ich zur Tür und hol das Sixpack ab

ANNE   und dann drückt die Ines den Öffner
wir alle im Vorzimmer
warten, dass er mal die Treppe hoch
Fritz, ich glaub, die Batterien von dem Babyphon
die machen's nicht mehr lang
und steht dann in der Tür und sagt:
hallo!
ja, irgendwer muss da jetzt
wir sind nur sechs
das muss jetzt wer, verdammt
dann steht der in der Tür und sagt:

~~FRITZ~~   hallo
oh, schon alle da
na, *das* ist ein Empfang
ich hab euch hier ein Bier
kann ich's wo einkühln

ANNE   sagt er

TANJA   und natürlich:
           hat ein Sixpack in der Hand

ROBERT   wer hätt sich das gedacht

TANJA   und drauf die Ines:

INES   klar, leg's in die Badewanne
           im Kühlschrank ist kein Platz
           da ist das Essen von den andren drin
           ja, Tschuldigung
           das ist ein Freund vom Paul

ANNE   dann gehn wir wieder rein
           das Babyphon dabei

PAUL   so, dann ist jetzt auch mal die Musik

TANJA   der is noch im Bad

PAUL   jedenfalls
           jetzt sind mal alle da
           alle sieben sind jetzt da
           die Anne und der Fritz
           die Tanja und der Robert
           wir zwei und jetzt noch ER
           dann sind jetzt alle sieben
           und meine Rede
           die ist jetzt auch zu Ende
           dann sag ich, Prost

ANNE   ja, Prost
           und denk mir, Scheiße
           wenn die das nächste Mal bei uns
           beim Fritz und mir
           ich mein
           eine Rede halt ich sicher nicht
           wenn die bei uns
           da halt ich sicher keine Rede

sicher nicht
das soll der Fritz

(2)

FRITZ   vielleicht, hast dir gedacht, vielleicht bist ja nicht ausge-
baut im Innern drinnen, könnt ja sein, könnt faktisch
einfach sein, dass in dir drinnen sich ein Glück, das kann
sich, hast du dir gedacht, vielleicht nicht halten, so ein
Glück in dir, weil in dir drinnen alles viel zu glatt, weil du
mit Fliesen Kacheln innen ausgekleidet, und gleitet in
dir ab, das Glück, zum Beispiel, gleitet ab und schmiert
die Innenwand nach unten, wird ohne Rückstand wieder ausgeschieden, vielleicht, weil so ein Glück, das
müsst sich schon mit schwerem Material, das müsst die
Innenoberfläche in dir drinnen, müsst so ein Glück erst
einen Halt erzwingen drinnen, die Fliesen Kacheln von
den Wänden reißen, müsst Haltegriffe in dich treiben,
weil einen Saugnapf hat ein Glück, damit sich's fest-
saugt an der Fliesenwand im Innern, hat es nicht, das
Glück, und bleibt drum nicht im Innern drinnen, nicht
bei dir, und hast dir dann gedacht, dass so ein Glücks-
transit in dir dem Glück der andern eine Form vielleicht,
das wandert durch dich durch und gleitet aus dir raus,
und presst die Kachelwand in dir das Glück in eine
schmale Dübelform, damit sie dann den andern besser
passt, du Presse für das Glück der andern, du Men-
schenpresse, schleust die Menschen, falls das Glück als
Mensch zu kommen wünscht, den schleust du durch
dich durch, verdaust den Menschen vor, und hast vielleicht gerade du die passende Substanz in dir, das passende Enzym für so ein Glück, und spaltest dieses Glück
für andre auf, und hast schon viele Menschen, die durch
dich hindurch, für einen andren aufbereitet, blieb bloß
nichts für dich davon, und denkst dir, so ein vorverdau-
tes Glück, das würd dir selber viel zu wenig, weil absolut

ist so ein halbvergornes Glück ja nicht, und auch die
Aneinanderreihung nicht, die Serie, der Stoßverkehr
durch dich hindurch, Transit, totales Glück ist das noch
nicht, wenn sich ein Glück im Seriellen produziert, das
potenziert sich trotzdem nicht ins Absolute hoch, ein
serielles Glück wird trotzdem, nein, ein Absolutes wird
das nicht, wenn man nur nacheinander reichlich rein
und hofft, dass aus der Summe sich ein Mehrwert ab-
setzt auf der Innenwand der glatten, und durch die Stei-
gerung der Konsumtion die Masse kritisch wird und
umschlägt und mit lautem Urknall, nein, das ist dir leider sonnenklar, dass mehr vom Selben nichts Totales
macht, und sei's auch noch so ausgestreut global, die
billig produzierten seriellen Glücksprodukte, das Uni-
versale an und für sich ist das leider lang noch nicht, das
billige Totale, und da hättest du verdammt nochmal sehr
gerne, ja das schreckt jetzt sicher manche, dass du leider
gern was hättest, was sich nicht mehr teilen lässt fürs
Serielle, weil so ein vorgetäuschtes gottverdammtes
Glück für alle, geht sich leider nicht für alle aus, das ist
uns leider sonnenklar, da kommt die Produktion nicht
nach, da reicht der Rohstoff für das Glück nicht aus,
und auch das Geld nicht, dass das für alle ungeteilt, da
teilt man plötzlich gar nicht gern und freut sich trotzdem
dann am seriellen Glück, und ist kein Glück verdammt,
wenn's nicht für alle, Wahrheit ist für alle wahr, verdammt, und ganz so ist das Glück, sonst ist es keins, weil
so ein billig eingekauftes Glück sehr schnell vom Ne-
benmenschen dir vergällt, wenn der mit seinen tränen-
schweren Kulleraugen, pfui, und willst das drum mal
Wahrheit nennen und nicht länger Glück, und hättest
gern mal ganze ungeteilte Wahrheit, ganz vom alten
Schlag, so eine Wahrheit, die man nicht mehr teilen
kann fürs Serielle, ganz vom alten Schlag, so eine Wahrheit hättest gern, und absolut und radikal für alle da, die
Wahrheit und das Glück, und ist dann eine Wahrheit,
die sich nie auf einem Fließband breitgemacht und aus-

gestreckt für eine Massenproduktion, und sagt dir dann
der Zeitgeist, dass das leider gar nicht geht und dass man
dafür leider keinen Boden hat für eine Wahrheit ganz
vom alten Schlag, da hat man keinen Boden mehr, der
trägt uns nicht der Boden für die Wahrheit, sagt der,
muss derselbe sein, der dich im Innern ausgekachelt hat
mit diesen Fliesen, an denen dir das serielle Glück zum
Arschloch raus, das muss derselbe sein, und sagt, dass
eine Wahrheit leider nicht getragen wird von keinem
Grund und drum sich nicht nach oben streckt ins Vertikale, und bist anscheinend noch nicht angekommen in
der Zeitgenossenschaft und noch gewöhnt daran im
Zweifelsfall nach oben schaust du, vertikaler Blick sucht
oben nackenstarr ein Fünkchen Licht, bestirnter Himmel schweigt, suchst trotzdem, nennst's ja nicht mehr
Glück, nennst's Wahrheit jetzt, und solltest schleunigst
eine Trauerarbeit leisten, vom toten Zufall, der von oben
kommen müsst, da solltest Abschied nehmen, senk das
Köpflein hin zum Horizont, das Maul weit aufgesperrt,
die Welt, die zieht schon durch dich durch, und fast von
selbst, sobald der Schluckreflex gebrochen, sprudelt
durch dich durch, die Welt, solang der Warenstrom, der
selbstverständlich äußerlich, natürlich ist die äußerlich,
die Welt, solang der durch dich durchgeht, hast ein Inneres, mein Freund, das kommt von nirgend sonst wo
her, das Innere, das kommt von draußen, muss man nur
das Maul weit auf und sich auf Durchzug stelln, und ist
der Warenstrom Gott sei's gedankt genau so eingerichtet, dass sich nichts im Innern festsetzt, dass der Fluss
ganz ohne Hindernis, solang du vorn und hinten offen
bist und nicht nach oben aus dem Strom dich reckst,
solang spült's Welt in dich und hast ein Innres, du, und
einen Kern, der halt im Fluss, und nicht nur du, so machen's alle, macht uns alle gleich, das macht uns alle erst
zum Menschen, dass die Welt vom Horizont her, nicht
von oben, durch uns durch, Latrinen sind wir, alle
gleich, dass Welt durch unsre Leere drin, da wär ein
Kern ein Hindernis

(3)

FRITZ   so, schön, dass ihr dieses Mal bei der Anne und bei
          mir*
          und dass der Herr am Laptop auch bei uns
          also, danke an die Musik da hinten
          ich mein »Musik«
          ihr wisst schon, was ich mein

ANNE   Fritz, vergiss nicht

FRITZ   ja, genau
          und von der Anne
          da ist eine Freundin von der Anne
          die würd ich euch gerne
          aber die ist glaub ich grad in der Küche
          naja, da hätt ich vielleicht noch bisschen warten sollen
          mit der*
          ihr könnt euch dann ja selber
          und weil ich nicht so gut im Redenschwingen bin
          gibt's gleich mal eine Quiche, die was die Anne selbst
          gemacht*

INES   bei den Neuen von oben, da war das natürlich bisschen
          schwierig*
          wie wir bei denen
          weil der Kleine

ANNE   bisschen leiser, die Musik, bitte
          ja, der Ismael

INES   ist immer mit dem Babyphon am Gürtel rum, die Anne

ANNE   Tschuldigung
          geht's bisschen leiser, die Musik
          der Kleine schläft
          und bei dem Lärm
          da hör ich nicht einmal das Babyphon

TANJA   aber schön, dass die trotzdem mittun

INES   und drum haben wir auch gesagt, dass wir die beiden

TANJA   die Familie von oben

INES   AnneFritz
            dass man die einladen
            weil so eine Familie, die muss man auch ein bisschen
            integrieren*
            zieh den Kreis

TANJA   ja, Ines!

INES   und sieben Leute
            ja, das geht grad noch

TANJA   und dann noch SIE
            diese Freundin von der Anne
            der von oben, mit dem Kind
            hab ich jetzt den Namen
            von dem Kind

INES   da waren's dann acht
            wenn man das Kind nicht mitrechnet

TANJA   irgendwas mit »i«
            fällt mir jetzt grad nicht
            »Israel« oder so ähnlich

ANNE   Ismael!
            oje, jetzt ist er glaub ich aufgewacht
            Scheiße
            kann da jetzt mal vielleicht wer die Musik bisschen leiser
            machen*

TANJA   fällt mir jetzt

INES   da waren wir dann acht, bei AnneFritz
            fast die gleiche Wohnung wie die vom Paul und mir
            man muss halt nur zum Rauchen raus

TANJA   wir haben DIE da auch zum ersten Mal

INES   wie wir bei denen von oben

TANJA   die mit dem [Ismael]

INES   ja, die mit dem
            AnneFritz
            ja
            und ER war auch da

TANJA   dieser Freund von Paul
            das war ein Freund vom

INES   ja, Tanja
            das weiß man schon
            da musst jetzt nicht rumreiten drauf

TANJA   Freunde von Freunden treffen sich bei Freunden
            bring what you eat

INES   naja
            dann steh ich mit der Tanja draußen am Balkon und
            rauch*
            und geht die Türe auf
            oh
            hallo

ANNE   hallo ihr
            noch Platz bei euch?

TANJA   klar, komm raus
            dann rauch ich auch noch eine

INES   eine geht immer noch

ANNE   ja genau, eine geht immer noch

TANJA   und stehen wir und rauchen

INES   und SIE neben uns am Balkon

TANJA   diese Freundin von der Anne
            die die Anne eingeladen

ANNE   war halt die Einzige von meinen Kollegen aus der Ar-
        beit, die mich dann besucht[*]
        wie ich auf Babypause
        wie der Ismael gekommen und ich auf Babypause
        da war sie halt die Einzige, verdammt
        hat mich besucht
        hat einen Strampelanzug für den Kleinen mitgebracht
        da war sie halt die Einzige, verdammt

INES   der Anne hat »der Herr am Laptop«
        der Freund vom Paul
        der hat ihr leidgetan beim letzten Mal
        weil der so ganz allein
        drei Pärchen und dann er allein
        der hat ihr leidgetan, hat sie gesagt, die Anne
        hat dann diese Freundin eingeladen

TANJA   versteht sie schon, dass der das scheiße findet
        so ganz allein
        wir alle haben wen
        und hat dann diese Freundin
        ich glaub, hier integriert ein jeder jeden
        auch absurd

ANNE   verdammt
        da ist mein scheiß Sozialberuf trotz Babypause mit mir
        durchgegangen[*]
        weiß ich schon

INES   die kennt sie aus der Caritas
        absurd
        im Nachhinein

TANJA   dann steht die neben uns
        die Freundin von der Anne
        steht am Balkon
        und raucht
        und sagt
        »äschert ihr auch da runter«, sagt sie

            diese Freundin von der Anne
            »äschert ihr auch da runter«

~~ANNE~~   äschert ihr auch da runter

TANJA   sagt sie
            und ich
            das ist der Ines ihr Balkon da unten

~~ANNE~~   Scheiße
            Tschuldigung
            das hab ich nicht gewusst

INES   ach, macht nichts
            meine Tomaten unten sind schon lange tot
            da macht ein bisschen Asche auch nichts mehr
            und stehen am Balkon
            und rauchen
            alle drei

TANJA   SIE mit einer Flasche in der Hand
            aus SEINEM Sixpack
            von drinnen kommt Musik von SEINEM Laptop

INES   und stehst du neben einem Menschen, der
            entsetzlich

(4)

PAUL   dann steht ER von hinter seinem Laptop auf

ROBERT   bleibt bei uns stehn
            und sagt, dass er das wirklich nett von uns

PAUL   dass wir die integriern, sagt er

~~FRITZ~~   ich mein
            weiß ich jetzt zwar nicht genau, in was
            aber werdet das schon wissen, in was ihr die hineininte-
            grieren[*]

diese junge Familie
die neue
die von oben
die mit dem Kind

PAUL   und kommen ja nicht raus
            kommen ja nicht raus
            sagt er
            so eine Familie mit so einem Kind
            so einem Stammhalterkind, das immer schreit
            weil ihm als Stammhalter
            weil ihm die Hoden aus dem Bauch hinunter

ROBERT   ja, die sind ihm hinuntergewandert, wie er selber noch
            im Bauch*
            und jetzt, wo die mal waren im Bauch, ein Schmerz
            Phantomschmerz
            erzählt von der Sehnsucht der Eier nach drinnen

PAUL   weshalb so ein Stammhalter
            weil ihn das Nichts im Bauch, wo früher mal was war
            und jetzt nicht mehr*
            weil das nach unten gewandert
            wo's gebraucht wird für so eine Stammhalterschaft
            in zwanzig dreißig vierzig – dann schon sehr drin-
            gend – Jahren*
            weshalb der dauernd schreit

ROBERT   und an einen Phantomschmerz hat natürlich noch kei-
            ner gedacht*
            und bekommt ein Dinkelkissen auf den Bauch

PAUL   und so was kann so junge Eltern natürlich um den
            Schlaf und um die Nerven*
            und um ein mühsam über Jahre hinweg gepflegtes, auf-
            gebautes*

ROBERT   bringt einen der Phantomschmerz der Eier des Stamm-
            halters*

und des Sozialen natürlich auch
leider um Verstand und Welt und dann freut einen das

PAUL   und wie einen das freut

ROBERT   wenn so liebe Nachbarn von unten sich entschließen,
dass sie einen integriern*
hinein, in ihr Soziales, das auch sie sich unter Mühen

PAUL   so eine Mitmenschlichkeit, in eben selbige sie einen dann
hineinladen*

ROBERT   in diesen Gemeinschaftskörper, der wir mit vereinten
Kräften*
und in den wir diese anderen aufnehmen
in unsren Gemeinschaftskörper die anderen aufnehmen
öffnen unsren Gemeinschaftskörper
und mit Gemeinschaftskörperöffnungen nehmen wir
die anderen auf*

PAUL   und wie wir die aufnehmen

ROBERT   und spricht das Gemeinschaftsmaul eine Einladung
und durch eben selbiges Gemeinschaftsmaul,
aus dem gerade noch die Einladung heraus,
wird das andere hinein
hineingegessen, sagt er

PAUL   wird hineingegessen, weil als Gemeinschaftskörperöff-
nung nur das Maul, nur das Maul ist eine Öffnung der
Gemeinschaft, aus dem die Gemeinschaft ihre Offenheit
verkündet

ROBERT   und ja, da hat der Volksmund wieder recht, dass die Leut
durchs Reden zusammen und durchs Fressen, und öffnen voll der Gnade den Volksmund öffnen wir und laden ein, laden uns die andren ein ins Volksmaul qua
Öffnung des Gemeinschaftskörpers, des fetten, in dem
noch bisschen Platz für ein paar andre, die man gerne
aufnimmt und einverleibt

PAUL   und wenn so eine Familie oder so ein Einzelmensch, den
              man sich durch die Körperöffnung der Gemeinschaft
              hineinintegriert hat, dann ist das trotzdem keine Krise,
              wenn die hinabsinken, aus dem Bauch hinab, wie die
              Eier des Stammhalters

ROBERT   nein, das zwickt uns wirklich nicht, das zwickt uns einen
              Scheißdreck, uns Stammhalter des Gemeinschaftskör-
              pers, wenn die hinabwandern

PAUL   wenn die sich bei scheißegal welcher Gemeinschaftskör-
              peröffnung hinausschleichen*

FRITZ   weil der Gemeinschaftskörper eine gesunde Verdauung,
              und so eine Familie, eine junge, so eine Familie wie die
              junge von oben, nicht nur schnell integriert, sondern mit
              selbiger Leichtigkeit und ohne dem Empfinden des
              Gesellschaftskörpers einen Schmerz, Phantomschmerz
              versteht sich, zu bereiten wieder ausgeschieden werden
              wird

PAUL   und dann, dann holt er sich ein Bier

ROBERT   nachdem er eine kurze Rede
              nur ganz kurz
              wahrscheinlich, weil ihm die vom Fritz
              die hat ihm nicht so gut gefallen
              die vom Fritz
              und hat er sich gedacht
              das muss er korrigieren
              da brunz ich mal die andern an
              politisch, selbstverständlich
              brunz politisch mal die andern an
              arrogantes Arschloch
              denk ich mir
              und sag ich nicht dem Paul, weil der mit ihm im Kin-
              dergarten war

(5)

TANJA	naja ich geh dann wieder zu den andern rein
INES	ja ich auch
~~ANNE~~	schon gut ich glaub, ich rauch noch eine
INES	eine geht immer noch
ANNE	genau eine geht immer
TANJA	bis gleich
~~ANNE~~	bis gleich Ines, wart, lass offen, die Tür ich mag das Lied
INES	sie mag das Lied, hat sie gesagt weiß jetzt nicht mehr, was das war, »das Lied« irgend so ein weiß ich nicht und ich zu ihr ja, Musikgeschmack, den hat er schon, der Herr am Laptop das ist ein Freund vom Paul Bekannter hab mir ja gedacht ich mein, vielleicht kennt ihr euch ja schon der arbeitet auch mit Menschen so wie du
~~ANNE~~	aha
INES	auch humanitär ER naja

TANJA   sind dann wieder reingegangen
            die Ines und ich
            »auch humanitär – ER«
            Ines, wirklich
            so ein scheiß Satz
            jedenfalls, sie hat sich schon sehr wohlgefühlt
            SIE
            glaub ich
            ich mein
            hat sogar getanzt

INES   war genaugenommen sogar die Einzige, die getanzt

TANJA   und da ist sie ihm dann
            also, aufgefallen ist sie ihm dann
            wenn sonst keiner tanzt
            fällt natürlich auf
            wenn sonst keiner

INES   hat sie die ganze Zeit beobachtet

TANJA   fällt natürlich auf
            und wir
            wir sind ja nicht so Tänzer
            zumindest an dem einen Abend nicht
            naja
            und sie die ganze Zeit getanzt

INES   ihn angequatscht

TANJA   ach Blödsinn, was du immer

INES   hab ich selbst gesehen

TANJA   Blödsinn

INES   wenn ich's doch gesehen hab
            die hat ihn angequatscht

TANJA   aha
            und was hat sie gesagt?

~~ANNE~~   he, schönes Lied

INES   weiß ich nicht
war ziemlich laut
ach scheiß drauf
jedenfalls hat die getanzt

~~ANNE~~   he, schönes Lied

(6)

~~ANNE~~   wie peinlich ist das denn, sag ich doch echt zu dem »he,
schönes Lied«, sag ich, und schaut der mich so komisch
an, und denk mir, nein, das hast du jetzt echt nicht nötig,
ich mein, wie geht's denn mir, verdammt, dass ich auf
so einer scheiß Spießerparty, Tschuldigung, aber das ist
mir wirklich bisschen zu viel und kann gar nicht so oft
auf den Balkon rauchen gehen, wie ich's nötig hätt, damit ich diese Scheiße ertrag, und dann steh ich allein auf
der Tanzfläche, das heißt, bei der Anne im Wohnzimmer
steh ich und tanz ein bisschen und sag »he, schönes
Lied« zu diesem Typen, der sich hinter seinem scheiß
Laptop verkriecht, und denk mir, erstens, sag mal, gehst
jetzt langsam auf die Vierzig zu oder bist verdammte
Sechzehn, das gibt's ja nicht, und außerdem scheitert
deine Frauenbewegungstheorie offensichtlicherweise
dauernd an deiner traurigen Alltagspraxis, und wenn
das jetzt ein verdammter scheiß Biologismus ist, der
dich so einen scheiß Dreckssatz sagen lässt, »he, schönes
Lied«, dann ist's verdammt nochmal ordentlich an der
Zeit, dass du in die Menopause kommst, weil das hältst
du ja selber nicht aus im Kopf, »he, schönes Lied«, wie
beschissen ist das denn, ich mein, da kann man sich auch
mal privat für sich allein freuen und muss das nicht noch
in die Welt posaunen, dass da zufällig dein Lied und das
ist ja schon wieder so eine scheiß Kacke, dass du überhaupt so was wie »ein Lied« hast, wie beschissen geht's

mir überhaupt, dass ich »ein Lied« hab und mich dann
noch freu und das irgend so einem Kerl mitteilen muss
hinter so einem scheiß Laptop, und dann denk ich mir,
so gute Frau, jetzt packst du glaub ich mal ganz schnell
deine Sachen zusammen und hast auch schon reichlich
intus und machst mal einen Abgang, weil man sich da
anscheinend nicht mehr so sicher sein kann, was dir
noch für ein Mist einfällt in deinem lächerlichen Kleid,
das dir die Anne eingeredet, weil man zu so einer Gele-
genheit wirklich mal ein Kleid, so ein Drecksscheiß aber
auch, und dann schaut mir der Kerl noch so komisch
von hinter seinem Laptop nach, naja, sogar ein Lächeln
hinbekommen, dann hab ich mal zu allen tschüss gesagt

(7)

ROBERT   kaum war dann die Freundin von der Anne weg
          da hat er gleich den Laptop abgebaut
          naja
          hat ja sonst auch keiner tanzen wollen
          und sind wir dann mal alle
          ER mit uns die Treppe runter

PAUL   dann hat der Robert die Idee, dass wir noch schnell

ROBERT   wir trinken schnell noch einen
          kommt

INES   sind dann noch alle schnell zum Robert und zur Tanja in
          die Wohnung
          ER mit uns
          und stehen dann in deren Küche
          auf einen Kräuterschnaps
          schräg, die Freundin von der Anne

TANJA   ja, das find ich auch

ROBERT   bewegt sich gar nicht schlecht

TANJA   aha

ROBERT   ja, Tschuldigung
             hab sonst halt keinen tanzen sehen

TANJA   ach so, da fehlt dann der Vergleich, oder was

ROBERT   Schatz, nein, ich weiß ja, wie du tanzt

PAUL   oje
             ich nehm noch bisschen Schnaps
             mag sonst noch wer?

TANJA   das macht's jetzt gar nicht besser, Robert

ROBERT   nein, so war das nicht [gemeint]

TANJA   nein, besser macht's das wirklich nicht
             das ist nicht wie in Mathematik, Robert
             dass zweimal »minus« »plus« ergibt
             aus zwei blöden Sprüchen wird kein guter,
             Schatz*
             Paul, gibst mir mal die Flasche, danke

ROBERT   Schatz, komm her

TANJA   verpiss dich, Robert
             du willst ja nur den Schnaps

ROBERT   Blödsinn, Schatz
             ich will nur dich

F̶R̶I̶T̶Z̶   Scheiße, Leute
             hier drinnen wird's grad ziemlich schwül
             merkt das sonst noch wer?

ROBERT   du arroganter Arsch
             denk ich

PAUL   jetzt reiß dich mal zusammen, ja!

F̶R̶I̶T̶Z̶   ich sag ja nichts
             mir ist halt heiß
             wenn's keinen stört

TANJA   keine Krise, Paul, hier drinnen wird's grad wirklich
           schwül*
           weil eine Liebe zufällig sehr heiß sein kann
           natürlich nicht so heiß wie Afrika
           nicht wahr?
           sag ich zu IHM
           das war ein böser Seitenhieb

PAUL   verdammt, das ist heut schon das zweite Mal, dass der
           uns anpflaumt*

ROBERT   »anbrunzt«, denk ich mir
           und gieß jetzt mal kein Öl ins Feuer

FRITZ   Paul, jetzt mach kein Drama draus und reg dich ab

PAUL   doch, da mach ich jetzt ein Drama draus
           weil leider fühl ich mich da jetzt ein bisschen verantwort-
           lich*
           weil du, wie wir alle wissen, ein Freund von mir
           und nachdem du dich vorher schon so schön über unser
           angebliches*
           wie du das nennst
           »Integrieren« aufgeregt

FRITZ   ach so, da darf ich nix dazu sagen
           weil man die Hand, die einen füttert

PAUL   das hast jetzt du gesagt
           aber ganz vertrottelt sind wir auch nicht
           und haben uns auch was dabei gedacht, mit Anne-
           Fritz*
           und für deinen scheiß Zynismus kann hier leider keiner
           was*
           da kann jetzt keiner was dafür, dass du für einen hu-
           manitären Aktivismus*
           von Mensch zu Mensch
           dass du da ein Krisengebiet brauchst und keine Party

FRITZ   was soll denn das jetzt heißen?

PAUL   verdammt, hat jeder gesehen, wie du sie angegafft, wie
        sie getanzt[*]
        und weiß man auch nicht, worauf du wartest
        grundsätzlich
        ich mein, es ist schon alles da, verdammt
        mehr kommt nicht
        worauf du wartest, weiß ich nicht
        vielleicht dass eine Flutwelle beim Fenster rein

ROBERT das muss eine sehr große sein, im dritten Stock

PAUL   ja, verdammt
        vielleicht auch, dass die Erde bebt, das Haus einstürzt
        und du dann eine Plastikplane verteilen kannst
        und dann das Maul aufbringst
        da kann jetzt wirklich keiner was dafür, dass wir hier
        jetzt leider keine Krise haben[*]
        und für deine miese Stimmung auch nicht
        man muss sich halt schon ein bisschen selber helfen
        für so ein Glück

FRITZ   das eine Sozialarbeiterin ist
        die Samstagabend ganz allein auf einer Spießerparty
        tanzt[*]

PAUL   ja vielleicht
        aber wenn wir dir hier alle zu spießig
        musst ja nicht
        ich mein, will dich keiner gegen deinen Willen integriern
        weiß ich schon, dass dir das alles viel zu äußerlich – *wir*
        und keinen Kern und keine Substanz – *wir*
        würd mich nur interessieren, was einem übrigbleibt
        wenn alles keinen Kern und einem eine Äußerlichkeit
        auch nicht recht[*]
        würd mich brennend interessieren, was da übrig

ROBERT vielleicht ein bisschen zu viel postmoderne Scheiße im
        Hirn[*]
        denk ich

PAUL   verdammt
            wir sind halt schon in einem Alter
            wo man nicht mehr jagen kann
            in deinem Alter wildert man

TANJA   die Ines schaut ganz irritiert
            und ich, ich denk
            das Glück, das ist ein Reh
            denk ich
            das ist ein komischer Gedanke, geb ich zu
            das Glück, ein Reh

(8)

~~TANJA~~   folgen Sie diesem Wagen, hat er gesagt und seine Son-
             nenbrille tiefer ins Gesicht geschoben, sich eine Zigaret-
             te angezündet, den Knopf vom Sakko aufgemacht, sei-
             nen Pimmel in der Hose zurechtgerückt, hat die Verfol-
             gung aufgenommen, folgen Sie diesem Wagen, sagt er,
             nimmt einen Zug, es regnet stark, auf der Party läuft
             »mein Lied« auf Dauerwiederholung, und heimlich
             folgt das Taxi meiner Spur, und mit diesem Drecksfilm
             drin in meinem Hirn vergeht die Fahrt zumindest
             schnell, und natürlich produziern meine Neuronen so
             einen Scheiß, aus genau demselben Grund, warum ich
             bei der Werbung für »Merci« im Fernsehn manchmal
             feuchte Augen krieg, verdammter Scheiß, weil ich die
             Liebe nur vom Kino kenn, verdammt, der Taxifahrer
             stinkt dann noch nach nassem Hund, ich steig da vorne
             aus, sag ich zu ihm, und dann steh ich zuhaus vorm
             Spiegel und schmink mir meinen scheißspießigen Prin-
             zessinnen-Traum ab und den Lidstrich, den ich mir
             vertrottelterweise aufgemalt hab, weil einen so ein
             verschissenes Kleidchen unter Zugzwang im Gesicht
             gebracht hat, diesen scheiß Hollywood-verpesteten
             Dreckstraum schmink ich mir ab, in dem ich glaub, dass
             Cate Blanchett für den Bruchteil einer Sekunde mei-

nen scheißmetaphysischen Wesenskern repräsentieren
könnte, trample auf dem beschissenen Kleidchen rum,
kick es mit dem Prinzessinnen-Füßchen in die Ecke neben die Klomuschel, schau in den Spiegel und frag mich,
warum verdammt jeder Quadratzentimeter Haut an mir
erzählt, dass dieser Körper in der Provinz produziert
wurde und seine Herkunft in einer unendlichen Schleife
immer wieder bekennen muss und eigentlich nur dazu
dient, eine Differenz zu verbürgen, eine Differenz zu den
ätherischen Körpern der hegemonialen Gewinnerklas-
se, die auch ab und an Frauenkörper herausproduziert,
für die ich dann eine negative Hintergrundfolie zur
Schau zu stellen gezwungen bin, mit meinem Körper,
der eine sozial benachteiligte Randregion, eine kulturell
vorentwickelte Provinzzone, dem sein Herz nach Kuh-
glocke klingt, und irgendwann sind meine Zähne und
meine Nägel so gelb wie Rapsfelder, und meine Augen
sinken in den Kartoffelacker zurück, aus dem sie genommen sind, und werde meinen Ärzten recht geben,
dass meine Zellen in ihrer Chemie keine sozioökono-
mische Tiefendimension besitzen, weil die tote Materie
nun mal schweigt, was die Blanchett nicht weiß, und sich
eine Krankheit lokal in einen einzelnen Körper ein-
schreibt und darüber hinaus in original rein gar nichts,
und dann läutet noch das Telefon, um diese Zeit, verdammt

INES   sie zieht sich schnell was andres an

PAUL   das Kleid, das lässt sie einfach liegen

INES   Jeans, ein Shirt

ROBERT   der Ausschnitt ziemlich tief

ANNE   auf neuen Lidstrich wird geschissen

INES   der alte bleibt im Wattebausch

ANNE   ein bisschen Deo

PAUL   fertig

ROBERT   los

ANNE   sie hat erzählt, er ist mit Fahrrad
            wartet unten an der Ecke
            wo hat der ihre Nummer her?

INES   das sag ich nicht, woher die war
            als sie ums Eck kommt, sieht sie ihn von hinten
            vornüber beugt er sich und schließt das Fahrrad ab
            sie denkt sich, schöner Arsch

ROBERT   naja, das kann man deuten, wie man will
            in ihrem Fall war das ein Kompliment

PAUL   vermutlich

INES   sie denkt sich, schöner Arsch, und sah man gar nicht
            hinterm Laptop*
            wirklich schade drum

PAUL   das ging ja fix
            sagt er, und schön, dass sie gekommen
            hat sowas ja noch nie gemacht

ROBERT   hat sich gedacht, der Abend sollt noch anders enden
            Arsch

ANNE   und, auch geflohn, sagt sie

ROBERT   naja, nicht ganz so schnell wie du

INES   und lachen dann
            die lachen ganz bestimmt

ANNE   ich kenn dort keinen und die Anne
            die versteht das schon

INES   was die für Freundinnen, die Anne
            so Freundinnen wie mich, die einfach abhaun

ANNE   fürs Soziale nicht viel übrig, diese Freundin von der
            Anne, also ich*

privat sozial nicht sehr viel übrig
aber das verstehn die sicher und die Anne auch
ich kenn ja keinen dort

INES   bei dir da ist das anders, sagt sie

ROBERT   bin der arrogante Arsch der Gruppe
den lädt der Paul nur ein, weil er ein Mitleid hat

PAUL   und falls er das gesagt hat, hat er recht damit

ROBERT   so, jetzt hab ich mich im besten Licht
das war jetzt eine schlechte Werbung für mich selber
ich glaub, da braucht's ein Bier

ANNE   ja, das glaub ich auch
sagt sie

INES   und denkt an seinen Arsch beim Fahrrad vorher
und hakt sich bei ihm ein und sagt

PAUL   Blödsinn
»hakt sich bei ihm ein«
was du schon wieder

INES   verdammt, die Anne hat's gesagt
die hakt sich bei ihm ein

PAUL   von mir aus
hakt sich bei ihm ein
so fix geht das

ANNE   die hakt sich bei ihm ein und sagt
ich warn dich, du
für Ärsche, arrogante noch dazu, da hab ich leider keinen Auftrag*
sozial
die schick ich gleich woandershin

ROBERT   da kannst du beten, dass du nie was brauchst von denen,
sozial*

ANNE   das war ein Witz

PAUL   und sind dann auf ein Bier

ROBERT   und prächtig amüsiert

INES   vor allem nach dem Bier

PAUL   vor allem nach dem Bier

ANNE   ja mein Gott, was soll ich denn, ich mein, was soll ich
            denn erzähln, wie's war, wie's war, sagt sie, was soll ich
            denn, und Anne, sag jetzt nicht »die Einzelheiten«, sagt
            sie, sag jetzt nicht »die Einzelheiten«, das is ja nicht das
            Mädchenklo verdammt, und schweigt dann lang am Te-
            lefon und fragt sie, ob sie noch am Apparat, ob sie noch,
            bist du noch da?, sag ich und sie

~~TANJA~~   dann stell dir mal Cate Blanchett vor und Johnny Depp,
            und haben Sex, die beiden, und dann ziehst die wieder
            ab, die Blanchett und den Depp aus deinem Hirn und
            der Vorstellung, und ungefähr genau so war's

(9)

PAUL   hat nie erzählt von diesem Jahr

INES   hast Fotos?
            lass doch mal die Fotos sehn

PAUL   die hat er gelöscht, sagt er

INES   hat die Fotos verbrannt und die Kamera aus dem Fens-
            ter geworfen

PAUL   das stimmt doch nicht, Ines
            hat die Speicherkarte gelöscht, und die Kamera war
            geborgt

INES   kommt aber auf das Gleiche raus

PAUL   »löschen« und »verbrennen« kommt überhaupt nicht
             auf das Gleiche raus*

INES   und ob das verdammt nochmal auf das Gleiche
             weil am Ende nichts mehr da
             natürlich kommt das auf das Gleiche
             »löschen« ist »verbrennen« digital

PAUL   hat jedenfalls nie was erzählt

INES   bloß Gemeinplätze, die man schon weiß
             ein Krisengebiet ist ein Krisengebiet ist ein Krisengebiet
             das weiß man schon

PAUL   aber hätt ja sein können, dass so ein Jahr
             auch wenn's in einem Krisen[gebiet]
             gibt Leute, die eine harte Wirklichkeit zum Landen
             hätt ja sein können, dass ihm das gut
             so ein Jahr

INES   hat Latrinen
             unglaublich
             dass der Latrinen und mit einer Schaufel in der Hand
             kann man sich schwer vorstellen
             schon allein aus diesem Grund wären die Fotos von gro-
             ßem Interesse*

PAUL   hab ihm gesagt, was willst du dort unten, hab ich gesagt
             du bist kein Arzt
             und dann sagt er
             Latrinen, Paul
             Logistik, Paul
             ein Krisengebiet ist zur Hälfte logistisch
             Latrinen braucht man immer überall

INES   kann man sich schwer vorstelln

PAUL   weil die größte Gefahr
             von den Ausscheidungsprodukten geht die aus
             gesundheitlich

nicht von den Körpern
hat er wo
den toten Körpern
Paul, sagt er, hast du gewusst
ein Leichengift, das gibt's gar nicht
das ist ein Mythos
gibt's nicht, so ein Leichengift
nur wenn der Körper lebt, ist er ein Gift
der Körper und die Scheiße, die er produziert
der Körper ist ein Gift, solang er lebt
Ironie der Schöpfung
dass ein Körper erst kein Gift mehr, wenn er tot

INES   naja
hätt man ihm natürlich sehr gewünscht, dass er mit einer
Veränderung zurück*
naja
von der war leider nichts zu sehen
und auch keine Fotos nicht
naja, die Veränderung, die war dann SIE
beim nächsten Mal
so drei, vier Monate danach
ich würd da jetzt nicht »Wette«, nein
da hat er SIE dann mitgebracht
kein Sixpack, nein
da hat er SIE
sie hat Lasagne

(10)

~~TANJA~~   die Welt ist eine Scheibe

~~FRITZ~~   Teller
weil wenn man einen Hunger, ist eine Scheibe immer ein
Teller*
wenn man einen Hunger hat

TANJA   und ist der Welt die Luft
         die ist ihr einfach ausgegangen

FRITZ   beim Arschloch raus
         beim anus mundi

TANJA   ja, gib nicht so an, verdammt
         in Wahrheit sind wir beide bisschen am Ende mit unserm
         Latein*
         »anus mundi«
         scheiß drauf
         der ist die Luft, der Welt
         die hat sich selber flach gemacht

FRITZ   und war schon zugegeben höchste Zeit
         sie hat am Anfang halt nicht wissen können, dass die
         Kugelform*
         dass die Begierlichkeiten weckt im Menschen und
         die Sehnsucht nach der Ewigkeit

TANJA   dass' ewig weitergeht

FRITZ   da fährst in eine Richtung auf der Kugel
         kommst du nirgends an, an keinem End
         fährst ewig weiter, du
         und Platz genug für alle, lügt die Kugelform
         nicht *sie*, die Welt

TANJA   und irgendwann hat sie gedacht, da lass ich mal ein biss-
         chen Dampf*

FRITZ   könnt sein, dass sie gemerkt, dass wir in ihrem fetten
         Nabel drin*

TANJA   ich mein, was können wir dafür,
         dass wir genau in diesem Nabel auf die Welt

FRITZ   da hätt sie sich halt *einmal* schneller drehen müssen
         dann wärn wir sicher ganz woanders eingeschlagen
         woanders, wo der Boden bisschen nachgegeben hätt
         und drum kein Krater nach dem Einschlag
         woanders wär da einfach Gras gewachsen drüber

TANJA   in unserm Fall war's dann ein Krater
         was nur der Eigenart des Bodens anzulasten ist, nicht
         uns[*]

FRITZ   natürlich denkt man sich, dass das ein Nabel dann, der
         Krater[*]
         denkt, dass das kein Zufall ist, dass ausgerechnet wir am
         Nabel dieser Welt[*]
         ein Missverständnis, freilich

TANJA   ja, verdammt, und was für eins

FRITZ   das ging so weit, dass man sich dachte, dass man selbst
         der Nabel sei[*]

TANJA   und als der Welt das Missverständnis aufgefalln
         da hat sie sich zur Scheibe platt gemacht
         weil diese Ewigkeit, die wollt sie wirklich nicht bedeuten

FRITZ   und auch die Unbegrenztheit nicht

TANJA   was Bessres fiel ihr halt nicht ein
         als dass sie sich die Luft beim Arsch und platt
         weil eine Scheibe eine Grenze hat
         damit man wieder von der Erde stürzen kann ins Nichts

FRITZ   damit die Weltenform allein schon davon spricht, dass
         es ein Ende gibt, verdammt[*]
         dass das nicht ewig weitergeht
         dass es nur Welt gibt und sonst nichts
         wenn man am Abgrund steht, verdammt, dann merkt
         man das[*]

TANJA   natürlich muss sie sich den Nabel noch
         weil der die plane Scheibenform zerstört
         weil sonst das nächste Missverständnis

FRITZ   dass der Nabel dann der Mittelpunkt
         das heißt natürlich »wir«

TANJA   drum macht sie sich den Nabel weg, die Welt
         das geht ganz leicht

          paar Stiche mit der Nadel rundherum
          und kräftig angezogen an dem Zwirn
          ein Knoten, dann ein zweiter und das Nabelloch ist weg

F̶R̶I̶T̶Z̶   und schaut der zugeschnürte Nabel wie ein Arschloch
          aus*

T̶A̶N̶J̶A̶   das finden wir sehr treffend
          ja, und wie, verdammt

F̶R̶I̶T̶Z̶   und falls das dann wen stört
          der kann ja bisschen gießen
          verdammt, weil über jedes Arschloch wächst am Ende
          Gras*

T̶A̶N̶J̶A̶   was nicht als Trost gemeint ist
          ganz im Gegenteil

ANNE   da haben sich ja zwei gefunden
          im Wohnzimmer von uns
          und was die angezogen aneinander, weiß man nicht
          vermutlich die Verneinung
          die konnt man deutlich spürn an ihm
          und er bestimmt an ihr
          Verneinung zum Prinzip ernannt
          ein Teufel kennt den andern

(11)

T̶A̶N̶J̶A̶   und sitzen nackt in meinem Bett, die Rücken an die
          Wand gelehnt und zwischen meinen Schenkeln eine klei-
          ne Schachtel voller Fotos, er daneben, schweigt, ich
          schau die Fotos an, dann steht er auf, sagt, komm gleich
          wieder, geht kurz raus
          sie hält es fest
          sie macht das schon lang
          die ganze Zeit
          das Halten

hält die ganze Zeit
und hält
und still
und rührt sich nicht
da muss ihr keiner sagen halt mal still
ich mach ein Foto
halt mal still
das muss ihr keiner
hält schon still die ganze Zeit
und fest
nicht weil ein Windstoß kommt
den gibt's hier nicht
die Plastikplane trotzdem aufgebläht
weil draußen vor dem Zelt
dem Zelt
der Hütte
nein, das ist nicht mal ein Zelt
und Hütte auch nicht
nein
das ist nur Plastik, Blech und Müll
und Zweige, Äste
weiß man nicht, woher
kein Wald
und kommt ein Windstoß
bläht die Plastikplane
bringt von draußen Staub und Dreck
ein Helikopter ist das
nicht der Wind
den sieht man nicht
der landet irgendwo
das zeigt das Foto nicht
sieht nur den Wind, der keiner ist
und der den Staub und Dreck von draußen bringt
und auf die Plane legt und auf das Blech und auf den
Müll*
und in die Augen rein von ihr
das ist ihr ganz egal

der Staub
der Dreck
der Müll
der Hund, das Drecksvieh
das den Tod gerochen
läuft jetzt raus
sie hebt das Bündel höher
näher ran
die eine Hand ganz weiß
weil die gegraben
hat gegraben bis die Erde weiß
und legt die weiße Hand
die Kalkhand legt die eine Seite frei
die weiße Hand das grüne Kleid die Brust
darunter weint's noch immer Milch
und hebt das Bündel höher
näher ran
von draußen blitzt's
steht mit der Kamera im Rahmen von der Tür, ich mach
ein Foto, sagt er, halt mal still, dann blitzt's, ich geb den
Deckel auf die Schachtel drauf und schieb sie unters
Bett, dann liegt er wieder neben mir und spielt mit meinem Busen, zwirbel Stacheln aus den Haaren über seinem Schwanz, frag ihn, weil ist man ja schon lang genug,
dass man das fragen kann, wie er's denn eigentlich so
hält mit, er dann drauf, man müsst sich selber, ja, sagt er,
und diese, ja, die zu sich selber, weißt, aus der wächst
dann auch eine, ja, zum andern, innerlich, die völlig un-
terschiedlich ist zu diesem Äußerlichen, das er Körper
nennt, wenn man sich selber, ja

INES   und frag ihn, wie er's denn so hält mit, er dann drauf,
        man müsst sich selber, ja, sagt er, und diese, ja, die zu
        sich selber, weißt, aus der wächst dann auch eine, ja,
        zum andern, innerlich, die völlig unterschiedlich ist zu
        diesem Äußerlichen, das er Körper nennt, wenn man
        sich selber, ja, und ich, ich denk mir, dass mir das schon

wieder zu abstrakt, ja, tut mir leid, weiß ich auch nicht,
ist mir halt in letzter Zeit sehr schnell das alles bisschen
zu abstrakt, weiß nicht, warum ich in letzter Zeit einer
Idee jeden noch so kleinen Funken scheiß Materie vor-
ziehen würd, wenn mich wer fragt, wenn mich wer fragen würd, dann hätt ich lieber eine konkrete von mir aus
Materie statt einer Idee, denk ich mir, und das ist jetzt
eine Spannung zwischen zwei Polen, wo ich auf jeder
Seite verdammt nochmal immer die Arschkarte ziehen
werde, zumal als Frau, weil so ein Frauenkörper immer
für eine ordentliche Idee leider immer ein bisschen zuviel
Materie, ist leider immer um – weiß man nicht, um wie
viel genau – aber jedenfalls entschieden zu viel Körper,
so eine Frau, und drum immer um genau diesen ver-
schwindend kleinen Überschuss zu nah am Konkreten
der Materie leider, eine Äquidistanz geht sich da leider
nicht aus, und auf der anderen Seite, als Frau leider auch
immer ein bisschen zu nah an der Idee, nicht fürs Konkrete gebaut so ein Frauenkörper, immer eine Idee, weil
das leider nicht genug ist, deinen Körper in die Gegend
zu stellen, musst ihn schon noch mit einer Frauenidee
aufladen, deinen Körper, weil nur rumstehen leider
nicht genug, weil so ein Körper sehr schnell aufhört zu
erzählen, dass er ein Frauenkörper ist, wenn du ihn
nicht dauernd mit der Idee fütterst, dass er einer ist, so
ein Frauenkörper, der ja leider ein männliches Geschlecht hat, *der* Körper, und du mit ganzer Arbeit und
ganzer Kraft der Grammatik in den Schritt fahren
musst, musst dem Körper sein Geschlecht in der Grammatik abschneiden mit einer scharfen Idee sein Masku-
linum, das aber immer wieder nachwächst, so schnell
kannst du gar nicht Frau sein, wächst dem sein Geschlecht nach, diesem Körper, *der, maskulin*, und musst
drum immer um mindestens eine Idee mehr sein als zum
Beispiel er und hast drum andauernd die Arschkarte
und immer zuviel Körper und zuviel Idee und abstrakt
und konkret zur gleichen Zeit, weil deine Körperin nicht

weiß, wohin soll sie sich wenden, aber er hat zum Glück,
ein Problem hat er zum Glück da nicht, konkret: bist für
die Idee zu blöd und denkst fürs Konkrete trotzdem zu
viel nach, und sagt ja keiner, dass Blödheit sich nicht
auch in einer Nachdenklichkeit verlieren kann, kommt
halt nur nix raus dabei, dann sagt der »dem Konzept
nach ist das bürgerlich«, ja genau, und dass du neben
mir in meinem scheiß Bett in meiner Wohnung, die ich
mir mit meinem bürgerlichen Broterwerb auch warm zu
halten leisten kann, dass du nackig neben mir im Bett
und dein Geschlecht ab und an an meinem Oberschen-
kel anklopft, wo's verdammt nochmal überhaupt keine
Tür für gar nix gibt, ist das dem Konzept nach verdammt nochmal nicht auch ein bisschen bürgerlich vielleicht, und dann dreh ich mich aus dem Bett raus, von
der Bürgerlichkeit des Beischlafs an sich ganz zu schweigen, hab mit meinen Fragen den Abend vergiftet und
übernacht heut lieber im Gemüsefach, dann komm ich
vom Klo zurück, und da war er dann schon weg

(12)

ANNE   und dann ist die Ines rauf zu mir
        und hat gefragt, ob der Robert und ich
        ob wir mit denen
        in zwei Wochen
        Freitag, Samstag
        gleich nach der
        naja
        wenn die alle von der Arbeit heim
        in ein Hotel mit Wellness-Angebot, mit Sauna
        und ist ja nur eine Nacht
        da find ich sicher einen Babysitter
        meine Nichte kann ganz gut mit ihm, sag ich
        und Fritz und ich
        wir hätten das bestimmt mal nötig, sagt die Ines

auch mal raus
der Fritz und ich
hab meine Nichte angerufen, ob sie wieder Zeit und
auf den Kleinen*
sagt, sie kann nicht
tut ihr leid
ihr Freund hat Namenstag
sie gehn ins Kino, essen was und dann
naja, dann ist's soweit
das wollt ich gar nicht wissen so genau
da hat der also Namenstag, verdammt
dann ruf ich SIE
sie war schon länger nicht mehr da, seit sie mit IHM
jetzt schon ein halbes Jahr
sie sagt, sie kann grad nicht gut reden

INES   ich kann grad nicht gut reden, Anne
ich steh in der Apotheke an
nein, nein, alles [gut]
ja
ach so, die kann nicht
ja, ist gut
dann
ja, ich
ja, ist gut
nein, der hat sich schon seit Wochen nicht gemeldet

ANNE   wir sind dann ins Hotel
zwei Wochen später
wir sechs
die Ines und der Paul
die Tanja, Robert
Fritz und ich

(13)

FRITZ   das hast schon tausendmal, hast du einen Menschen ins
Licht hochgehalten, weil vielleicht wird der ja im Ge-
genlicht noch was anderes und lässt was durchscheinen,
lässt einen Kern durchscheinen im Licht, und hast du
schon tausendmal, weil theoretisch ein Kern und eine
Substanz und eine Innerlichkeit vielleicht ein nachträg-
licher Effekt, vielleicht eine Wette, muss man vielleicht
auf einen Kern im Menschen wetten, und ist dann wie
eine Ausschüttung, eine Gewinnausschüttung aus dem
Menschen raus, dass du auf ihn setzt, dass du ein Kapital auf den Menschen setzt, und sich dann ein Inner-
lichkeitsgewinn ausschüttet aus so einem Menschen,
aber nur, wenn man eine Investition und ein Kapital von
sich abringt, und ein Innerlichkeitseffekt aus der Oberfläche sich ausschüttet, vielleicht, der ohne eine riskante
Spekulation sich nicht produziert hätte, und du darum
einen Kredit aufnimmst auf so einen Menschen und ihm
auf Pump eine Innerlichkeit hineinunterstellst unter seine Oberflächenhaut, damit sich eine Produktion in ihm
ausfalten kann, und das hast du schon tausendmal, eine
Mehrwertsproduktion in einen Menschen hineininves-
tiert und eine Innerlichkeitsspekulation betrieben, die
ihm einen Kern einhaucht und dir eine Wertschöpfung
abwirft, vielleicht, die man so einer Oberfläche, so einer
Menschenoberfläche gar nicht zugetraut hätte und im
Licht einen Kern durchscheinen lassen würde, lassen
müsste, wenn man nur ausreichend Kapital hineinfu-
sioniert und transferiert, und sich als Sekundäreffekt
deiner Spekulation ein Innerlichkeitsmehrwert herstellt
in so einer Menschenoberfläche, und dir das Kapital
eine creatio ex nihilo beigebracht, und du eine Schöpfung, eine Menschen-Wert-Schöpfung, dir in Aussicht
stellst und mit einer Verschuldung, die du dir kaum leisten kannst, auf diesen Menschen zugehst, und hast du
schon tausendmal dem seine Innerlichkeit finanziert, die

Produktion einer Innerlichkeit, dem du eine Seele teuer
gekauft haben wirst, wenn sich eine Produktion ankur-
belt mit deinem Kapital, weil so eine Seele im Menschen
nicht heranwächst, man nicht hochpäppeln kann, so
eine Seele, sondern ausgeschüttet wird aus dem Nichts,
vielleicht oder eben nicht, und irgendwann dann, nach
einem längeren Kapitalfluss gehst du dann auf so einen
hochsubventionierten Menschen zu, muss man auch
mal eine Standortsicherheit von so einem Kapital, das
man da reintransferiert hat, überprüfen, und hältst den
dann mal wirklich gegen das Licht und kehrst mal dem
sein Inneres nach außen und machst mal einen Kassa-
sturz bei so einem Menschen und fährst in so einen Menschen rein und drehst den mal um, wie eine Socke, einen
Sparstrumpf, drehst du den mal um von innen nach außen, aber weil so ein Mensch leider nur eine Oberfläche
ist, kommt, wenn du den umdrehst wie eine Socke,
kommt wieder nur eine Oberfläche raus, stülpst so eine
Haut, so eine Socke von innen nach außen, drehst die
um, und wieder nur eine Socke, und hast dann leider
ordentlich viel Kapital in den Sand gesetzt und dich ein
bisschen in deiner Wert-Schöpfung empfindlich verspe-
kuliert, und bitte verdammt wer glaubt denn an so was,
dass man eine Socke von innen nach außen und dann ein
Fuß, verdammt nochmal, fällt da ein Fuß raus, aus so
einer scheiß Socke, oder ein Kopf aus der Mütze oder
eine Liebe, wenn du ein Herz von so einem Menschen
und reinfährst mit dem Finger in die Herzklappe fährst
und wendest und kehrst und stülpst, und keine Liebe
rein und keine Liebe raus und kein Kopf aus der Mütze
und kein Fuß aus dem Socken, und du in eine Innerlichkeit investiert und auf eine Wertschöpfung und eine
Ausschüttung warten, und der keinen Mehrwert abwirft, dieser Mensch, und dein Kapital gefressen und
sich damit vollgestopft, bis ihm fast die Haut platzt und
kein Licht mehr durchkommt und kein Kern im Gegen-
licht, und dann mal die Ärmel hochgekrempelt und den

Menschen von innen nach außen und einer Rechnungs-
prüfung unterziehen und nicht gegen das Licht, mal von
innen nach außen, drehst den mal nach außen, und keine Innerlichkeit fällt raus, und die Ärmel hochgekrempelt und durchs Arschloch den Menschen umgekehrt,
und schüttet sich keine Wertschöpfung, im Menschen
drinnen ist kein Mensch

INES   bin grad beim Kleinen von der Anne, ruft er an, ganz, als
                wär nichts vorgefallen, sag zu ihm, wenn du was willst,
                dann musst du hierher kommen, bin bei der Anne mit
                dem Kleinen, nein, ich kann nicht weg, natürlich kommt
                er mit dem Rad

FRITZ   hallo

INES   Leise!
                hinten schläft der Kleine

FRITZ   und, wie geht's?

INES   ich glaub, das können wir uns beide jetzt ersparen

FRITZ   da haben sich ja zwei gefunden

INES   da wollen zwei das Gleiche
                was doch nicht das Selbe ist

FRITZ   und nennen's beide Glück

INES   nein, sie nennen's beide »Nein«
                sie wollen nur das andere
                das Was-nicht-ist

FRITZ   verneinen wolln sie

INES   glauben, dass ein Nein, das man gemeinsam sagt
                dass das ein Ja

FRITZ   dass das die Liebe
                nein, das ist sie nicht
                das ist nur Sympathie

am Gleichen leiden
Was-nicht-ist

~~INES~~   da haben sich ja zwei gefunden
du musst jetzt »nein« drauf sagen
sag ich
dreh mich um und geh zum Ismael

(14)

ANNE   Tanja, Scheiße, da stimmt was nicht
die geht nicht ran

TANJA   jetzt beruhig dich mal

ANNE   nix »beruhig dich mal«
die ist bei meinem Kleinen und hat verdammt nochmal
das Telefon[*]
die hat gefälligst abzuheben, wenn das Telefon

TANJA   jetzt frühstück mal, und dann probier's

ANNE   der Fritz
der duscht noch
dem hab ich nichts
die ist auch gestern Nacht nicht ran
hab mir gedacht, sie schläft
hab's nicht sehr lange läuten
weck sonst beide auf
hab ich gedacht
dann schläft er nicht mehr ein
dem Fritz
dem hab ich nichts gesagt
dass sie nicht abgehoben
gestern
jetzt

TANJA   die schläft bestimmt

ANNE   das glaub ich nicht
         der Kleine kommt um sechs
         da hat er Hunger

TANJA   und ist dann wieder eingeschlafen
         und sie auch
         warum kann sich die einfach nicht entspannen
         hab ich mir gedacht

ROBERT   Tanja, bitte

TANJA   Robert, tu nicht so
         du bist nur dagesessen
         im Kaffee gerührt
         hast nur blöd geschaut
         ja, das hab ich mir gedacht
         verdammt, ich mein
         das hat man ja nicht wissen
         du mit deiner scheiß Idee
         Sauna, Wellness, ins Hotel

ROBERT   jetzt halt halt den Mund
         wenn Sie vielleicht, ich mein
         wenn Sie uns namentlich vielleicht

PAUL   Morgen

ROBERT   Morgen

TANJA   da kommt der Fritz

ANNE   Fritz, wir müssen fahrn
         die hebt nicht ab

TANJA   sagt sie
         und lässt uns ihren Zimmerschlüssel da

ANNE   nein, zum Packen ist jetzt keine Zeit

TANJA   wir haben trotzdem mal gefrühstückt
         ja, stimmt doch
         Tschuldigung
         das kann man sagen

PAUL   das, was der Robert vorher
            das mit dem »namentlich«
            ich mein
            wenn Sie
            das wär uns wirklich wichtig

TANJA   die sind dann mit dem Auto schnell

(15)
Zwischenspiel im TV

STIMME   sie ist praktisch
            praktisch ist sie
            veranlagt
            ihre Veranlagung war schon immer eine fürs Praktische
            der Kofferraum voll gefüllt mit dem Praktischen der
            Veranlagung*
            von den Eltern mitgenommen
            hat sie nicht viel mitgenommen von den Eltern
            bis auf das Praktische
            ihr Blick zurück im Spiegel
            im Rückspiegel
            durch die Heckscheibe
            ihr Blick
            auf die Einfahrt
            bald frisst das tote Tier mit seinem Maul sich in den
            Schonbezug*
            denkt sie
            verschwindet hinter Thujen dann
            das Elternhaus
            kein Kirchturm blitzt
            und scharfe Kreuzung links hinauf
            den Gang zu groß gewählt
            würgt fast den Motor ab und bleibt kurz auf der Kreu-
            zung vor der Kirche stehn*
            da flucht sich's gleich noch leichter, denkt sie

besonders gerne flucht sich's da sogar
und kuppelt, erster Gang, mit Vollgas hoch den Berg
die Straße rauf, lässt Häuser hinter sich
und streicht gemeinsam mit dem Ortsschild
das Lokale
denkt sie
streicht sich aus mit einem roten Strich
ganz praktisch rot durchstrichen
als hätt sie's selbst gemacht
da sagt kein Schild »Auf Wiedersehen« »Bis bald« vielleicht*
da streicht man einfach mitten durch den Ort das Wort
fährt wieder schnell
die Felder links und rechts
die erste Kurve kommt
ihr Körper kennt die nicht so gut
nicht diese Richtung
diese andre
und trotzdem gibt sie Gas und schraubt sich mit den
Kurven rein ins Land*
ins Hinterland
ins Waldland hinten
wo sich Fuchs und Hase wo die sieben Zwerge so ein
Schwachsinn*
Fuchs und Hase
schneller fährt sie
schneller
schneller Kurven
rechts und links
und keine Kurve Platz in ihr
da ist kein Platz für keine Kurve mehr in diesem Körper
ist kein Platz*
und zwingt sich noch fünf scharfe Kurven
vielleicht auch sieben dreizehn
weiß sie nicht
fährt rechts und hält beim Holzstoß
kotzt dreiundfünfzig Kurven raus

und Platz genug und keine Kurven draußen drinnen
denkt sie
draußen drinnen
nirgend mehr
und wieder »nachgestellte Szene« eingeblendet unten
links im Bild*
sie rollt den Wagen langsam einen Forstweg rein

(16)

~~ANNE~~   ich denk mir, dass ich einfach nicht geboren bin, für die
Versöhnlichkeit, dass ich dafür nicht geboren bin, dass
mir so eine Versöhnlichkeit nicht in die Wiege gelegt und
mir nicht aus der Muttermilch und in den Mund hinein,
so eine Versöhnlichkeit, und drum nicht aus mir rauskommt, und vielleicht gibt's die auch gar nicht, so eine
Versöhnlichkeit, und hab ich noch nie gehabt, und dass
sich mein Körper gegen mich selber, dass das auf einer
körperlichen Ebene verdammt dasselbe sein soll, und
ich mit mir selber nicht versöhnlich, hat mir die Anne
gesagt, aber nur als Anregung, als Anregung zum Denken, weil so ein Körper ja auch eine Sprache spricht, und
vielleicht muss man da einfach hinhören auf diese Sprache, die so ein Körper spricht, und mal aufpassen, was
einem so ein Körper sagen will mit seiner Sprache, nur
leider ist das so, dass mein Körper überhaupt keine
scheiß Sprache spricht, sondern dass der irgendwann
einfach auseinanderfallen wird, und was da eine Sprache dran sein soll, wenn so ein Körper auseinanderfällt,
weil eine Sprache das Gegenteil von Auseinanderfallen,
und wenn man jetzt glaubt, dass das Auseinanderfallen
von so einem Körper eine Sprache für die Abwesenheit
von dieser scheiß Versöhnlichkeit ist, dann vertauscht
man da, glaub ich, grade ordentlich was, weil mir das
leider ein bisschen zu unkonkret ist, so konkret kann die
gar nicht werden, wie das Auseinanderfallen von mir,

denk ich und glaub, dass mein Körper nur noch nicht
schon jetzt längst auseinandergefallen, weil ich ihn nicht
mit einer Versöhnung zwing, dass jeder Dreck in mir
drinnen auch drinnen bleiben muss, wär ich schon
längst auseinandergefallen, wenn ich nicht mit großer
Sorgfalt eine Innenhygiene betreiben und aus mir drinnen mit einer Wut und einem Zorn aus mir herausräu-
men, was in mir rumsteht, nicht weil ich's dort in mir
drinnen vergessen, dieses Zeug, sondern weil das wer in
mich reingestellt oder reinbetoniert oder reingeschos-
sen, und da mach ich mich mit großer Sorgfalt daran,
diesen Müll wieder aus mir rauszubekommen, und meine Innenwände mit dem Hochdruckreiniger, bin eine
Senkgrube, denk ich, eine Senkgrube, bin ein Kelch mit
der Scheiße der anderen, ja, das ist jetzt ein pathetisches
Bild, »ein Kelch mit der Scheiße der anderen«, und das
Pathos kann ich mir auch nur erlauben, weil ich gleich
mit dem Kärcher komm und mir die Innenwand raus-
wasch mit großem Druck den ganzen Dreck, den man in
mich reingeschafft, der in mir wächst, weil ich ein Rü-
benfeld, und denk, dass das leider eine Notwendigkeit
ist, dass ich den Dreck aus mir mit einer sorgfältigen
Wut aus mir rausspül, weil ich Senkgrube an den Gär-
gasen, die naturgemäß entstehn, in die Luft fliegen würd
oder im ungünstigsten Fall, im ungünstigsten halbver-
gorenen Verunreinigungsfall schon ein Funke genügt
und ich in Flammen steh vor lauter gärender Scheiße in
mir, und eine lebendige Fackel, und darum keine Un-
versöhnlichkeit, sondern eine Hygiene, die ich mir mit
großer Sorgfalt angedeihen lass, damit ich nicht in
Flammen, nicht in tausend Stücke berst

(17)

PAUL   sie haben sie geortet

INES   einen einzelnen Menschen

TANJA   egal wo auf der Welt

INES   kann man orten

ROBERT   der Suchtrupp schwärmt aus

TANJA   man fand sie schnell

PAUL   im Wald

ROBERT   eine Hütte

TANJA   von ihr gebaut

PAUL   im Wald

INES   die Fotos gehen sicher um die Welt

TANJA   aus Blättern, Zweigen, Ästen

INES   auf allen Titelblättern, ihre Hütte

ROBERT   die Plastikplane gegen Wind und Regen

TANJA   durch Blätter schimmern Firmenlogos
            das Kapital, hier zwischen Blättern, Zweigen, Ästen

ROBERT   ein Stückchen Wellblech für das Dach

PAUL   der Bürgermeister kann sich nicht erklärn, woher der
            ganze Müll*

ROBERT   die Natur, die ist hier unberührt

INES   die Frau als Sammlerin und Jägerin

TANJA   man lässt die Hunde von den Leinen los

PAUL   der Notarzt springt durchs Unterholz

INES   die Bahre, schnell, verdammt

PAUL   der Rettungshelikopter kann nicht landen hier im Wald

ROBERT   der landet dann am Fußballfeld

INES   ein Foto, das uns leider durch die Finger ging

TANJA   dann steuern Sanitäter eine Bahre wie im Slalom durch
            die Fichten*

INES   ihr Rot im Mischwald wunderschön
            ein herrlicher Kontrast, rot grün

ROBERT   der Helikopter landet punktgenau im Mittelkreis vom
            Fußballplatz*
            weht dort die Kalkmarkierung fort

PAUL   die Mannschaft weint

TANJA   ein Reh hört mit dem Singen auf

INES   der Hasso fängt zu graben an

PAUL   der Notarzt macht so schnell er kann
            die Infusion gelegt
            den Tubus auch

ROBERT   dann Sauerstoff und Kochsalz rein

INES   die Roten mit der Bahre, grau, durchs grüne Holz und
            ab*

TANJA   und als dann der Hasso Laut gegeben hat, da haben wir
            gewusst*

PAUL   ein Paket in der Erde
            der Natur übergeben
            in ihm drinnen

ROBERT   im Plastiksack

INES   ein einziger

TANJA   ein winziger

INES   ein kleiner Mensch

(18)

TANJA   dann hat mich die Ines angerufen

INES   du, ich mag da nicht alleine hin

TANJA   hat mich angerufen, damit ich mit ihr in DEREN Woh-
            nung*

INES   Tanja, bitte, ich kann da echt nicht allein
            der ihre Eltern wolln, dass wer in die Wohnung geht von
            IHR*
            die Dokumente holt
            die haben die Anne gefragt
            und die
            naja
            die können da nicht rein, sagen sie
            die schaffen das nicht
            Tanja, bitte, verdammt, ich kann das nicht allein

TANJA   sagt sie, und ich denk mir
            mir war das nicht so wichtig, dass die beiden
            du blöde Kuh Dreckskuh
            »das Glück, das ist ein Reh«
            so eine Scheiße

INES   Tanja, verdammt jetzt

TANJA   ja, ich komm mit
            absurd, völlig absurd

INES   dann stehen wir mit dem Menschen vom Schlüssel-
            dienst,*
            der keinen Blick auf meine Vollmacht wirft
            und in drei Sekunden ist die Türe offen, und stehen in
            der Wohnung*
            wir

TANJA   wo sucht man denn so Dokumente

INES   weiß ich nicht
            war auch noch nie

TANJA   wir suchen von der Mitte an den Rand
          gleich neben der Stereoanlage eine Mappe
          die hat ihre Dokumente neben der Stereoanlage
          ich drück auf »Power«, ich halt's nicht aus, ich brauch
          Musik*
          ich weiß schon, dass das komisch, war ein Impuls
          aus dem Radio dann Musik
          die Ines ist grad mit ihrem Kopf unter dem Bett

INES   mach die scheiß Musik aus, Tanja
          wie gruslig ist das denn
          ich hol eine Schachtel unter dem Bett hervor
          ich mach sie auf
          sie schaut mich von dem Foto an
          sie lächelt
          nackt ist sie

TANJA   wo läufst du denn hin?
          ich lauf ihr hinterher, die Wohnung raus
          die Tür, die fällt ins Schloss
          dann stehn wir draußen
          sie eine Schachtel in der Hand
          ich die Dokumentenmappe
          schau sie nicht an
          kann die Ines nicht anschaun
          stehn wir beide an die Tür gelehnt
          sagt keiner was
          von drinnen Musik
          hab das Radio nicht ausgemacht

INES   und dann stehen wir an ihrem Bett

TANJA   Scheiße
          die Ines und ich

INES   und ihre Eltern
          »grüß Gott, Anne«
          ich bin die Ines, weil die Anne

TANJA   »schön, dass Sie«
           und ich sag drauf
           ich hab die Dokumente

INES   wie geht's ihr denn

TANJA   die Ärzte
           kann man nichts sagen, sagen die
           der Schock
           das ist das Schlimmste, sagen die
           der Schock
           die Statistik sagt
           die sagen, das ist statistisch
           das kommt vor
           statistisch, sagen die
           und hat viel Blut [verlor'n]

INES   dann läutet mein Handy

PAUL   verdammt, Ines
           der is

INES   Tschuldigung
           sag ich und geh schnell vor die Tür

PAUL   ja wirklich, verdammt, wir schaun grad Nachrichten
           der Robert ist bei mir

ROBERT   hab die Füße am Couchtisch

PAUL   und kommt ein Beitrag über so ein Krisengebiet
           und der Robert

ROBERT   Paul, verdammte Scheiße
           spring von der Couch auf
           reiß den scheiß Couchtisch um
           mein Zeigefinger am Bildschirm
           das ist doch
           Paul, da hinten, bei dem Zelt
           das ist
           verdammte Scheiße
           schau doch mal

PAUL   der ist wieder da unten
            hab ihn im Fernsehen
            der Robert und ich
            der ist wieder

INES   aber das sag ich den Eltern nicht
            sag der Tanja, dass wir gehen und morgen wiederkom-
            men*
            sagen wir den Eltern

(19)

INES   und sitzen dann im Auto, die Tanja und ich
            hab die Schachtel mit den Fotos auf dem Schoß
            mach den Deckel auf
            nehm das erste Foto weg, das mit ihr, wo sie so lächelt,
            nackt*
            schöne Fotos
            hat Abzüge machen lassen, bevor er die Speicherkarte
            gelöscht
            und hat IHR die Fotos geschenkt

TANJA   mach das Autoradio an
            die haben keine Ahnung, die Eltern
            sag ich und seh auf dem Foto, wie der Wind eine Plas-
            tikplane bläht*
            jedes Krisengebiet ist ein Krisengebiet
            denk ich mir
            und auf dem Foto
            unter dem Wellblechdach
            eine Mutter
            und aus dem Radio Musik
            und unter dem Wellblechdach eine Mutter und

(20)

ANNE   fick dir dein Totales selber rein, mit deinem bürgerlichen
            Hunger nach dem Himmel, aus dem du Gott sei Dank
            herabgestiegen, was die Proletenfotze, die ich leider bin,
            nicht so beeindruckt hat,
            das hat mich leider nicht so sehr,
            dass so ein Gott wie er
            vom Himmel niedersteigt und dann,
            da hält die Welt den Atem an,

            er hat's versucht, und hat sein Schwanz in mir nicht
            einen Kern gefunden, aus meinem Körper nicht mit ei-
            nem Funken auf der Spitze wieder aus mir raus, mit
            einem Fanatismus vögelnd in mir drinnen nach dem
            Licht gesucht und kein Totales in mir drin gefunden

            dass sich das Proletariat, zu dem ich zähl,
            nur nach dem Bürgerlichen streckt,
            und sich das Bürgertum wie er
            noch nach dem Ideellen reckt

            und ich fürs Eigentliche nicht geborn
            da braucht's ein Morgengraun
            damit im Herzen der Gewinner
            kurz
            ein Seelenfunke
            golden

            dann graut der Morgen
            hier
            bei mir
            im Wald

            die Plastiktasche
            gut
            gefüllt

gefüllt mit einem Kern,
der kurz geschrien
kein Bett aus Moos gebaut

der Wecker in mir drinnen tickt
und rinnt die Gülle
meine Beine
runter
ich werd
denk ich
der Wald hat Durst
von einem Baum getrunken

(21)

TANJA   sie ist in den Wald

PAUL   ja verdammt, in den Wald

INES   ein Wald ist ein Wald ist ein Wald
        das weiß man schon
        verdammt

ROBERT   und so ein Vorkommen, ein lokales

PAUL   ein Wald ist immer lokal

ROBERT   global ist das der Welt
          das geht global der Welt am Arsch vorbei

TANJA   wir gehn der Welt auch global am
         wir gehn der auch vorbei
         global

PAUL   und bitte, ein Ort

INES   ein Wald

ROBERT   eine Stadt, ein Land

PAUL   Kontinent

TANJA   eine Welt

INES   eine Verbindung

PAUL   und wir haben die auch nicht mal richtig gekannt
             weiß ich auch nicht, was wir hier erzählen sollen
             ja, in den Wald
             weiß ich auch nicht

ROBERT   wir distanzieren uns von den Vorkommnissen

TANJA   den Vorkommnissen vor Ort

PAUL   lokal

INES   im Wald

ROBERT   im Land, ja, Kontinent

TANJA   den Vorkommnissen der Welt grundsätzlich

ROBERT   die Welt, die lässt man sich

PAUL   die macht uns keiner schlecht

INES   kaputt

TANJA   die Welt

ROBERT   und so ein Glück

PAUL   lokal

TANJA   da distanziert man sich

PAUL   so eine Welt, die macht uns keiner schlecht

INES   nur weil sie in den Wald

ROBERT   und eine Rückkehr

PAUL   der Mensch kehrt immer

INES   dorthin, woher er ist, kehrt er zurück

ROBERT   der Mensch ist ein Rückkehrer

TANJA   ist ein Wiedergänger

PAUL   aus psychologischer Sicht war das eine Rückkehr
            soviel kann man sagen, verdammt

INES   wir waren nicht im Wald

TANJA   konnt man lesen, überall

PAUL   dass das aus psychologischer Sicht

ROBERT   ein Mörder kehrt immer zum Tatort

INES   in den Wald

TANJA   der Wald war kein Tatort

ROBERT   aber trotzdem eine Rückkehr

TANJA   war kein Tatort, bis sie in den Wald

PAUL   aus psychologischer Sicht eine Rückkehr
            in die Kindheit zurück
            vielleicht keine schöne Kindheit

TANJA   wissen wir nicht

ROBERT   man wird Lehrer fragen, die Lehrer von damals

TANJA   man wird auch die Eltern

INES   das kann ihnen jetzt keiner ersparen

PAUL   gewöhnliche Leute, die Eltern

INES   im Ort gibt's keinen Pfarrer mehr

TANJA   das hat jetzt damit nichts zu tun

ROBERT   was soll das damit zu tun haben, dass die keinen Pfarrer

TANJA   das hat jetzt wirklich nichts damit

INES   ein Pfarrer ist eine gute Quelle, und eine zuverlässige vor
            allem[*]

PAUL   man wollte den Pfarrer

INES   aber der Pfarrhof steht leer

PAUL   Namen bleiben ungenannt

ROBERT   man muss Befragungen und Daten

PAUL   deutet jetzt schon einiges darauf
            dass sie schon wochenlang im Wald

ROBERT   was den Verrottungsgrad diverser Abfälle
            nein, nicht des Kindes
            nein, so war das nicht gemeint

PAUL   das waren Wochen in der Wildnis

TANJA   nach einem Kurzbesuch bei ihren Eltern

INES   schau, die Autos
            ganz exotisch
            Satellitenschüsseln dran
            jetzt schau doch mal

PAUL   ich ess hier

TANJA   sie nicht in die Stadt zurückgekehrt

ROBERT   fand auch ein Telefon

TANJA   man prüft zur Zeit, wen sie

PAUL   und wer der Vater ist

INES   ihr Zustand kritisch

ROBERT   nein, sie ist die Erste nicht
            und trotzdem einzigartig

PAUL   setzt Unterschiede außer Kraft
            sie überwindet Klassen, Rassen und Geschlechter
            kennt keine Differenz

TANJA   sie ist das FÜR
            sie stellt das Eine allen zu

PAUL   dem Einzelfall entnommen
                extrahiert

ROBERT   ein Handwerk ist das

TANJA   Alchemie, Chemie, ist Pharmazie

ROBERT   wird eingedampft und destilliert, versetzt

PAUL   entzogen die Essenz
                verabreicht dann in kultivierter Form

INES   man führt das Ausgeschiedene zum Heilmittel geklärt
                der Allgemeinheit zu*

PAUL   man muss das Ausgeschiedne der Geschichte
                in kleinen Dosen wieder zu sich nehmen

INES   an Schadstoffe

PAUL   und Gifte

INES   muss man sich gewöhnen

PAUL   ist ein Impfstoff

ROBERT   die Geschichte
                SIE

PAUL   verweile doch

TANJA   du Reh

INES   so schön

ROBERT   der Wald

PAUL   verstehn sogar die in der Wüste

INES   in Burma, Birma, Ghana
                was weiß ich
                im ew'gen Eis

PAUL   das Bild

ROBERT   den Wald

(22)

ANNE   ich weiß natürlich nicht, wo du bist, nein, das weiß ich
nicht, vielleicht ja wieder eine Auszeit, eine Auszeit in
Afrika, vielleicht, und hast du dir wie kaum ein anderer
redlich verdient, so eine Auszeit am warmen Kontinent,
wobei's hier auch ganz schön warm, ganz schön warm
hier, Heinrich, aber sicher nicht so warm wie bei dir, und
da kann's einem noch gleich viel wärmer werden, wenn
man mit der Sonne im Genick eine Latrine, und da weiß
ich, wovon ich sprech, hab eine Latrine gegraben, Heinrich, und hast natürlich völlig recht, dass im Menschen
drinnen, dass da kein Mensch im Menschen drinnen,
Heinrich, nicht in mir, nicht mehr, und da hat sich das
Glück leider einen schlechten Acker ausgesucht, was einen nicht wundert, dass das ein schlechter Acker, in den
sich das Glück nicht so einfach ausstreut und aussät mit
einer absoluten Ertragsrate einer universalen in so einem proletarischen Latrinenacker, der ich leider bin,
reicht höchstens für ein paar Kartoffeln und eine alte
Fliegerbombe aus dem Weltkrieg, die man hebt, wenn
man nur tief genug, und hab, bevor mir dieser Körper
um die Ohren fliegt, ein Haus gebaut, das solltest du mal
sehen, so ein schönes Haus, und was das erst für Fotos
gibt, ich hoff, du findest Freude dran

(23)
Nachspiel vorm TV

INES   wir haben uns die Sondersendung

PAUL   die im Fernsehn

TANJA   die mit ihr
also
über

INES   haben uns die gemeinsam
            ich mein
            im kleinen Kreis

ROBERT   um zweiundzwanzig Uhr
            da sind wir rüber

TANJA   die Anne und der Fritz von oben
            die
            naja
            die sind grad gern [allein]

INES   bei mir war »Freundin« eingeblendet
            unten links

PAUL   und keine Namen

ROBERT   nein
            die Namen nicht

TANJA   »und rollt das Auto einen Forstweg rein«
            dann Bildschirm schwarz

FRITZ   ich geh noch in die Badewanne
            hörst
            ich geh

ANNE   ich bin hier draußen, Fritz

FRITZ   steht am Balkon, die Anne
            draußen
            stell mich in die Tür

ANNE   ja, sag nichts

FRITZ   du rauchst?

ANNE   ja, ich rauch verdammt
            die Tomaten unten sind schon lange tot
            denk ich
            was gibt's?

FRITZ   ich leg mich in die Wanne
nimmst du mal

ANNE   ja, gib her
scheiß Babyphon

INES   ich könnt da nicht mehr länger in dieser Wohnung
wo SIE
nein
entsetzlich
würd ich dauernd
dem Himmel sei's gedankt, dass mich der Paul nicht
zum Erinnern zwingt
das würden wir sicher nicht, ich mein
und dann denk ich, Scheiße, was wenn *ich* den Paul
du, Paul?

PAUL   was denn?

INES   wenn du mich anschaust
musst du da an irgendwas denken?
an was denkst du da
wenn du mich

PAUL   an nichts

INES   an nichts, hat er gesagt, an nichts
da war ich dann sehr froh

TANJA   das mit dem Wellness war dem Robert
ist dem Robert eingefallen

ROBERT   ja und?
hast dich sehr gefreut, dass du mal aus der Stadt

TANJA   wenn DIE länger als drei Monate
länger hat ER's nämlich nie
dann fahrn wir vier
naja
ich würd da nicht von Wette
nein

        und dann zwei Jahreszahlen eingeblendet unten links im Bild

ROBERT   am Land gibt's Häuser

TANJA   ja

ENDE

> Jedes Subjekt besteht, insofern es seine Umwandlung
> in ein Objekt verweigert.

Personen

ERIKA

SOPRAN	Expertin / Greißlerin / **Kind**	
ALT	Expertin / Freundin / **Kind**	
COUNTER	Experte / Stammgast / **Kind**	CHOR
TENOR	Experte / Direktorssohn / **Kind**	
BARITON	Experte / Freundinnengatte / **Kind**	
BASS	Experte / alter Direktor / **Direktor**	

Die Szenenübergänge verstehen sich als Verwandlung. Eine Szene wechselt in die andere, ohne dass man die vorhergegangene Szene »abräumen« müsste. Unterschiedliche Schriftarten markieren unterschiedliche Zeit- und/oder Spielebenen, zwischen denen die jeweiligen Stimmen (Sopran, Alt, Counter, Tenor, Bariton, Bass) wechseln. Diese Ebenen bestehen sowohl nacheinander als auch gleichzeitig. Somit befinden sich Figuren unter Umständen zur selben Zeit in unterschiedlichen Zeiten.

(-1)
das Mädchen vor dem Anfang

ERIKA   **es**
           das Mädchen
           sie
           ist jung
           und steht
           und schaut
           im Spiegel
           das Gesicht
           im Spiegel schaut es ihr Gesicht
           und zeigt nur bis zum Hals der Spiegel
           das darunter zeigt er nicht
           da ist sie froh, dass nur Gesicht und alles andre nicht
           im Spiegel,
           denkt sie,
           nur der Kopf
           da ist sie froh
           das andre, unten, zeigt der nicht
           und schaut kurz runter
           es
           das Mädchen
           sie

           das Wasser, kalt,
           das kühlt die Hände in der Muschel
           warmes Wasser gibt's hier nicht
           der Schulwart hat gesagt, das ist gesund,
           das kalte Wasser
           Seife auch nicht
           greift zum Handtuch, sie

der nasse Fetzen, Wochen alt
der Rost vom Haken zieht mit seinem Braun sich ins
Gewebe rein*
als hätt man sich den Arsch gewischt damit und wieder
hingehängt*
denkt sie
das Mädchen
es
ob das der Schulwart auch gesund
es lacht und denkt: »bestimmt«
und bleibt noch bisschen stehn
schaut in den Abfluss rein
das heißt: ins Nichts
den Kopf gesenkt
kein Spiegelbild
nur weißes Porzellan mit in der Mitte einem Loch,
durch das der Dreck ins Nichts und weg
die Glocke läutet
draußen
vor dem Klo
und scheucht die Kinder auf
und hört die Kinder laufen, sie
und in die Klassen rein
und Türen hinter Kindern knallen hört es
sie
und rührt sich nicht
und bleibt noch stehn
und lauscht
und wartet bis es ruhig
und bis kein Kind mehr auf dem Gang
und alle in den Klassen drinnen
hört die Türe von dem Lehrerzimmer auf und zu
und noch einmal und auf und zu
hört Lehrerschritte auf dem Gang
und gehen Türen auf mit Kindern hinter jeder Tür
und Lärm heraus
und Sessel schieben »Aufstehn!« »Guten Morgen!«,
Türe zu*

dann hört sie gar nichts mehr
und steht noch immer
es
das Mädchen
sie
es ist in Sicherheit

BASS   *(Stimme)*
            du, Erika!

ERIKA   ich komm ja schon
            sag ich
            und bleibt noch einen Augenblick
            das Mädchen, es
            in dieser Sicherheit
            am Klo
            schaut nochmal kurz zum Spiegel hoch
            zu dem Gesicht darin

BASS   *(Stimme)*
            jetzt tu schon weiter

ERIKA   **fährt sich mit der Hand dorthin,**
            was nicht im Spiegel sichtbar ist
            was der nicht zeigt
            lässt das Gesicht in ihm zurück
            im Spiegel
            ihr Gesicht
            dann geht sie raus
            und auf den Gang
            an zwei von diesen Türn vorbei mit Kindern drin
            die dritte Tür ist ihre,
            denkt sie

BASS   *(Stimme)*
            Erika!

ERIKA   ich komm ja schon
            hab nur den Fetzen nass gemacht
            das gibt's ja nicht

sie holt tief Luft
nein, klopfen tut sie nicht
sie macht die Türe einfach auf
dann geht es rein

(0)
Kernphysik – Experten und Expertinnen

SOPRAN   wir bekennen

ALT   öffentlich

SOPRAN   ja öffentlich, von mir aus
            öffentlich bekennen wir,
            dass wir mit ungeteiltem Interesse

COUNTER   dass wir jenes, es, das Interesse

BARITON   dass wir's ungeteilt dem Kern mit ganzer Kraft
            mit ganzer Angestrengtheit angedeihen ließen

BASS   kommt schon vor,
            dass so ein Interesse sich an einem Kern verbeißt
            das kommt schon vor, verdammt

SOPRAN   weshalb wir auch bekennen

ALT   öffentlich

SOPRAN   von mir aus öffentlich

TENOR   und DAS bekennen tut nicht weh, weil sowas vor

BASS   das hab ich schon gesagt, dass sowas vorkommt

TENOR   ja, und haben wir

COUNTER   die wir bekennen

TENOR   haben wir den Kern mit unsren ganzen Sinnen
            wohl bedacht[*]
            und auch das Interesse drauf gelegt mit ganzem
            Eifer[*]

unsrem
unsrem Eifer
auf den Kern

ALT   von dem wir dachten, dass der Kern das Eigent-
               liche sei[*]

BARITON   natürlich dachten wir, dass dieser Kern,
               dass wenn man ihn, den Kern, der ja im Zentrum
               ist,[*]
               weil jeder Kern
               dass wenn man ihn mit ganzer Kraft mit einer
               Analyse überwacht,[*]
               dass uns der Riss, sollt er entstehn

SOPRAN   das weiß man nicht, ob nicht ein Riss im Kern
               vielleicht,[*]
               ob der nicht auftritt irgendwann

COUNTER   und könnt ja sein, dass so ein Riss im Kern,
               wenn man botanisch an die Sache rangeht
               bildlich jetzt botanisch an die Sache ran,
               dann könnt ein Riss im Kern
               der könnt von innen her sich ausgebildet haben
               könnt vom Fruchtfleisch sozusagen, dieser Au-
               ßenzone[*]
               könnt der überlagert, überwuchert sein
               so dass man ihn nicht sieht

BASS   was für den Kern als solchen ja normal,
               dass man nicht sehen kann, den Kern

BARITON   und an den Außenzonen alles heil

ALT   was eine Täuschung wär, fürwahr

TENOR   die Schale kündet nicht vom Spalt im Kern

COUNTER   sollt er entstehn

SOPRAN   von innen fault die Frucht und zeigt die Schale
               nicht[*]

COUNTER   ist außen hui und innen pfui

SOPRAN   weshalb der Rand, die Schale, Hülle, Haut uns
           ja, man kann's ruhig sagen
           nicht die Bohne intressiert
           das heißt jetzt: damals

BARITON   damals

ALT   ja, wir fragten immer nach dem Kern

BASS   man möcht fast sagen Kernphysik im Sozialen,
           die wir da betrieben*

BARITON   rein beobachtend natürlich

COUNTER   bis das Interesse

SOPRAN   unsres

BASS   an dem Kern

COUNTER   der übrigens ein Samen ist, der Kern, wenn man
           botanisch*
           sichert nur der Kern, der Same, sichert nur den
           Fortbestand*
           die Außenzone, Fruchtfleisch, ist nur Attraktion
           damit der Same besser ausgestreut
           mehr nicht

BARITON   ein weiteres Argument für unsre Kernphysik
           wenn man so will

SOPRAN   die wir betrieben

ALT   im Sozialen

BARITON   bis das Interesse

SOPRAN   unsres

COUNTER   bis es sich von dieser Kernphysik im Sozialen ab-
           gewandt*

ALT   das Interesse

SOPRAN   unsres

ALT   abgewandt

BARITON   und muss man schnell erklärn,
            den Umstand, wie's zu dieser Abkehr kam,
            dass man die Ausgangshypothese, dass der Kern
            dass man die dann verworfen hat

BASS   Moment, ich würd da nicht »verwerfen«
            »aufgeschoben« maximal
            dass man die aufgeschoben, ausgesetzt für kurze
            Zeit*
            solang die Untersuchung dauert halt
            da muss man jetzt das Kind nicht mit dem Bad
            den Kern nicht mit der Frucht
            weil schließlich weiß man nicht,
            ob man die Ausgangshypothese später nicht noch
            brauchen kann*

BARITON   dann ist sie jetzt halt »aufgeschoben«
            wenn's dir besser geht

BASS   ja, sehr

SOPRAN   wo sind wir stehngeblieben

ALT   weiß ich nicht

BASS   dass wir die Ausgangshypothese

BARITON   ja, das weiß man schon

TENOR   dass wir uns dann der Schale, nicht dem Kern
            der Fäulnis in den Randbezirken

BARITON   in der Hülle um den Kern herum

TENOR   dass wir uns schließlich der dann zugewandt

ALT   mit unsrem Interesse
            unsrem

COUNTER   das nicht minder aufmerksam

SOPRAN   nein, ungeteilt

ALT   das Interesse
            unsres

SOPRAN   das der Hülle dann, den Randbezirken, angedei-
            hen ließen wir[*]

ALT   weil, wie der Volksmund sagt,
            ein Fisch vom Kopf her zwar zu stinken pflegt

BASS   doch nicht das Soziale

SOPRAN   nicht vom Kopf und nicht vom Kern, vielleicht

BARITON   nein, von den Rändern her

TENOR   dort fault's und stinkt's, hat man gedacht
            das könnt ja hypothetisch sein,
            dass eine Fäulnis an den Randbezirken west

ALT   ganz unbemerkt

TENOR   und wir noch mit der Kernphysik beschäftigt
            im Sozialen
            die natürlich wesentlich
            und keiner merkt's, dass ringsum

SOPRAN   an der Schale schon Verwesung
            ekelhaft
            ganz braun und faul
            ein Loch sich meuchlings in die Mitte frisst
            mir wird ganz schlecht

ALT   und wir noch immer auf den Kern fixiert
            und hinterrücks uns eine Fäulnis aus den Rand-
            bezirken überfällt,[*]
            weil wir nach innen schaun
            da kriegt's die Kernphysik dann mit der Angst zu
            tun[*]

SOPRAN und mit der Übelkeit
mir ist noch immer schlecht
ganz braun und faul und feucht
wenn ich's mir vorstell
ekelhaft

COUNTER weshalb wir,
als der Blick von uns von dieser Kernphysik,
vom Samen abgezogen war

ALT und dann auch noch ein Störfall
sozusagen
uns zu Ohren kam,
dass da in einer ganz bestimmten Ränderzone
sich ein Vorfall zugetragen,[*]
der in unsrer Kernphysik nicht vorgesehn
und für die Theorie von Relevanz vielleicht
weshalb wir dann aus gutem Grund
aus einer Vorsicht raus
aus einem Unbehagen

COUNTER haben wir das Interesse
unsres

TENOR prophylaktisch von dem Kern

BARITON der Kernphysik

TENOR dann abgezogen und den Rändern zugewandt

ALT ich würd gern vorne sitzen
ja, wenn's möglich ist
weil hinten wird mir immer schlecht

BARITON von mir aus
mir egal

TENOR und haben uns den Rand mal angesehn

SOPRAN nachdem's angeblich dort

COUNTER weil der Verfall vielleicht von außen kommt

BASS   und was da an den Rändern blüht,
              wenn man noch kurz im Biologischen, Botani-
              schen verweilt*
              was an den Rändern blüht, wer hätt's gedacht,
              was dort bizarre Blüten treibt
              die schönste Pflanze dort heißt
              schöner Zufall
              Erika

(1)

BASS   jetzt, Erika!
              bis du mit deinem Fetzen kommst, da bin ich längst
              ertrunken*
              in dem Blumenwasser, das die Hand von mir ver-
              schüttet hat*
              als Wasserleiche lieg ich dann am Boden rum
              faul mit den Wurzeln von dem Ficus um die Wette
              du, du machst noch immer diesen Fetzen nass
              und nach zwei Jahren kommst du rauf und wischst
              mich einfach weg*
              das heißt: was von mir übrig ist
              die falschen Zähne hebst du auf
              der Rest wird weggewischt
              so einfach geht das
              wisch und weg
              bleibt noch die ausgedorrte Pflanze in dem Topf
              die nimmst du mit nachhaus und heizt damit den Ofen
              ein*
              und machst dir's warm

ERIKA   Blödsinn
              Herrn Direktor kann man nicht so einfach von der
              Erde wischen*

BASS   das sagst nur, weilst mich ärgern willst
              damit du »Herr Direktor« sagen kannst

ich bin der Ignaz
hab ich dir schon hundertmal gesagt
dass ich der Ignaz
du die Erika
und ich der Ignaz
und schon lang kein »Herr Direktor« mehr

ERIKA   »Vögelein, wie piepst du?« hat der Herr Direktor früher immer[*]
zu uns Kindern in der Schul
ich hab dann »Erika« gesagt
und? alter Vogel, wie krähst du?
»Ignaz« musst jetzt sagen
so, jetzt ist die Erde wieder trocken
nur der Ficus ist zu feucht
dem verfaulen seine Wurzeln weg
wenn der Ignaz-Vogel, der Direktor, nicht mit seinem Gießen endlich aufhört,[*]
geht der ein, wahrscheinlich schneller als der Herr Direktor faulen kann[*]

BASS   ja, da hast recht

ERIKA   ich weiß, drum sag ich's auch
das Vöglein kommt dann morgen wieder

BASS   morgen nicht
heut kommt der Reinhard heim
da brauchst nicht kommen morgen, übermorgen auch nicht[*]
komm am Montag wieder
wenn er wieder z'rück in seiner Stadt

ERIKA   ich geh
bis dann
die Stufen runter
in der Küche, auf dem Tisch, da liegt das Geld für mich[*]
in ein Kuvert gesteckt

mit meinem Namen drauf
noch schnell zum Kühlschrank
mach die Türe leise auf
bevor der Reinhard aus der Stadt
und alles weg vom alten Vogel
nehm ich mir, weil auch die Erika ein Futter
Mist, dann springt der Kühlschrank an
verdammt

BASS   Erika!

ERIKA   was ist denn noch?

BASS   ich glaub, er kommt
            ich hör das Auto schon
            geh hinten raus!
            und lass das Geld nicht liegen!
            hörst!
            sonst fragt er noch, wer diese Erika,
            von der der Name am Kuvert

ERIKA   aufs Geld hab ich noch nie vergessen
            sag ich
            pack schnell noch Wurst und Käse aus dem Kühl-
            schrank ein*

BASS   jetzt, schnell!

ERIKA   das Brot geht auch noch mit
            ich bin schon weg
            bis Montag, Herr Direktor
            bin zur Hintertüre raus
            hör noch von draußen eine Autotür, die zugeschlagen
            wird*
            bevor der Reinhard seinen Schlüssel in das Schloss ge-
            steckt*
            da war ich dann schon weg

(2)

TENOR   als dann die Ausgangshypothese, diese Kern-
           physik, dann weg*
           ich mein natürlich aufgeschoben

ALT   und das Interesse

SOPRAN   unsres

ALT   sich dem Rand verschrieben hat

BARITON   da gingen wir dann von der These aus, dass eine
           Fäulnis, ein Zerfall*
           zu jeder Zeit, an jedem Ort vielleicht

COUNTER   dass eine Fäulnis einen Träger braucht,
           durch den das Auseinanderfalln, Verwesung

TENOR   oder Riss

COUNTER   sich transportiert ins Innre rein

BARITON   bis hin zum Kern

ALT   im schlimmsten Fall

SOPRAN   dass eine Übertragung, Infektion
           vielleicht auch Kettenreaktion
           vom Rand dann bis ins Zentrum führt

COUNTER   vorausgesetzt,
           wie schon gesagt,
           dass da ein Wirt, ein Träger, Element, Subjekt mit
           der Erregtheit angesteckt*
           jetzt medizinisch mal gedacht

SOPRAN   und es der Volkshygiene – schlimmes Wort
           nein, dem Sozialen – gleich viel besser
           nicht gelungen ist, das Trägerelement zu isoliern
           und auszumerzen*

BARITON	zu gesunden
TENOR	was nicht möglich war, weil man's nicht kennt
BARITON	weil keine Kenntnis herrscht von diesem Träger dem Zerfallssubjekt, das hypothetisch eine These nur
TENOR	von dem man ja nicht wusste, ob's das gibt: Subjekt
ALT	und ob's ein einzelnes, im Singular ob's mehrere gar eine Trägergruppe
SOPRAN	Menge
COUNTER	Klasse
ALT	Fäulnisschicht
BARITON	die an den Rändern wuchert, west
COUNTER	von der der Kern nichts weiß
TENOR	weshalb wir also nach der Trägerschicht am Rand sollt es sie geben
SOPRAN	was nun wirklich nicht zu wünschen ist
TENOR	uns auf die Suche machten dort

(3)

SOPRAN	ja schau, wer geht denn da die Erika vom Ignaz heim
ALT	schau, ob's eine Tasche in der Hand
SOPRAN	die kommt gleich rein da kannst du selber schaun

ALT   der Ignaz zahlt in Naturalien

SOPRAN   ach, Blödsinn

ALT   stimmt, weil »zahlen« ist das falsche Wort
               das nennt man Tauschgeschäft
               weil wenn kein Geld im Spiel, nennt man das Tausch-
               geschäft*
               die tauscht die Naturalien von sich gegen die Wurst
               von ihm*

SOPRAN   ah geh, du Schwein

ALT   die hat halt sonst nix, was sie tauschen könnt
               nur sich
               und er nur seine ausgedörrte Direktoren-Wurst

SOPRAN   du bist so ekelhaft
               was du schon wieder weißt
               die putzt
               der alte Mann, das große Haus
               die putzt, er zahlt
               wenn die vom Ignaz kommt, dann hat sie immer fri-
               sches Geld dabei*
               ganz neu, die Scheine, ganz so wie's die Post gebracht,
               das Geld vom Ignaz seiner Rente

ALT   sag ich's doch

SOPRAN   sei ruhig, sie kommt gleich bei der Tür herein
               da kannst du selber nach der Tasche schaun

ALT   ja grüß dich, Erika
               na, fehlt noch bissl was?
               in deiner Tasche drinnen?

ERIKA   grüß euch
               Zigaretten bräucht ich

SOPRAN   bitte sehr und bitte gleich
               warst grad beim Herrn Direktor, nicht?

das find ich wirklich gut, dasst dem zur Hand
der hat ja keinen mehr
den Buben halt
nur in der Stadt, da nützt der auch nicht viel, der Bub
der kommt nur alle heilge Zeit
da wird er auch nicht putzen wolln
nützt auch nicht viel, der Bub

ERIKA   was schaust denn so?

ALT   wer, ich?

ERIKA   ja sonst is keiner da

ALT   ich hab mich nur gefragt, ob ich mich täusch,
          weil kommt mir halt so vor, als ob du immer mit ge-
          füllter Tasche vom Direktor*
          nein, da täusch ich mich

ERIKA   mit Sicherheit
          da täuschst du dich

ALT   wahrscheinlich, ja

ERIKA   und liegt vielleicht ja an den Augen
          könntst dir ja mal eine Brille auf die Nase setzen
          und das Alter hätt man längst

SOPRAN   da hat sie recht, die Erika
          das Alter hätt man

ALT   du vielleicht

SOPRAN   na, heut nur Münzen, Erika?

ALT   das große Geld, das hat sie in der Tasche drin

ERIKA   genau, das hab ich in der Tasche drin

SOPRAN   das macht dann auf den Cent genau macht's dreißig
          Cent retour*
          ich dank dir schön

ERIKA   ich dank euch auch
und schreib dir's auf, das mit der Brille
dass die Nase,
die, wo diese Neugier wohnt,
sehr dringend eine Brille braucht
na dann
ich geh dann mal
Auf Wiederschaun

ALT   ja, Wiederschaun

ERIKA   **sie geht nachhaus**
das Mädchen
es
es geht nachhaus
und keiner da, im Haus, daheim
ist keiner da
weil alle draußen sind, am Feld, im Stall
sie weiß es nicht
und nur der Hund ist da, der auf sie wartet, jeden Tag
und hergelaufen kommt
springt an ihr hoch
dann wieder auf den Beinen landet
fährt mit seiner Schnauze dieses Tier in ihren Schritt
sogar der Hund ist eine geile Sau, denkt sie
sogar der Hund
das hat sie ihm schon abgewöhnt,
hat sie gedacht
sie fasst mit ihrer Hand den Bauch vom Hund entlang
dort kommt sein Schwanz, den er zum Brunzen hat
dahinter dieser Eiersack
den fasst sie mit der Faust
und quetscht den Sack mit diesen Eiern drin
die Hundssau schreit
sie tritt noch hinterher, dem Tier, das sich verrollt
und um die Ecke läuft aus ihrem Blick
und sicher wieder graben geht
nach abgehackten Hühnerschädeln graben geht

im Haufen hinterm Haus,
die Hundssau, blöde
geht nach drinnen, sie
und wirft die Tasche mit dem Schulzeug in ein Eck
das schöne Schulgewand, das zieht sie aus
schlüpft in die alte Jeans,
die an den Beinen viel zu kurz
zieht sich die Socken hoch
und steckt die Beine von der Hose rein
das ist modern, denkt sie
taucht mit dem Kopf ins Wollmeer von dem Pulli,
den die Oma ihr gestrickt
macht noch die Haare mit dem Gummi neu
und geht ins Zimmer hoch von ihr
und wirft sich dort aufs Bett
setzt sich den Walkman auf und hört Musik
das schöne Lied
nein, weinen tut sie nicht
das hat sie sich schon abgewöhnt
viel besser als dem Hund sein Schnüffeln mit der
Schnauze*
unten bei der Muschi
hat sie sich das abgewöhnt
viel besser als dem Hund, der Sau
das Weinen

SOPRAN   weg ist sie

ALT   das freche Luder
          blödes Vieh

SOPRAN   wennst auch so fragen musst
          mit dieser Neugier, die ein Blinder sieht

ALT   sehr lustig
          einer muss ja fragen

SOPRAN   schon
          nur wen

man muss halt wissen, wen man fragt, wenn man was
wissen will*
nur mich, mich fragt ja keiner
auch egal

ALT   was würdst du wissen
            wenn dich einer fragen würd

SOPRAN   dass da nicht viel in dieser Tasche drinnen ist,
            mit der die Erika vom Herrn Direktor kommt
            ich schreib das alles
            darfst du keinem sagen
            sag ich dir, sonst keinem
            schreib das alles auf
            das, was die Leute kaufen
            schreib ich Listen, was wer kauft
            weil ich ja rechnen muss
            und weil ich hier das einzige, das letzte
            gibt ja kein Geschäft
            nur mich
            die andern gibt's nicht mehr
            drum weiß ich alles, alles, was wer kauft
            das schreib ich alles auf
            und was wer nicht bei mir zum Leben holt, das kommt
            woandersher*
            das muss ich wissen
            weil ich rechnen muss
            das letzte Brot, das hat die Erika am Montag einge-
            kauft*
            das nächste kauft sie dann am Donnerstag und
            manchmal auch am Freitag spätestens
            heute also hätt sie sich ein Brot
            das hat sie aber nicht
            nur Zigaretten
            was ergibt sich draus?
            dass in der Tasche mindestens ein Brot
            das hat der Herr Direktor gestern eingekauft bei mir
            wenn er sich morgen früh ein neues kauft, dann weiß
            ich, ich hab recht*

wer dieses Brot im Endeffekt bezahlt, das was die
Erika dann frisst,[*]
ist mir egal
ein Unglück nur, wenn dann der Bub von ihm aus
seiner Stadt nachhause kommt
weil da verdien ich eine Woche nix am Herrn Direktor
weil der Bub, der nimmt ja alles selber mit
und an den Resten frisst der Alte eine Woche lang
die Erika, die schadet nicht
dafür der Bub
hab schon gedacht, wenn ihm sein Auto sterben würd,
dem Bub[*]
das wär ein Glück
dann könnt er nicht mehr länger all das Zeug aus seiner Stadt[*]
naja
und du?
brauchst du noch was?

ALT   was fragst das mich?
           schaust halt auf deine Liste
           du, in Zukunft frag ich dich, was ich so brauch

SOPRAN   man muss nur wissen, wen man fragt
           die Milch schon aus?

ALT   nein, morgen

SOPRAN   stimmt

(4)

TENOR   wie geht's dir denn?
           du schaust ein bisschen blass

BASS   mir geht's, wie's einem gehen kann
           wenn man mich anschaut, denkt man sich: naja
           dann fragt man mich, wie's mir so geht

weil man beim Anschaun eine Hypothese in sich hergestellt,[*]
die einen fragen lässt
dass es dem Alten nicht so gut
das war die Hypothese, die du hast
drum fragst du mich
sonst würdst ganz einfach sagen: gut schaust aus
nicht einen Tag bist älter worden
aber nein
drum kennt dein Fragen mit der Hypothese drin die
Antwort schon[*]
da brauchst mich lieber gar nicht fragen
falls du's trotzdem wissen willst,
mir geht's genau so, wie du fragst

TENOR jetzt, Papa, bitte

BASS was denn?
hab doch recht?
nicht wahr?
was deine Hypothese anbelangt?

TENOR ich kann auch nimmer fragen
wenn's dir lieber ist
dann frag ich einfach nimmer mehr
und bild mir meine Hypothesen ganz für mich

BASS ja, das ist ein guter Plan

TENOR und frag dich nimmer, ob die Hypothese stimmt
das mach ich jetzt in Zukunft einfach ganz allein

BASS wennst meinst
und kommen brauchst du auch nicht mehr
bleibst einfach in der Stadt

TENOR genau
und wenn ich hypothetisch an dem Punkt,
an dem du eigentlich schon tot sein müsstst
dann komm ich her und grab dich ein

BASS   ein wirklich guter Plan
            und einer, der uns beiden viel erspart:
            das Fragen dir
            und auch das viele Autofahrn
            und mir den Rest von dem, was man aus Gründen, die
            ich selber nicht versteh, das Leben nennt[*]

TENOR   Papa, komm
            jetzt red nicht so

BASS   Reinhard nein, das wird ein Fest
            den dürren Ficus dort, den hab ich aber schon wem
            anderen versprochen[*]
            nur damit du's weißt und dich nicht wunderst, wenn
            der dann verschwunden ist[*]

TENOR   magst auch ein Bier?
            ich hab dir eine Kiste mitgenommen
            und noch bisschen andres Zeug

BASS   das ist sehr lieb von dir, nur leider gar nicht nötig
            nein
            ich trink kein Bier
            im Kühlschrank ist ein Schnaps
            den hab ich selbst gekauft
            der is mir lieber

TENOR   Papa

BASS   nein, ich will den Schnaps
            verdammt
            ich weiß doch, was ich trinken will
            dein Bier, das nimmst gleich wieder mit
            das kannst du selber trinken in der Stadt
            mit deinen Freunden, die vermutlich, hypothetisch

TENOR   Papa, bitte

BASS   nein, ich kenn ja deine »Freunde« nicht
            nur, wird schon welche geben

TENOR   fängst jetzt damit an?

BASS   ich sag ja nur
jetzt hör zum Reden auf und geh und hol uns beiden
einen Schnaps[*]

TENOR   hast Hunger auch?

BASS   ich ess nix mehr um diese Zeit
tu weiter, Reinhard
hol den Schnaps für uns und setz dich her zu mir
das hat er nicht mehr g'hört
egal
versteht sich ja von selbst,
dass man den Schnaps mit seinem alten Herrn
dass man den nicht im Stehen säuft
dass man sich niedersetzt zu mir
und dass der Vater mit dem Sohn
ganz zahm die beiden
sitzen, saufen
sich die Wunden lecken
wo der eine nicht so richtig hingelangt
dort leckt der andre dann
das alte und das junge Tier
komm rein und setz dich her zu mir

COUNTER   **Herr Direktor, grüß Sie Gott**

BASS   **da, setz her**
und?
wie piepst du, Vöglein?
ha?

COUNTER   …

BASS   **lauter!**
he!
so leise bist du sonst doch nicht
wie piepst du, Vöglein, hab ich g'fragt

COUNTER   **Michael**

BASS   **der Michael**
aha
und, du Vöglein, sag, was mach ich jetzt mit dir?

COUNTER   **das weiß ich auch nicht, Herr Direktor**

BASS   **weiß er auch nicht, sagt er**
wunderbar
warum du da bist, weißt du schon?

COUNTER   **ich glaub**

BASS   **na, sehr gut**
wenigstens
weißt was?
dann überlegst dir mal, was ich jetzt machen soll mit
dir*
und hast du's rausgefunden, sagst du's mir
und ganz genauso wird's gemacht
nicht wahr?
natürlich nur, wenn die Idee von dir gefällt
wenn nicht, dann muss ich selber überlegen
glaub mir, Michael, wenn ich ins Überlegen komm
mir fällt bestimmt was ein
die Frage ist, ob dir mein Einfall dann gefällt
dann los, mein Vöglein
flieg!
nix da!
sitzen bleiben!
hab ich g'sagt, dasst gehen kannst?
sitzen bleibst und nachgedacht

TENOR   Papa, schau, dein Schnaps

BASS   **und lass dir Zeit**

TENOR   Papa, hörst, dein

BASS   sicher hör ich
da, setz her und schenk dir auch was ein
und jetzt bist DU mal mit Erzählen dran
wie geht's dir denn?

TENOR   ja, gut

BASS   hast g'sehn?
die Bank hat zugesperrt
das Kaufhaus auch

TENOR   ja, das hab ich g'sehen

BASS   komisch, oder?
dass die Häuser vor den Menschen sterben
bis dass nix mehr gibt
paar Alte nur
wie Hunde in den toten Häusern drin
und liegen, sitzen in den Zimmern rum
und gehn nur vor die Tür, wenn sie der Hunger plagt
bis nix mehr gibt, und alles weggefressen

TENOR   Papa, sei nicht so

BASS   was heißt da »sei nicht so«
das bin nicht ICH
das ist die Welt
zumindest hier bei uns
das weiß ich nicht, wie das bei dir
nur hier, Herr Sohn, da ist das so
da stirbt die Welt
der Hinterhof von dieser Welt
der Mistplatz, bäh
gib her nochmal den Schnaps
mein Maul, das schmeckt im Innern drin nach diesem
ganzen faulen Dreck[*]
jetzt gib schon her, verdammt
und wenn's am Ende nix mehr gibt,
dann fressen sich die Hunde, einer nach dem andern
fressen sich die Hund dann gegenseitig auf

wirst sehn
bis ganz am Schluss nur einer übrig is
da fragt man sich, was der dann tut
das würd mich wirklich intressiern
was der, der letzte von den Hunden
was der tut
am End
so
ich geh ins Bett
mir reicht's für heut

TENOR   komm, ich helf dir

BASS   nix da
             Hände weg
             ich komm die ganze Woche ohne
             ohne Hilfe aus
             da brauch ich jetzt nicht dich

(5)

COUNTER   Erika!
             Jetzt, tu schon weiter
             hast vergessen auf das Bier von mir?
             das gibt's ja nicht

BARITON   wir haben uns dann umgesehn
             nach dieser Sollbruchstelle
             dort am Rand
             um aus der selbigen
             in einer Analyse dann den Träger raus zu isoliern
             und eine Theorie

SOPRAN   Prognosewerkzeug

BARITON   herzustelln
             die uns dann sagt, ob diese Angst

ALT   auch Blödsinn: Angst
               die neue Hypothese
               ob die auch begründet ist

BARITON   von mir aus: neue Hypothese

ALT   ob die Welt vom Rand her bricht

BARITON   hast deine Tür schon hergerichtet?

SOPRAN   ja was glaubst denn du!
               natürlich ist die hergerichtet
               glaubst, ich könnt ein Auge zutun in der Nacht mit
               aufgebrochner Ladentür*
               da könnt ich gleich die Kassa auf die Straße stelln,
               damit sich jeder einfach nehmen kann, das Geld
               und wisst ihr was?
               ein Geld hab ich noch nicht gesehn von dieser scheiß
               Versicherung*
               der Wirt, das Arschloch, hat gesagt, die zahln das
               nicht*
               weil's schon zum zweiten Mal

ALT   was kannst da du dafür?

SOPRAN   ja nix
               er meint, ich hätt mir nach dem ersten Mal ein bessres
               Türschloss*
               wär das zweite Mal jetzt nicht passiert,
               sagt er
               da hab ich selber Schuld, wenn ich beim Geld so spar

BARITON   da redet ja der Richtige
               tut neben seinem Wirtshaus noch versichern
               reißt kein Geld dann her für das, was seine Schuld
               das ist doch alles erst seitdem bei ihm im Hinterhaus
               die Leut da wohnen*

ALT   ja, das nenn ich eine schöne Sicherheit, verdammt
               für die man teuer zahlt und nichts bekommt

	mich wundert's nur, dass du zu dem noch in den Keller saufen gehst*
SOPRAN	ich sauf nicht, erstens zweitens, gibt's hier leider sonst nix, wo ich saufen könnt*
BARITON	da hast du recht
COUNTER	verdammt, das gibt's ja nicht wo bleibt mein Bier? muss ich's mir selber holen? Wirtshaus!
ALT	schau, der Michl – typisch – kann nicht warten wenn beim letzten Schluck nicht schon ein neues Bier, da wird er ungeduldig
SOPRAN	ob sich der zuhause auch so aufführt?
ALT	kannst du Gift drauf nehmen ja, beim Michl muss halt alles bisschen schneller gehn was bin ich froh, dass meiner eher langsam ist
BARITON	was soll denn das jetzt heißen?
ALT	Bärli, nix das hat auch seine Vorzüg, kannst mir glauben
SOPRAN	geh, ich will das gar nicht wissen
ALT	weil du prüde bist
SOPRAN	ich bin nicht prüd ich will's ganz einfach nur nicht wissen
ALT	ach
BARITON	jetzt hör schon auf!
ALT	ich sag na nix da hinten sitzt sogar von denen einer, schau

SOPRAN   tatsächlich
he, ich hab ein neues Schloss, das kriegt jetzt keiner
auf!*

ALT   jetzt schrei nicht so

SOPRAN   er soll's nur wissen
hab ein neues Schloss, hast g'hört
das kannst du deinen Freunden

BARITON   der versteht kein Wort

SOPRAN   ach so, das Hören, geht das nicht?
dafür das Schaun mit ihren Augen
gehn den ganzen Tag im Ort herum
die haben nix zu tun
sogar gekocht wird dort für die
und gehn im Ort herum und schaun und schaun
wahrscheinlich weil das Hörn nicht geht
drum schaun's und spioniern und rufen dann die
Freunde an*
und sagen denen, wo ein Geld daheim und wie man's
findet*
kommen dann, die Freunde, Diebesfreunde
brechen ein – bei mir
weil sind ja bestens informiert
ich kann euch sehn, wenn ihr so schaut!
da schaut er
Muh!

BARITON   jetzt hör doch auf
die Erika schaut auch schon her

ALT   ach die soll schaun, soviel sie will

SOPRAN   der Arschlochwirt verdient an meinem Unglück doppelt*
spart sogar das Geld, das ihm nicht g'hört
das Geld g'hört der Versicherung
das ist nicht sein's

COUNTER   jetzt, Wirtshaus! Bier!

SOPRAN   ich geh zur Konkurrenz
nehm meine Tochter mit, den Schwiegersohn, den
Schwager auch*
an uns verdient der nimmer mehr
der Wirt, der hat ein Geld!
das kannst du deinen Freunden sagen, hinter ihrer
Grenze*
hast mich g'hört

ALT   ja schau, wer kommt denn da?

BARITON   das ist der Bub vom Ignaz, vom Direktor

ALT   weiß ich auch
dass der sich anschaun lässt bei uns
wo ist denn der?

BARITON   ja in der Stadt

ALT   ja Reinhard, grüß dich
hat nicht hergeschaut

SOPRAN   der hat mir g'fehlt zu meinem Glück
der blöde Bub mit seinem Kofferraum mit Fressen
voll*
jetzt mach ich wieder eine Woche kein Geschäft beim
Herrn Direktor,*
weil der blöde Bub sich leider viel zu schade ist
könnt auch bei mir das Fressen für den Alten kaufen

BARITON   wirst schon nicht verhungern dran

SOPRAN   was weißt denn du

ALT   ich hab ihm nix gesagt
von deinen Listen

SOPRAN   mir egal
wenn ich verhunger, sterbt ihr auch
dann gibt's hier nämlich gar nix mehr

ALT   ach, Blödsinn

BARITON   so, jetzt hat die Erika sich auch erbarmt
             der Michl hat sein Bier
             da sind wir froh

ALT   und wie
             jetzt geht's zum Reinhard hin

(6)

ERIKA   den hast dir lang schon abgewöhnt, den Glauben in dir
             drinnen, dass die Tierheit, die dir übrig blieben ist,
             dass die ein Zwischenstadium, so hast du dir's ge-
             dacht, dass irgendwann das Menschliche in dir sich
             eine Auszeit hat genommen,

CHOR*(unisono)* Winterschlaf

ERIKA   weil so ein Mensch in einem drinnen ist vielleicht ja
             wechselwarm und fällt in eine Kältestarre, falls die
             Umwelt rundherum auf eine Weise temperiert, die der
             Beweglichkeit des Menschlichen nicht förderlich

CHOR   der Mensch ist ein Reptil, hast dir gedacht

ERIKA   wird irgendwann von einer Wärme wieder aufgeweckt

CHOR   und bis dorthin – naja – da überwintert halt dein
             Mensch in seinem Loch, in das er sich verkrochen
             hat

ERIKA   und wartet, bis die Zukunft eine Wärme bringt

CHOR   und lebst auch in der Tierheit gut, was soll's, dass da
             dein Mensch in seiner Grube schläft, das fällt von au-
             ßen gar nicht auf, und auch von innen nicht, weil du
             schon länger Tier als Mensch, und würdest lieber nicht
             drauf schwörn, dass da tatsächlich noch ein Restchen
             Mensch in dir, wenn's nicht von Zeit zu Zeit sich seines

Menschenkots erleichtern würd in dich hinein, du
würdst schon lang vergessen haben, dass' das gibt,
doch weil das Mensch in dir trotz seiner Steifheit noch
zu scheißen pflegt, hast's noch nicht ganz vergessen,
du, und glaubst, es müsst am Horizont nur irgendwas
erscheinen, was das Mensch aus seiner Starre holt,
vielleicht auch weckt, und deine Tierheit – also du –
sich in dem Menschen dann vergraben kann, wenn der
erst auferstanden ist

ERIKA   nur könnt's natürlich sein, dass sich ein Wunder dieser
Art der Tierheit-an-und-für-sich zuzustellen nicht be-
quemt, sich nur dem Menschen vorbehält, sich nicht
verschwenden will

CHOR   weil man die Perlen vor die Säu nicht wirft

ERIKA   weil man die Perlen vor die Säu

(7)

TENOR   grüß dich

ERIKA   servus
und?
was kriegst?

TENOR   ich nehm ein Bier

ERIKA   ein großes, kleines, offen, Flasche?

TENOR   was?

ERIKA   ein großes, kleines
offen, Flasche?

TENOR   offen, bitte
großes

ERIKA   großes, offen
           kommt sofort

TENOR   ich hab ja gar nicht g'wusst, dass du

ERIKA   dass was?

TENOR   dass du
           ich mein
           wie lange machst das schon?

ERIKA   wer will das wissen?

TENOR   ich

ERIKA   aha
           und dieses »Ich«
           wer soll das sein?

TENOR   sag, kennst mich nimmer?

ERIKA   nein, ein »Ich«, das kenn ich nicht

TENOR   der Reinhard

ERIKA   ach, vom Herrn Direktor
           hätt dich fast nicht mehr erkannt
           das war jetzt eine Lüge
           kennt sich ja von

TENOR   stimmt
           wie lange machst das schon?

ERIKA   was fragst das MICH?
           frag den Direktor
           soll dir dein Direktor sagen

TENOR   ja, der ist nur grad nicht da
           ich kann auch die da drüben fragen
           hab's halt nicht gewusst

ERIKA   das tut mir leid
           naja

TENOR	macht's Spaß? das Kellnern?
ERIKA	ach, das Kellnern meinst naja schau dich mal um macht Riesenspaß ich mach das jetzt schon viel zu lang nur andrerseits, bevor ich putzen geh was auch nicht möglich wär weil eine Herrschaftsschicht, bei der man putzen könnt, die gibt's hier nicht*
TENOR	ich hab mich jedenfalls gewundert, wie ich reingekom- men* hab ich nicht gewusst, dass du hier drinnen
ERIKA	»drunten«, würd ich sagen drunten
TENOR	hab ich nicht gewusst
ERIKA	du kommst halt nicht sehr oft nachhaus
TENOR	nein, stimmt und wenn, dann bleib ich lieber
ERIKA	bleibst beim Ignaz beim Direktor, mein ich
TENOR	ja genau wenn man so selten herkommt, sollt man lieber geht man nicht so gerne fort naja normalerweis drum hab ich dich noch nie gesehn hier drunten
ERIKA	ja und heute hast dir's anders überlegt und lässt ihn mal allein* versteht er sicher

sag, wie geht's ihm denn?
dem Herrn Direktor

TENOR   ja
naja
zumindest dem Direktor in ihm drinnen, dem geht's
gut[*]
dem Rest, dem geht's nicht ganz so toll

ERIKA   versteh
dann hol ich mal dein Bier

TENOR   das große
offen

COUNTER   Erika!
mein Bier, das ist schon wieder fast zu End
wenn du dem Reinhard seines bringst, da kannst auch
gleich zu mir[*]
und zwar ein bisschen fix, wenn's geht
und steh nicht wieder ewig dort in seiner Gegend
rum[*]

ERIKA   zum Trinken kriegst was, wenn ich's will
und vorher sicher nicht
hast du gesagt, dich umgedreht, geseh'n, wie dieses
Mädchen, es, wie's runterläuft die Treppe, stolpert,
fällt und steht gleich wieder auf und weiterläuft, vom
Erdgeschoss noch in den Keller runter, nochmal Treppe, schneller, es, das Mädchen, läuft
da, Reinhard, schau
dein Bier

BARITON   von großem Forschungsinteresse war für uns natürlich,[*]
wie der Bruch, die Fäulnis, Infektion
am Rand und in der Trägerschaft
wie das entsteht

ALT   ob's,
               wenn man kurz botanisch
               reift wie eine Frucht

SOPRAN   in diesem Fall natürlich »böse Frucht«
               mit Gift im Innern drinnen, in der Frucht
               die reift und größer wird und plötzlich platzt
               und sich das Gift ergießt

BARITON   man weiß es nicht
               vielleicht ist's gar kein Reifungsvorgang,
               weil am Land, da hat die Reifung ja vielleicht sich
               ganz aufs G'müse konzentriert,*
               weshalb für einen Menschen reifungsmäßig
               nichts mehr übrig ist*
               und gar nichts ranwächst in ihm drinnen, in dem
               Menschen*
               nur Affekt

TENOR   mit einer Wachstumsrate

BARITON   Plötzlichkeit

TENOR   die unsereiner nicht mal denken kann

ALT   und das trotz Kernphysik

SOPRAN   die wir beiseite

ALT   ja!

BARITON   und dann den Träger, das Subjekt, die heiße Wut
               befällt*

TENOR   fast wie die Zecke Mensch und Hund

SOPRAN   und keine Hemmung tritt dazwischen
               nichts

BARITON   das Hirn in Flammen steht

BASS   **mein Vöglein?**
               schon gekommen, die Idee?

COUNTER   **noch nicht**

BASS   **»noch nicht« hat er gesagt**
noch nicht
und einfach dagesessen
grad nach vorn ins Nichts geschaut

ERIKA   ich mach jetzt Sperrstund
Schluss für heut!

(8)

ERIKA   **das Mädchen läuft**
die Treppe runter
stolpert, fällt und steht gleich wieder auf
und weiterläuft
vom Erdgeschoss noch in den Keller runter
nochmal Treppe
schneller
es
das Mädchen läuft
und ist im Keller angelangt
ganz unten
tiefer geht's nicht mehr
die Treppe aus
und sieht am Ende von dem Gang ein bisschen Hell,
das durch die Oberlichte fällt
ansonsten nix
nur Dunkelheit
weil man beim Laufen auf der Flucht
da hat man nicht die Zeit, dass man den Schalter sucht
den für das Licht
ob sie nach vorne laufen soll
ans Ende von dem Gang
und schaun, ob eine von den Klassen offen ist
die Kellerklassen für den Unterricht in Werken,
den die Buben haben

ist sie selber ja noch nie in einer Kellerklasse drin gewesen*
denkt's, das Mädchen
es
und hat dann eine andere Idee
und dreht sich um
die Treppe aus Beton ist unten hohl
da kann man drunter stehn
da hinten, ganz im Eck
wo's ganz besonders finster ist
da kann man stehn
und geht die Treppe aus Beton dann über ihrem Kopf
nach oben wie ein halbes Dach*
da steht sie dann
im Eck
kein Hell
und über ihr Beton
und atmet nicht
das Mädchen
es
und hört die Schritte runterlaufen
von den Buben
über ihr die Treppe schwingt
das kann es spürn
und presst sich ganz ins Eck
ins Dunkel rein

COUNTER   wo ist die denn?
verdammt

BARITON   hast sie hier runterlaufen sehn?

SOPRAN   ja sicher
Blödmann
sicher ist die runter
hab's ja g'sehn

ALT   ich nicht

SOPRAN   weil du so langsam bist

COUNTER   du meinst, weil er so fett
            das drückt ihm fast die Augen zu
            das ganze Fett
            du Schweinsgesicht

ALT   jetzt halt dein Maul

COUNTER   halt's selber, Schweindi

TENOR   dem sein Schwanz is sicher eingedreht
            so wie ein Schweineringelschwanz

COUNTER   du schwule Sau

TENOR   ich sag ja nur

SOPRAN   der Reinhard denkt die ganze Zeit an deinen Schwanz
            hast das gehört

ALT   halt's Maul

COUNTER   ich würd mir's Arschloch zunähn, wenn ich du wär

ALT   musst du immer so pervers

COUNTER   der bohrt dir sonst mit seinem Korkenzieher-Schwanz
            dein fettes Arschloch auf

TENOR   ist gar nicht wahr
            der Andi, der, der hat 'nen Schweineschwanz
            der meine ist ganz grad

COUNTER   und woher weißt du das?
            du schwule Sau

BARITON   verdammt, ich hab gesagt, ihr sollt das Maul
            jetzt haltet mal die Luft

SOPRAN   jetzt pssst!

ALT   und?
            hört ihr was?

(9)

ERIKA   ich wollt nur nach dem Rechten sehn

TENOR   wie kommst denn du hier rein?

ERIKA   ach du
           ich hab gedacht, der Ignaz ist's

TENOR   was soll denn das jetzt heißen?
           hast gedacht, der Ignaz ist's
           was machst du da?
           wie kommst du rein?

ERIKA   ganz einfach bei der Tür

TENOR   was, war die offen?

ERIKA   nein
           das nicht

TENOR   ja, sondern?

ERIKA   hab sie aufgesperrt

TENOR   was heißt, du hast die aufgesperrt?

ERIKA   die Tür, die hab ich mit dem Schlüssel aufgesperrt
           ganz einfach
           sag mal ehrlich, weißt du wirklich nichts?

TENOR   ich weiß, dass du hier nix verloren hast
           jetzt schleich dich raus
           du kannst nicht mitten in der Nacht in unsrer Küche
           sitzen*

ERIKA   kann ich nicht?

TENOR   und überhaupt, wo hast den Schlüssel her?

ERIKA   ich sitz hier öfter rum
           naja, das hat der Ignaz dir vielleicht noch nicht erzählt,
           dass ich hier öfter

zugegeben, nicht zu dieser Zeit
da schläft er meistens schon, der Herr Direktor

TENOR   ich versteh jetzt gar nichts mehr

ERIKA   sag, glaubst du wirklich, dass dein alter Herr,
dass der das alles ganz alleine schafft
das alles hier
das große Haus
den fauligen Kadaver, der er selber ist, noch gar nicht
mitgerechnet*
glaubst, dass er das alles selber
glaubst das echt?

TENOR   man hofft

ERIKA   aha?
worauf?
dass Zeit die Wunden
lächerlich

TENOR   naja

ERIKA   natürlich, wie der Vater, so der Sohn
in diesem Fall jetzt umgekehrt
so wie der Sohn hofft auch der Vater
sozusagen
sollt mich jetzt nicht wundern
und, ich geb gern selber zu, dass ich das Hoffen kenn
von mir
das geb ich gerne zu
wie lang glaubst mach ich das jetzt schon?

TENOR   das Hoffen?

ERIKA   nein, dass ich den Arsch von deinem Vater
nein, so schlimm ist's nicht
das kann er selber
noch
man hofft

ich mein, wie lang ich hier schon herkomm
was vom Hoffen kaum zu trennen ist
das geb ich zu
schon fast ein Jahr

TENOR   das passt zu ihm
dass er nix sagt

ERIKA   hab ich schon vorher
wie der Sohn, so auch
naja
er hat halt Angst, dass man – das heißt jetzt du – ihn in
ein Heim*
vielleicht
hat er gesagt
ich sag's nur nach

TENOR   das hättest nicht schon gestern in der Kellerbar
das hättest nicht schon da verraten können
musst da nachts dich in das Haus reinschleichen

ERIKA   du, er will ja nicht, dass du das weißt
drum hab ich gestern nichts gesagt

TENOR   und sitzt drum heut bei uns am Küchentisch
nach Mitternacht

ERIKA   ich arbeit halt so spät
und außerdem, dein Vater, weiß von nix
dass du's jetzt weißt, das weiß er nicht
wenn du nix sagst, ich sag's ihm nicht

TENOR   na schön
vielleicht kannst jetzt dann langsam aus der Küche
raus*
ich muss ins Bett

ERIKA   na gut
ich hab mir nur gedacht, ich sollt dir's sagen
weil du gestern so besorgt

das war mein Eindruck
weiß ich nicht
hab mir gedacht, wenn ich's dir sag, dann ist's nicht
länger nötig,[*]
dasst dir Sorgen machst
im Leben
deinem
drinnen
war nur gut gemeint
naja
dann geh ich mal
ich nehm mir noch ein Bier mit auf den Weg
kannst sitzen bleiben
weiß schon, wo eins ist, und find auch selber raus
und sperr von draußen wieder zu
er zahlt auch gut, der Herr Direktor
nur, damit du
gute Nacht

(10)

CHOR   das müsst, hast dir gedacht, weil Wärme reicht nicht
            aus, das müsst ein Feuer sein mit einer Hitze, die dir
            fast die Haut vom Körper schält, so eine Hitze müsst
            das sein, die dieses Tier in dir aus seiner Winterstarre
            reißt, das Tier, das sich verkrochen hat, die feige Sau,
            dein Mensch, und bist jetzt leider doppelt Tier: das
            eine Tier ist das, das bleibt, wenn man den Menschen
            subtrahiert, das andre ist der abgezogne Mensch, die
            Differenz, die leider auch zum Tier verkommen, käl-
            testarr in irgendeinem Loch verscharrt, zur Auferste-
            hung, Wandlung, Menschenwerdung nicht gemacht,
            und denkst, da wärst du lieber gleich von Anfang an
            als Tier zur Welt gekommen, ohne Umweg durch das
            Mensch, das würd dir jetzt verdammt das Warten auf
            die Wandlung sparn, und muss man sich mal fragen,

bitte, ob's den andren Tieren aller Länder, falls' sie
gibt, ob's denen auch so geht, ob die wie du auf dieses
Brennen dort am Horizont mit ihrer Hoffnung, Hunger, warten, ob die ganze Gattung Tier, die Tierheits-
schicht, wie du auf das Ereignis wartet, das halt leider
nur nicht kommt, weil eine Tierheit keine Zukunft
kennt, weil so ein Tier aus jeder Zeit herausgefalln,
weshalb da gar nichts zukommt, nein, bist nur das
Schaun, du Tier, bist Auge, leerer Blick, der auf zwei
Beinen steht und schweigt, hast vor dir nichts, wo soll
da Zukunft bitte sehr in dieser Tierwelt, lächerlich, das
Tier ist stummes Auge nur, das halt nach vorne schaut,
wo's leider nix zu sehen gibt, weil dieser Tierheitsho-
rizont nur schwarzer Balken ist, sonst nichts, die Zukunft von dem Tier ist leider einfach nur: die ist der
Tod

(11)

COUNTER   **Herr Direktor, kann ich bitte schnell aufs Klo?**

BASS   **da muss ich kurz mal überlegen**
          kommst auch wieder?

COUNTER   **sicher**

BASS   **brav**
          dann schnell
          ich wart auf dich
          wann fährst denn wieder?

TENOR   weiß nicht
          heut
          vielleicht auch morgen
          schaun wir mal

BASS   was schaun wir denn?

TENOR   jetzt, Papa

BASS   will nur wissen, was du schauen willst
weil hier, hier gibt's nicht viel zum Schaun
drum frag ich halt
könnt sein, dass ich in meinem Alter ja was überseh

TENOR   könnt sein
und wär ja nicht zum ersten Mal

BASS   was soll denn das jetzt heißen?

TENOR   tu nicht so
das weißt du ganz genau
weißt, wer mir in der Kellerbar das Bier gebracht?

BASS   das weiß ich nicht
und außerdem
man schaut nicht mit dem Mund
zum Schaun, da sind die Augen da

TENOR   ich hab dich was gefragt
wer mir das Bier?

BASS   woher soll ich das wissen
da
steh auf
ich brauch schon wieder einen Schnaps
solang du da bist, kannst was tun
ab morgen hol ich mir den selber wieder

TENOR   Papa

BASS   nix
anscheinend is so weit

TENOR   das glaub ich auch
ich mein, du musst doch nicht

BASS   halt's Maul
ich weiß es schon: es is so weit
die beiden letzten Hund

die andren alle aufgefressen
nur wir zwei
und sitzen wir
und fragen, fragen uns: »und jetzt?«
ob sich die beiden gegenseitig fressen?
sag
was meinst?

COUNTER   **da bin ich wieder**

BASS   **setz dich her**
und auf dem Klo was eingefalln?
natürlich nicht
vergiss den Schnaps
da setz dich her

TENOR   und jetzt?

BASS   weißt, dass deine Augen reden können?
wirklich
immer schon
die plärren alles raus
das weißt du nicht
weil du die Augen im Gesicht nicht selber sehen
kannst[*]
drum musst mir's glauben, wenn ich sag, dass die
sind richtig laute Augen
deine
schaun sehr laut
wenn du aus deiner Stadt herkommst
und wissen willst, wie's mir so geht
und ob du öfter kommen musst
das sagst du nicht
das schaust du nur
und ob du irgendwann hierher
und schaust: »das willst du nicht«
dann muss er halt ins Heim, der alte Hund
drum spitz die Ohren, Sohn
es geht mir gut

COUNTER   der Reinhard macht das auch

BASS   was sagst?

COUNTER   nein, nichts
ich hab nur
dass der Reinhard auch

BASS   ein kleines Kammeradenschwein
wer hätt sich das gedacht
war das jetzt die Idee, für die ich dich,
damit's dir einfällt,
schon seit ewig sitzen lass?
mir fällt was Bessres ein
du schreibst mir hundertmal
»ich soll die Mädels nicht am Busen
zwischen ihren Beinen nicht«
das machst mir hundertmal
und lässt's von deiner Mutter unterschreiben
so
und jetzt hau ab
du Vogel
schleich dich raus

TENOR   ich bleib noch eine Nacht
ich mein, nur wenn du nichts dagegen hast

BASS   nein, hab ich nicht
du, Reinhard?

TENOR   ja

BASS   die Erika,
die nimmst mir nicht

(12)

ERIKA	und steht noch immer
	es
	das Mädchen
	sie
	und an die Wand im Kellerloch gepresst
	und atmet kaum,
	weil man das hören könnt
	und lauscht den Buben
	plötzlich still
	und alles horcht
	dann spürt sie, denkt sie, eine Wärme
	kalt wird's ihr
	und kommt die Hand
	und zieht sie aus dem Dunkel raus
	zwei andre Hände
	ganzer Körper
	kommt von hinten
	hebt sie hoch
	sie festhält
	Mund versperrt
SOPRAN	wen ham wir da?
BARITON	hast dich ins letzte Eck verkrochen
COUNTER	hat nix g'nützt
	wir sehn im Dunkeln auch recht gut
ALT	und hören tun wir noch viel besser
TENOR	weil wir nämlich Wölfe sind
BARITON	geht's noch ein bissl schwuler, ha?
TENOR	halt's Maul
	ich
COUNTER	Schnauze jetzt!
	sag, warst das du?
	die was gepetzt?

SOPRAN   **du feige Sau**

BARITON   **nur leider**
            hat nix bracht

ALT   **weil's dem Direktor wurscht**

SOPRAN   **ihr seid ihm alle wurscht**

COUNTER   **und weißt, die Unterschrift von meiner**
            fälsch die schon seit langem mit der freien Hand

BARITON   **schau, wie die zappelt**

ALT   **hör schon auf**
            das bringt dir nix

COUNTER   **ich sag dir's, wennst mich in die Finger beißt**

TENOR   **die Muschi hat zum Glück ja keine Zähn**

BARITON   **dann Schwuli, red nicht groß**
            schau nach und test einmal,
            ob die da unten beißen kann

(13)

ERIKA   noch gar nicht in die Stadt zurück?

TENOR   nein, morgen
            bleib noch eine Nacht
            hab ich gedacht

ERIKA   das freut ihn ganz bestimmt
            ein Bier?

TENOR   ja bitte

ERIKA   großes, offen
            kommt sofort

BARITON   Reinhard, setz dich her zu uns

ALT   jetzt frag ihn schon

BARITON   sei ruhig

SOPRAN   wir sind so neugierig
weißt eh
komm her

TENOR   ich setz mich lieber an die Bar

ALT   zur Erika
naja
er wollt nur fragen, ob

BARITON   ich kann schon selber reden!
weißt, wir haben grad gemeint
wie's dir so geht

ALT   er meint, du hast doch sicher wen in deiner Stadt

SOPRAN   wir wissen's nicht
wir haben nur gedacht

TENOR   was ihr euch alles denkt

BARITON   naja
das ist ein sehr normales Denken
würd ich sagen

SOPRAN   schau, da kommt dein Bier

COUNTER   man fragt natürlich, was man hofft
in diesen Randbezirken des Sozialen
fragt man sich
das heißt, das fragen wir
was darf man hoffen, haben wir
als wir nach unsrer Reise an den Rand am Abend
dann erschöpft*
ein Kaltgetränk
in dieser Kellerbar

BARITON   was hofft zum Beispiel – sagen wir – die Kellnerin

ALT   ob sie das Geld vom Keller-Kellnern spart

COUNTER   ob sie auf Reise gehen will, in einer Zukunft

SOPRAN   einfach weg von dort

BARITON   wir würden gerne wissen, was da treibt
              weil wird wohl kaum der Übergang vom Außen-
              rand zur Unterschicht[*]

SOPRAN   ach bitte

BARITON   nein, das kann man sagen
              Tschuldigung
              man wird doch bitte Unter——

COUNTER   nein
              weil das Modell von uns man nur in Schalen denkt
              wie eine Zwiebel, rund
              und unser Interesse zielt auf das, was außerhalb
              des Kerngebiets[*]
              in Schichten

ALT   wollen wissen, ob man die Gefahr des A-Sozialen
              an den Rändern[*]

SOPRAN   ob da Potential, das man nicht kennt

COUNTER   und ob sich einer, eine dort ermächtigt, wo man's
              nicht für möglich hielt[*]

ALT   ob's da was gibt, was die dort in der Aussicht
              haben[*]

BARITON   Attraktion

COUNTER   man kann's auch Hoffnung nennen, wie zuvor

BARITON   das, was sie aus der Zukunft her nach vorne zieht

ALT   was sie aus ihrer Existenz am Rand nach oben

COUNTER   nein, das ist jetzt falsch: »nach oben«

ALT   stimmt, ich hab gemeint, das, was sie in die Mitte
zieht[*]

COUNTER   als könnt die Fliehkraft des Sozialen,
die natürlich immer an die Ränder drängt
als könnt die umgedreht

SOPRAN   als gäb es in der Mitte Platz genug

BARITON   nur muss man leider jetzt enttäuschen
wer gedacht, die Fliehkraft ändert sich
und reißt nach innen einen dann
wenn man das Rad nur in die andre Richtung
dreht[*]
wer das gedacht, der irrt

COUNTER   Enttäuschung, leider

BARITON   sagt die einfache Physik

SOPRAN   da müsst man schon von einem Magnetismus
sprechen,[*]
der nach innen

ALT   oben

SOPRAN   zieht

ALT   man weiß es nicht, ob diese unterschichtlerische
Hoffnung[*]
in dem Sinn magnetisch ist

BARITON   wo käm man denn da hin
wenn einem dann der Kern verwehrt, dann würd
die Schuld ja dort[*]
im Magnetismus liegen
lächerlich
da könnt ja jeder kommen
sich beschwern weil die magnetische Gezogenheit
von dieser Mitte her nicht reicht
Entschuldigung

COUNTER   was kann das Ziel dafür, wenn es der Pfeil nicht
           trifft*

ALT   man kann nur sagen: schlecht geschossen
           tut uns leid

SOPRAN   ist nur dem eignen, mangelhaften Zielvermögen
           anzulasten*
           kann die Mitte nichts dafür

BARITON   und würd der Rand dann in die Mitte stürzen
           zieht die eine Masse andre nach
           das heißt dann noch mehr Masse

SOPRAN   würd der Kern dann implodiern

ALT   das ist dann Kernfusion, würd ich mal sagen
           glaub ich

BARITON   sehr gefährlich

ALT   sehr
           und nur der Sonne vorbehalten

COUNTER   ja, zum Glück

TENOR   ich geh nachhaus

(14)

ERIKA   **es**
           das Mädchen
           sie
           es liegt im Bett
           noch immer
           hört Musik
           hat die Kassette eingelegt in ihren Walkman
           die, die sie so mag
           hat ihre Augen zu und horcht
           den Hund schon fast vergessen

und das unten auch
und wär bestimmt bald eingeschlafen
in dem warmen Pulli drin,
wenn nicht ganz plötzlich
es
das Mädchen
merkt, dass diese Stimme in den Ohrn,
die sie so schön
die schöne Frauenstimme
immer tiefer wird die, immer tiefer
keine schöne Stimme, keine Frau
das Lied ganz langsam
fast zerfällt
und an den Ohrn von ihr
durch diesen Schaumstoff links und rechts
da hört's, das Mädchen
es
hört eine Männerstimme
in den Ohren drin

BASS   was tust denn hier?

ERIKA   halt's Maul
            muss die Geschichte noch zu ihrem End erzähln

BASS   das hast doch schon

ERIKA   nein, manchmal ist das Ende mittendrinnen, nicht am
            Schluss*
            nur weiß das der Direktor nicht
            nein nein, der glaubt, dass, wenn der Schluss erzählt,
            nicht noch ein Ende kommt

BASS   was so ein Vogel alles weiß

ERIKA   halt's Maul verdammt
            du, Ignaz, der Direktor muss jetzt bisschen leise sein
            weil die Geschichte noch kein Ende hat
            weißt was, gib deine Zähne her

die falschen, hörst
mach's auf, das Maul, und spuck sie raus
die brauchst jetzt nimmer
wirklich nicht
und auch das Leise-Sein fällt dann nicht ganz so
schwer[*]
spuck aus

BASS   jetzt sei nicht kindisch
         Erika
         du Vögelein
         ich horch schon zu
         und kannst dem alten Hund nicht seine Zähne nehmen

ERIKA   du, ich kann auch reinfahren in das Hundemaul
         die Lefzen auseinanderziehn, die Zähne selber holn
         na gut
         ich helf dir
         wart
         ich kann dich nicht verstehn
         die Sprache von den Tiern, die kann ich nicht
         dann steht es auf
         das Mädchen
         es
         reißt sich die tiefe Stimme von den Ohrn
         es flucht
         macht ihren Walkman auf
         nimmt ihm die Innereien für den Strom, die Batterien
         raus[*]
         und geht die Stiege runter
         es
         das Mädchen
         in die Küche
         macht die Laden auf
         und kramt und sucht
         da müssen doch noch neue, denkt's
         das Mädchen
         findet zwei

ob da noch Strom?
denkt sie
und will sie ausprobiern und in den Walkman rein
und merkt nicht wie von hinten
hört ihn nicht
und plötzlich unten
Hundssau, gottverdammte, schreit's
das Mädchen
es
und lässt den Walkman falln
der dann in tausend Stücke bricht
am Boden unten
und der Hund mit seiner Schnauze
zwischen ihre Beine fährt
die Lade vor ihr offen steht
da greift sie rein
das Mädchen
es
und sticht dem Hund von oben sticht sie rein ins Tier
mit diesem Messer, das dort drinnen in der Lade
sticht und sticht
in Hundehals und Kreuz und Bauch
und sticht und schlitzt
und schlachtet diese Sau mit ihrer Schnauze dieser geilen*
sticht sie ab
die Hundssau, gottverdammte
hat das Weinen sich doch abgewöhnt
denkt sie
das Mädchen
es
das Weinen
sich
hat nur nix bracht
ich leg mich schnell ein bisschen auf das Bett
sag, ist dir auch so kalt?

BASS du kannst die Decke haben
     wenn du magst

ERIKA dass ich die Hunde nicht versteh
     ein Jammer, das
     wäscht dann das Messer ab
     das Mädchen
     es
     legt's in die Lade rein
     nimmt einen Müllsack raus
     und wickelt in das Plastik
     schleift ihn raus
     vors Haus
     aufs Feld
     den Hund
     dort brennt ein Haufen mit Kartoffelkraut
     sie muss nicht graben, denkt sie
     praktisch
     wirft das Tier ins Feuer
     brennt dort lichterloh

COUNTER dann geht die Türe auf

TENOR was machst denn du im Bett von ihm
     verdammt
     das gibt's doch nicht

ERIKA sei ruhig
     ich glaub, er schläft
     hab ihm nur schnell noch eine Gute-Nacht-
     Geschichte*
     war grad in der Gegend
     geh am Haus vorbei
     gesehn von draußen, dass bei ihm im Zimmer Licht
     und mir gedacht, der Arme kann nicht schlafen
     weiß sein Bub ja nicht, dass der so schwer sich tut
     dass ihn der Schlaf nicht einfach holen kommt
     und hab ich mir gesagt, ich geh schnell rauf
     und helf ihm in den Schlaf hinein

TENOR Blödsinn
      meinst, ich seh nicht, dass die Augen von ihm offen
      sind*
      jetzt Papa, sag schon was

COUNTER der gibt nur Laut

ERIKA   das Reden geht heut nicht mehr gut

TENOR wie soll ich mir das vorstelln?
      vögelst deine Krankenschwester, Putzfrau
      was weiß ich, was die da sein soll

BASS   halt dein Maul, du Hund
      ich glaub, es is so weit,
      dass sich die beiden letzten Hund jetzt gegenüber-
      stehn*
      die Welt in Asche
      Häuser tot
      und nur wir zwei

ERIKA   du brauchst den alten Hund nicht fürchten
      hat ja keine Zähne mehr, der frisst dich nimmer

COUNTER sagt sie
      geht dann auf den Buben zu und spuckt ihm ins Ge-
      sicht*

TENOR der schlägt nach ihr

BARITON sie duckt sich
      trifft sie nicht

BASS   der Hund im Bett gibt Laut

ALT   man weiß es nicht, ob das zur Warnung war

SOPRAN und wenn, dann keine Ahnung, wem die gelten sollt
      die Warnung
      ob dem Buben oder ihr

TENOR sie schlägt zurück in seine Magengrube
      klapp in seiner Mitte ein, der Bub

COUNTER   sie springt nach vorn
reißt um den Bub

TENOR   der auf den Boden fällt

ALT   sie setzt sich drauf
auf seine Brust
die Knie von ihr auf seine Arm

SOPRAN   die Zähn, die falschen,
die noch vorher in dem Mund von ihm
die steckt sie unten unterm Rock
steckt sich die Zähne in die Unterhose
unten
sagt

ERIKA   die Zeit heilt alle Wunden, weißt
den Alten falln die Zähne raus
nur mir sind unten neue g'wachsen
magst mal greifen
wie die Zähne scharf, die meine Muschi unten hat
die jetzt ein Tier geworden
setz mich mit dem Muschimaul auf deine Fresse drauf
und beiß die Haut dir vom Gesicht
beiß dir die Lippen ab mit meiner Fotze
und die Nase auch
die Augenlider reiß ich aus dem G'sicht von dir
die fress ich weg,
damit kein Aug mehr zu
musst ewig schaun

BASS   dann kommt der Alte aus dem Bett

SOPRAN   so gut er halt noch kann

BARITON   und greift die Hand von ihm, was sie als Erstes findet

COUNTER   fasst den Blumentopf, der auf dem Nachttisch steht

ALT   wo drinnen dieser Ficus wohnt

COUNTER   er stürzt nach vorn
und schlägt das weiße Porzellan auf sie
auf ihren Kopf
dort springt's in tausend Stücke,
regnet Scherben und dann Erde in die Haar von ihr,
die kleben bleibt auf ihrer Kopfhaut
hält das Blut, das kommt, die Erde fest
und sinkt zu Boden, sie
nach unten
hört das Muschitier zu beißen auf

CHOR   zwei Hunde stehn im Zimmer rum
der eine alt, der andre jung
sie schau'n, was da am Boden liegt
das Tier, das keinen Laut mehr gibt

TENOR   sag, spinnst denn du

BARITON   schreit junger Hund
hast die jetzt umgebracht?

ALT   die liegt am Boden, rührt sich nicht

COUNTER   und keine Dankbarkeit

SOPRAN   hast keine Dankbarkeit?

BARITON   wofür denn bitte

TENOR   ha?

BARITON   schreit junger Hund

SOPRAN   dass da noch Rettung kommen ist, von wo sie nicht
erwartet war[*]

COUNTER   du hättst dich ja nicht wehren können,
bellt der Alte

BASS   wenn ich aus dem Grab nicht nochmal auferstanden

TENOR   fick dich!

BASS hast ein Glück, dass ich unsterblich bin
so muss es seinerzeit dem Himmelvater gangen sein
als er nach unten schaut auf diesen Bub von ihm,
der da gehangen
hat er sich dann wieder gut gefühlt
ist eine Jugend in ihn reingefahrn
war nix zu spürn mehr von der Ewigkeit
wenn unten Jugend blutet
hat ihn wieder raufgeholt, den blöden Bub, den schwachen*
ihm das Fell gekrault

TENOR nimm deine Händ da weg, verdammt

BASS gib mir die Zähne her

BARITON und sagt, so weit komm ich nicht runter
er, der Alte

COUNTER lässt das Kreuz nicht zu

SOPRAN der Junge beugt sich tief hinab
und hebt die Zähne auf
und hält sie in der Hand

TENOR und steht und schaut

COUNTER **und, hat's gebissen mit der Muschi?
sag schon**

ALT **schau, die rührt sich nicht**

SOPRAN **stehn alle rundherum**

BASS jetzt, Reinhard, sag schon was

BARITON **ich glaub, der hat sie jetzt zu Tod gevögelt**

SOPRAN **Blödsinn, schau, die hat die Augen auf**

BARITON **das können Tote auch, du Trottel**

COUNTER **schau mal nach**

ALT   **und tritt mal mit dem Fuß nach ihr**

COUNTER   **jetzt läuft er weg, die feige Sau**

BASS   was läufst denn weg?
               musst jetzt so dringend in die Stadt?
               schaust halt vorbei, wenn deine Hypothese glaubt,
               dass ich gestorben bin*
               dann bleibt der alte Hund alleine halt
               und sitzt in seinem Zimmer rum
               der Junge ist nur kurz hereingekommen
               sich im Haus nur umgeschaut
               dann wieder rausgegangen
               sich gedacht, bevor er sich in mich verbeißt
               bevor der junge Hund den alten frisst, der is ihm viel
               zu zäh*
               verhungert lieber er allein
               jö, schau
               da is ja noch ein Tier
               das muss beim Fenster reingeflogen
               sag, wie piepst, du Vögelein

SOPRAN   sie schaut ihn an
               hört noch von draußen eine Autotür, die zugeschlagen
               wird*
               den Motor noch
               steht auf und geht

(15)

CHOR   und hast du stummes Aug so lang geschaut auf diesen
               Horizont, den Balken, schwarz die Zukunft durchge-
               strichen, bis du endlich eingesehn: da kommt von vor-
               ne nichts, das, was du tragen könntst, du bist ein Trä-
               ger nur von nichts, und nichts geschieht, weil alles
               schon geschehen ist, weil dein Ereignis schon passiert,
               da muss man jetzt nicht traurig sein und auch nicht

warten länger, weil's ja schon gewesen ist, das Neue
war schon in dir drin, und denkst, du musst nur nach
dem DASS der Tierheit greifen, DASS du Tier geworden bist, man muss halt nehmen, was man kriegt, und
hast ja reichlich schon bekommen, höchste Zeit, dass
du dir's nimmst, und bleibst dann stehn und fällt dein
Blick auf diese Scheibe, dein Gesicht im Spiegel
schaust ganz kurz und denkst, die Tiere aller Länder
kehrn sich um, und ihre Tierheit schultern, ausgegra-
ben dieses Mensch, mit Feuer in den Augen stehn sie
da, die Tiere aller Länder, stehn und schaun und sind
bereit, und denkst, ein einzges Mal musst noch zurück,
zum Herrn Direktor, denkst, ein letztes Mal

(16)

ERIKA   sie
             die Frau
             sie steht
             und schaut
             und ihr Gesicht
             das ist ganz warm
             und weiß sie nicht, ob diese Wärme schon von außen
             kommt*
             vielleicht kommt die von innen her
             die Wärme im Gesicht,
             denkt sie
             und fährt die eine Hand nach oben
             ins Gesicht
             und prüft die Wärme
             sie
             und kann's nicht sagen, ob die innen, außen
             ob das Tier in ihr von dieser Wärme aufgeweckt
             das andre jedenfalls, das ist schon wach
             von Rauch und Wärme hochgeschreckt
             und braucht so lang, bis es die Treppen runter

alter Hund, der an den Beinen lahmt
und auf der andren Seite von der Tür
die andre Hand von ihr,
die nicht gefahren ist in ihr Gesicht
die hält den Schlüssel außen fest ins Schloss gedrückt
und drinnen er
der Hund, der alte
bringt den Schlüssel nicht ins Schloss
und ihren Namen ruft
bis dass der Rauch und auch die Wärme
jetzt
jetzt spürt sie es
die Wärme
draußen
drinnen ihren Namen ruft's
bis dass der Rauch die Stimme nimmt
von ihm
und nur ein Hund im Innern bellt
und jault
und nicht zur Hintertüre schafft er's nicht
dann still
sie steht
und schaut
und lässt den Schlüssel los
und steht so da
und schaut
und spürt
und nimmt die Wärme auf
und hofft, dass sie nach innen geht
und jetzt das Tier aus seiner Kältestarre wach
weil's ein Reptil
hat sie gedacht
und in die Hosentasche rein
sie kann nicht gehn
denkt sie
die Frau
sie muss doch auf das Tier

sie muss doch warten
bis die Wärme
warten, dass in ihr
das Tier
das Mensch
dann läuft sie weg

(17)

BARITON   am Morgen fand die Greißlerin die Ladentür, das
Glas, zertrümmert[*]

ALT   drittes Mal

SOPRAN   das gibt's ja nicht
ich bring sie um

BARITON   nein, Geld hat keins gefehlt

SOPRAN   nein, keins, nur Feuerzeugbenzin

BARITON   hat sie gesagt

ALT   wer stiehlt denn sowas?

SOPRAN   denen trau ich alles zu
ich bring die einfach alle um

COUNTER   sie griff zum Telefon und rief zuerst den Mann
von der[*]

BARITON   den Wirt, der die Versicherung

SOPRAN   der Arschlochwirt, der hebt nicht ab
verdammt
dann schnell die Polizei

TENOR   der Mann am Posten sagt, die sind grad unterwegs[*]
auf Einsatz

BARITON   gar nicht weit von ihr

SOPRAN   ist was passiert?

BASS   als Drittes rief sie dann die Freundin an

COUNTER   die wirklich nicht verstehen konnt

ALT   wie man die Feuerwehr nicht hörn
           und auch das Feuer nicht
           vom dritten Einbruch ganz zu schweigen

COUNTER   nein, die Polizei kam nicht zu ihr
           stattdessen sie zu denen

TENOR   vor dem abgebrannten Haus

COUNTER   die Freundin war mit Mann schon dort

ALT   zum Schaun
           er ist mit Zigarette eingeschlafen, heißt's

SOPRAN   der raucht doch nicht

ALT   was du schon wieder weißt

BARITON   den kannst von deiner Liste streichen, den Direktor

SOPRAN   welche Liste?
           Arschloch
           arme Erika
           die muss sich einen neuen Herrn jetzt suchen

COUNTER   hat die Greißlerin gesagt
           naja
           und kann mal einer sagen, wer verdammt auf
           diese scheiß Idee gekommen ist,*
           dass hier die Sollbruchstelle
           Fäulnisträger
           das Subjekt

ALT   ja Tschuldigung
           da stand halt »Mann in Haus verbrannt« und »Asy-
           lantenbanden«-Irgendwas*

man hat gedacht, das könnt ein Zeichen
wenn's sogar zum Kern, zu uns, durch die Be-
richterstattung vorgedrungen*
Missverständnis

BASS   ja, und was für eins
            »die Dörfer brennen!«
            »Störfall«

SOPRAN   lächerlich

TENOR   und haben leider kein Subjekt
            nein, keine Trägerschicht gefunden
            die sich dort vom Rand her in die Mitte frisst

ALT   man hat auch nichts gesehn, was so ein Träger
            »tragen« könnt*
            nein, ehrlich nicht

BASS   da ist dein Klassenkampfsubjekt beim Rauchen
            leider eingeschlafen*

TENOR   ja, weshalb man jetzt getrost zum Kern zurück
            zur Kernphysik
            der Ausgangshypothese
            was ja auch zu zeigen war

SOPRAN   ja schau, wer steht denn da?

ALT   ich seh nix, wo?

SOPRAN   ja dort, das ist

TENOR   die Kellnerin von unten aus der Kellerbar

BASS   wie diese Blume heißt die
            Erika

COUNTER   und steht am Feld herum und hält was in der
            Hand und raucht*

BASS   bizarr

BARITON   schon bisschen abgeblüht, das Pflänzlein, biss-
          chen welk*
          man könnt schon fast von Fäulnis

COUNTER   fehlt im Keller halt das Licht

BARITON   drum schlägt's jetzt Wurzeln dort, bis dass die Zei-
          ten besser*

TENOR   frommer Wunsch

BASS   naja

TENOR   wer fährt?

ALT   ich würd gern wieder vorne sitzen

SOPRAN   ja

(17+1)
Das Vöglein vor dem Ende

Erika, das Feuerzeugbenzin in der Hand, rauchend.

ERIKA   Tiere aller Länder

          dann lag's vor mir
          das Tier
          das, was mein Mensch gewesen war
          sah wie ein ungeborner Vogel aus
          ich hätt's am liebsten totgetreten

          sag, wie piepst du, Vöglein?
          ha?

ENDE

räuber.schuldengenital

> ... der bestimmende Imperativ der heutigen Welt lautet
> »Lebe ohne Idee!«
> (Alain Badiou)

Personen

OTTO	der alte Vater	⎫
LINDE	die alte Mutter	⎪
EDITH	die Nachbarin im Rollstuhl	⎬ Die Unsterblichen
SEPP	die Liebe der Nachbarin	⎭

FRANZ	der zweitgeborene Sohn	⎫
KARL	der erstgeborene Sohn	⎬ Die Nachkommen
PETRA	die Nachbarinnentochter	⎭

In den Aleph(א)-Szenen sitzt die Nachbarin nicht im Rollstuhl. Die
Ewigkeit ist ohne Harm.
Vielleicht führt das Sprechen der Figuren an manchen Stellen ihr
Handeln erst herbei, so als müsste man das Tun herbeireden. Viel-
leicht aber beugt sich in anderen Fällen das Tun der Voraussage des
Gesprochenen ganz und gar nicht, so als müsste man nach dem
Sprechen oder zur gleichen Zeit *anderes* tun, *mehr* tun als das Ge-
sagte. Anders ausgedrückt: Das Tun kann für sein vorhergegange-
nes Sprechen mitunter Überraschung sein, so wie oftmals ein später
Satz die vorhergegangenen wendet.
Der Epilog ist visuell gemeint. Es geht um die schweigende Bewe-
gung ins Körperinnere.

(א)
Jenseits von Ende
die Unsterblichen

LINDE   was glotzt ihr so?
        ja ihr!
        was ihr so glotzt, hab ich gesagt!
        was ihr so glotzt
        hab ich was Falsches – nein!
        was gibt's dann bitte so zu schaun?

EDITH   ich schau doch nicht

LINDE   ich kann's nur leider deutlich sehn
        das Schaun

OTTO   Schatz, keiner
        keiner schaut

LINDE   doch, alle

SEPP   ja, zum Boden
        ganze Zeit schau ich zum Boden
        Himmel nocheinmal!
        zum Boden schaun, das ist kein Schauen nicht!

LINDE   ich hab gesagt die Zeit!, hab ich gesagt, die Zeit, sie ist des
        Todes Bastard, nein, sie ist sein Knecht, so muss man
        sagen Knecht, hab ich gesagt, den er, der Tod, höchst-
        selbst, bis dass er wiederkommt, zu seiner Rechten, Stell-
        vertretung eingesetzt, hab ich gedacht und dann gesagt:
        der Tod
        der Fürst
        der Zeit

mehr nicht
das kann man sagen, nichts dabei!
da ist, würd ich jetzt sagen,
wirklich nichts dabei!

EDITH   was regt sie sich so auf

SEPP   halt's Maul

EDITH   was regt sie sich so auf, hab ich gefragt
es hat doch keiner was gesagt

OTTO   das fängt ja gut an
wirklich gut

LINDE   ich bin noch nicht am End!

OTTO   Entschuldigung!

LINDE   am Ende also kommt der Tod, kommt wieder, kommt
und nimmt zurück von seinem Stellvertreter, ihr, der Zeit,
das, was ihm selbst gehört, nimmt er zurück:
das Reich, die Kraft, die Herrlichkeit
von mir aus
nimmt er sich,
der Tod,
zurück
die Zeit hat alles gut, das sagt der Tod, hat alles gut gemacht, die Zeit, in der Absenz von ihm, dem Tod, hat sie,
die Zeit, perfekt an seiner statt die Ordnung, die Geschäfte, Welt! am Laufen sie gehalten, gut! das hat sie gut gemacht! »das hast du gut gemacht!« klopft auf die Schultern ihr und sagt: »du kannst jetzt gehn«, sagt er, der Tod,
zu ihr, der Zeit, »du kannst jetzt, danke, kannst du gehn«

OTTO   ja weiter, Schatz

LINDE   am Ende geht sodann die Zeit, wohin, das weiß man nicht,
sie geht, geht aus, geht fort, vielleicht auch unter, geht und
ist nicht mehr, nein nimmermehr
am Ende aller Zeit

da ist die Zeit dann aus
am End
und sitzt der Tod, nachdem die Zeit er fortgeschickt, sitzt
da und schaut sich um und legt die Hände in den Schoß
und sagt der Tod:
»na endlich«, sagt er
Hände in dem Schoß
»na endlich«
»pfuh«
das sagt der Tod
am Ende
»endlich«
»pfuh«
sag, Otto, hörst du zu?

OTTO   natürlich, Schatz

LINDE   ich find das gut, da muss ich lachen
du nicht auch?
und ihr?
was ist mit euch?
nicht zugehört?
was der am Ende, was der sagt
dass der dann »endlich« sagt
und »pfuh«
am besten find ich »pfuh«
das find ich wirklich
wirklich gut
und lustig
ihr nicht auch?
das ist doch

EDITH   lustig, ja
sehr lustig
sagt der »pfuh«
unglaublich

LINDE   ganz genau
mehr hab ich nicht gesagt

nur die Geschichte von der Zeit erzählt
den »Witz« der Zeit, würd ich fast sagen
mit der Pointe: »pfuh«

SEPP   und dann?

LINDE   was heißt »und dann«?

SEPP   weißt, leider, Linde, frag mich nur, was dann
das möcht ich wissen
was denn dann, nachdem die Zeit gegangen

EDITH   »endlich«

SEPP   ja, nachdem die endlich an ihr End gekommen,
fortgegangen
was dann bleibt, dem Tod
nachdem
was dann?

LINDE   das weiß ich nicht
der sitzt halt da
das hab ich mir nicht überlegt
der sitzt halt
Otto, sag doch du mal was!
ich kenn mich mit der Ewigkeit
der sitzt halt da
der Tod
ach, Sepp
der sitzt halt da

SEPP   in alle Ewigkeit

LINDE   von mir aus, ja

SEPP   ich frag mich nur

EDITH   jetzt Sepp, sei ruhig

SEPP   nein, Edith, Liebling, frag mich nur, warum der überhaupt, in der Geschichte, die da grad erzählt, warum der
überhaupt zurückgekommen ist, der Tod, zu schweigen

ganz von dem »Woher«, WOHER zurück, egal, man fragt
sich halt warum, wenn gar nichts auf ihn wartet, wenn er
ewiglich dann sitzen muss, weil ja die Zeit nicht mehr vergeht, weil die schon weggegangen

EDITH   pfuh!

SEPP   ach leck mich doch!
        ich find das komisch

OTTO   ja, wir auch

SEPP   im Sinn von »traurig«

OTTO   ach

EDITH   Sepp, du mich auch!
        ich mein jetzt: lecken

LINDE   war nur Spaß!
        hab's mir nur ausgedacht
        weiß auch nicht, so halt,
        einfach so nur ausgedacht, die Zeit, den Tod
        ein Witz, verdammt!

SEPP   sehr komisch: sitzen ewiglich
        das find ich wirklich komisch

LINDE   ja
        nur leider, Sepp, die Ewigkeit, das war ich nicht!
        die kommt in der Geschichte, meiner, nicht mal vor
        da kann ich nichts dafür!
        da hab ich, Edith, recht, nicht wahr?

OTTO   fällt noch wem andren, wenn's beliebt, was ein?
        vielleicht?

EDITH   mir nicht

LINDE   braucht auch kein Witz zu sein

EDITH   da sind wir froh, geliebte Linde
        Sepp und ich

OTTO   Geschichte
irgendwas
vielleicht
wem andern
irgendwem?

(0)
Prolog
das Kind

PETRA   **dort sitzt's**
am Boden sitzt's, das Kind

FRANZ   **die Knie sind aufgestellt**

KARL   **die Arme um die Beine rundherum geschlungen**

PETRA   **sitzt am Boden, schaut nach vorn**

KARL   **ins Feuer schaut's,**
das es sich angezündet
innen, drin im Haus

FRANZ   **da ist ein Loch im Dach**
da zieht der Rauch

KARL   **das ganze Dach ist fort**

PETRA   **ob es hier wohnt?**

FRANZ   **als hätt's den Kopf verlorn, das Haus**
als wär der eingestürzt
wie weggesprengt

KARL   **das ist kein Haus**
nur Mauern mehr
kaputter Zahn

PETRA   **vom Himmel fällt ein bisschen Licht aus Mond und Sternen**
komisch

KARL   **Mond und Sterne gibt's nicht mehr**

PETRA   **fällt durch das Loch im Dach**

FRANZ   **den Hals**

KARL   **die gibt's nicht mehr, verdammt**

PETRA   **das Licht**
der Schein vom Feuer, das da brennt
das Rot
wirft Schatten an die Mauern
Schatten von dem Kind

FRANZ   **es rührt sich nicht**
es sitzt nur da
es schaut

PETRA   **ins Rot, ins Flammenrot**

KARL   **gibt Mond und Sterne nicht**

PETRA   **ins Rot**

KARL   **nur schwarze Nacht**

PETRA   **was hat es da, das Kind?**
kann das wer sehn?
in seiner Hand,
was es da hat?

KARL   **ein Stock**
ihn übers Feuer hält

FRANZ   **und auf dem Stock?**
was ist denn das?
kann durch den Rauch hindurch
ich kann nichts sehn?

PETRA   **wenn ich's nicht besser wüsst**
würd sagen: »Wurst«
hat eine Wurst sich aufgespießt und macht sie warm

KARL   ist keine Wurst

PETRA   vielleicht ein Brot

KARL   nein, auch nicht

FRANZ   nein

PETRA   Kartoffel

KARL   nichts davon

FRANZ   nein, nichts

PETRA   da kommt der Wind
          durchs eingeschlagne Fenster
          schaut!
          und bläst den Rauch kurz fort
          ich kann es sehn
          mein Gott
          es ist
          es ist ein Bein
          ein Bein
          ein Fuß mit einem Stück vom Bein

FRANZ   am Stock
          und aufgespießt

KARL   ins Feuer

PETRA   brät's ein Menschenbein

FRANZ   am Stock, am Spieß

PETRA   mein Gott
          weil's Hunger hat

KARL   den gibt's nicht mehr

PETRA   und warum dann?

KARL   aus Langeweile

PETRA   lässt den Stock jetzt falln

ins Feuerrot lässt Stock und Bein
hat's uns gehört?

KARL verdammt
ich seh nichts mehr
seh nur mehr Rauch
wie eine Säule in dem Haus

PETRA jetzt steht es auf
das Kind
es geht vom Feuer weg
ich kann's nicht sehn
wo ist es hin?
verdammt, ich kann's nicht sehn
ich kann's nicht sehn
das Kind
verdammt!
jetzt schnell!
eh's uns entwischt

1. TEIL
WARTEN

(1)

LINDE   sie kommen, hörst?
        sie kommen

OTTO   was?

LINDE   sie haben angerufen

OTTO   beide?

LINDE   nein, der eine nur
        hat angerufen, hat gesagt, sie kommen
        er und dann sein Bruder noch, hat er gesagt,
        der Ältre, Erstgeborne
        hat gesagt, er nimmt den Jungen, nimmt ihn mit
        dass beide kommen

OTTO   schau dich an
        die Brüder kommen
        weiß man auch, vielleicht, warum?

LINDE   nein, nicht
        das weiß man nicht

OTTO   dann ruf den Jungen an und frag
        man muss das wissen
        sag ihm das
        ich muss das wissen
        dass ich's wissen muss

LINDE   du kannst ihn selber fragen
        weißt du ganz genau,
        dass mir der Junge sicher nicht die Gründe sagt
        der Alte hat ihm einen Maulkorb, höchstwahrscheinlich,

umgehängt,
damit sie kommen, uns mit ihren Gründen,
möcht man sagen,
überfalln

OTTO   das haben sich die beiden prächtig ausgedacht
sich einen Plan gemacht geheim
die wahren Gründe hinter diesem Plan versteckt,
dass man nicht sehen kann die Gründe
gut versteckt

LINDE   ich hab's versucht
beim Alten, wohlgemerkt
nach ihren Gründen ihn gefragt
»ja muss man immer einen Grund
was ist denn das, dass man sofort mir einen Grund,
und auch dem Bruder,
unterstellt
es könnt ja Liebe sein
der Grund, warum wir kommen,
könnt ja Liebe«

OTTO   Blödsinn

LINDE   hat er nicht gesagt,
die Liebe
hat er nicht
das sag jetzt ich
das mit der Liebe
war nur deutlich in der Stimme
konnt man hörn
war ganz empört, die Stimme

OTTO   kann's mir blühend vorstelln, Linde
praktisch in den Ohren hör ich's

LINDE   weil der Grund ja Liebe
müsste!
müsst ja Liebe

und die Frage, meine, unsre, nach den Gründen
ihm und sicher auch dem Jungen
einen Stich ins Herz versetzt

OTTO   weil wir von Gründen, Trieben, von Motiven ausgehn
und von einer Liebe nicht

LINDE   das hat er nicht gesagt
man konnt's nur trotzdem hörn

OTTO   man hätt durchs Telefon hindurch dem Ältren
einen Schlag versetzen solln,
wenn's möglich wär durchs Telefon,
dass er die wahren Gründe,
nicht die Lügenliebe,
ausspuckt aus dem Maul

LINDE   ich sag viel lieber »Mund«

OTTO   von mir aus
aus dem Mund
den Grund, den wahren, spuckt
der Ältre
EINER halt
könnt auch der Junge sein
weil sind die beiden sich so nah,
durch das, was man Genetik nennt,
könnt's möglich sein,
dass, wenn man einem mit der Faust,
der Schlag sich quasi quantentechnisch, glaub ich, fort-
setzt von dem einen in den andern
übertragen wird
den einen schlägst und spuckt's der andre aus
den Grund
weil sie genetisch
die Verbindung
Brüder
sind vom gleichen Blut sind sie

LINDE   da hast du, Otto, recht, vom gleichen Blut, die Brüder,
Söhne, was die Zeugung anbelangt vom gleichen Blut,
von deinem, denk mir grad, das ist doch schon ein bisschen komisch, dass man Blut und nicht viel eher Samen
sagt, weil du ja nicht das Blut von dir in mich hinein, beim
Zeugen von den Brüdern, nicht dein Blut, den Samen hast
in mich, vom gleichen Samen sind die Brüder, sagt man
halt nicht so, das wär schon komisch, wenn statt Samen
Blut aus dir, aus dem Geschlecht statt Samen Blut, gekommen, komisch

OTTO   ja, das wär sehr komisch, Linde

LINDE   kann an der Genetik kann's auf jeden Fall nicht liegen,
Otto,
dass der Schlag vom einen auf den andern
und den Grund nicht ausgespien
hab wohl am Telefon
beim Reden mit dem Ältren
alles falsch hab ich gemacht
das tut mir, Otto, leid
das ist jetzt wirklich meine Schuld

OTTO   das ist nicht schlimm

LINDE   sehr lieb von dir
ich bin auch nicht alleine schuld
das muss man sagen
bin ich nicht
hast schließlich du in mich die Brüder reingespritzt
drum müssen wir die Schuld ganz einfach brüderlich
hätt ich schon fast gesagt jetzt »brüderlich«
wie Mann und Frau natürlich!
teilen

OTTO   ja, von mir aus
gib schon her
die eine Hälfte nehm ich mir
von dieser Schuld

und auch von der, dass aus den Brüdern nichts
aus beiden nichts
weil beide, nein, zu nichts gebracht

LINDE   wer weiß, es könnt ja sein,
dass dieser Grund, den sie geheim, die Brüder,
das Motiv
könnt auch was Schönes sein

OTTO   das glaub ich nicht

LINDE   die Liebe

OTTO   sag,
du, Linde,
magst vielleicht der Schuld kurz selber hinterher
und rüberkommen her zu mir?
weil, schau!
da, wo die Schuld, der Samen und das Blut,
ich mein,
da macht die Hose eine Beule jetzt,
die ist ein bisschen eng sogar

LINDE   ach, Otto, diese Schuld,
die kann jetzt keiner von uns nehmen
viel zu spät
mir setzt das auch grad ziemlich zu
ich komm schnell hin zu dir
auf deinen Schuldenberg steig ich
jetzt spür ich deine und die meine, Otto,
spür ich auch

OTTO   das ist ja wirklich schlimm mit uns

LINDE   ja sehr
das nimmt kein gutes End

OTTO   wie diese Schulden hier zusammenkommen

LINDE   wachsen

OTTO   Schulden über Schulden

LINDE   kannst mir deine Schuld, wennst magst

OTTO   sehr gern
           wer ist denn an der Türe jetzt
           die Brüder können das nicht sein
           das gibt's doch nicht
           sind das die Brüder jetzt?

LINDE   das glaub ich nicht

OTTO   ich kann ja nicht mit diesem großen Schuldenberg in mei-
           ner Hose drin mich vor die Brüder stelln
           jetzt geh schon runter da von mir
           das gib's doch nicht

LINDE   ach, Otto

OTTO   hättest wirklich sagen können,
           dass die Brüder schon am Weg

LINDE   das sind die Brüder, Otto, nicht
           weiß auch nicht, wer da kommt
           gerade jetzt
           verflixt
           hab deinen Schuldenberg bestiegen
           grade eben
           läutet's an der Tür
           jaja! wir kommen
           sind gleich da!
           verdammt
           ich komm nicht runter
           hilf mir mal!

(2)

KARL   wo bleibst du denn?
        ich steh und wart
        schau mir die Gegend an
        beschissne, drecksbeschissne Gegend, denk ich
        klopf dann an die Tür

LINDE   ich komm ja schon

KARL   tret mit dem Fuß dagegen
        hämmre mit der Faust
        steh in der Kälte rum

LINDE   verdammt!

KARL   was dauert denn so lang da drin?
        ich steh mir hier die Beine in den Bauch
        vor einem Scheißhaus, Franz!, an einer Autobahn
        beschissne Gegend
        weiß nicht wo
        auf halber Strecke
        zwischen Nichts und Sichernochmehrnichts
        am Parkplatz auf der Autobahn

FRANZ   hab einen Schwanz im Mund

KARL   jetzt, Franz!

FRANZ   der schmeckt nach einer Woche Leben schmeckt der
        sag's dann auch dem Typen
        »schmeckst nach einer Woche«, sag ich
        schaut mich an
        versteht kein Wort
        nehm ihn heraus aus meinem Maul und sag's nochmal
        »nach einer Woche Leben schmeckst!«
        steh auf
        »ach leck mich!«
        spuck den Schwanzgeschmack
        das Leben

spuck ich aus und geh
was schreist denn so?
ich war am Klo

KARL   hat ziemlich lang gedauert

FRANZ   Tschuldigung!
der Karl steht und schaut mich an
was is?
den Kopf geschüttelt, weggeschaut
sich umgedreht
den Blick hinaus

KARL   auf diese Landschaft zwischen Nichts und Nichts hinaus
die Autobahn fast völlig ausgestorben
fährt nichts mehr
paar Laster noch
mit sicher nichts in diesen Kästen drin
bleibt keiner stehn

FRANZ   dann kommt der Typ vom Scheißhaus raus
den brauchst nicht fragen
hab ich schon
der is zu Fuß

KARL   verdammt

FRANZ   dann heißt's jetzt einfach warten

KARL   tolle Gegend hier
zum Warten
dass ein Auto stehen bleibt
uns mitnimmt
wie gemacht dafür
weißt, Franz, in Zukunft wird auf einem Parkplatz nie
mehr ausgestiegen
hörst
in Zukunft
schlechter Plan
das war ein wirklich schlechter

unbeschreiblich schlechter Plan
ein Parkplatz irgendwo im Irgendwo
schau dich mal um
was ist denn das?
was soll das sein?
die Gegend da
in der wir rumstehn
toller Plan!
am Arsch der Welt

FRANZ   die nächste Abfahrt hätt uns, Karl, nichts gebracht
nach Süden runter
nichts
das weißt du ganz genau

KARL   noch nicht mal Tiere gibt's hier
sicher nicht
in dieser Gegend sicher nicht
verschlägt hier sicher nicht mal Tiere her in diese
ja, vielleicht zum Sterben
falls es Tiere
kommen nur zum Sterben her
falls du hier Tiere sehen solltest, Franz,
die sterben grad

FRANZ   verenden

KARL   was?

FRANZ   das Tier VERENDET, Karl
sterben kann es nicht
verenden!

KARL   toll
ich frag mich nur, ob endlich einer kommt

FRANZ   wir warten, würd ich sagen, einfach mal

KARL   dass einer kommt
ein toller Plan
dass endlich

FRANZ   gib die Flasche her!

KARL   weißt, Franz, das nenn ich Endlichkeit,
          wenn man aufs Endlich-Kommen wartet

FRANZ   gib die Flasche her

KARL   na gut
          dann warten wir

FRANZ   genau

KARL   und wird schon einer kommen
          scheiß auf diese Gegend
          Arsch der Welt
          bestimmt
          und stirbt die Hoffnung ja bekanntlich ganz zuletzt
          ein Glück

FRANZ   halt's Maul!

KARL   ich frag mich immer, was das heißt:
          »die Hoffnung stirbt zuletzt«
          was heißt denn das?
          und ob das Hoffnung
          soll das Hoffnung geben?
          ja?
          dann möcht ich wissen: bitte, WAS?
          wenn alles tot
          die Hoffnung nicht
          was daran Hoffnung

FRANZ   Karl, ein Auto!
          fuck
          vorbei

KARL   die Dinge alle tot, die Hoffnung hat sie alle abgewartet,
          alle, bis zuletzt, bis alle tot, dem letzten Ding vermutlich
          hinterhergerufen: »komm gleich nach«, ruft sie, die Hoff-
          nung, »komm gleich nach, ich sterb zuletzt, ich wart nur
          kurz«, schaut sich noch einmal um, ob sie auch keinen

übersehn, »nein, alles weg«, sagt sie, die Hoffnung, alles
weg, »ich geh dann auch«, sagt sie
verendet
stirbt
naja, wie schon gesagt,
zuletzt
und dann?
was ist denn dann?
jetzt gib die Flasche wieder her
und dann?
das möcht ich wirklich wissen
nach der Hoffnung
Franz

FRANZ   weißt was? mir is das scheißegal! was nach der Hoffnung
is mir sowas von, das is mir völlig, halt die Schnauze jetzt!,
das is mir völlig, könnt dran liegen, dass ich selbst so weit
noch nicht gekommen bin, dass dieser Folgezustand, dass
die Zukunft von der Hoffnung mich beschäftigt haben
könnt, bisher, das muss ich leider sagen, selbst bin ich so
weit noch nicht, in meiner eignen Zukunft leider gar nicht
angekommen, nein, weshalb das Seelenheil der Hoffnung,
falls' das gibt, ich weiß es nicht, ihr Leben nach dem Tod,
das is mir scheißegal, und für den Fall, dass es tatsächlich
für die Hoffnung einen Himmel, könnt ja sein, in dem sie
weiterlebt, dann hängt sie dort vermutlich mit der Liebe
rum, die is schon lange tot und wartet, dass noch wer zu
ihr in diesen scheißverdammten Himmel kommt und ihr
das Fötzchen leckt, der blöden Sau

KARL   und jetzt?

FRANZ   jetzt wird gewartet

KARL   ja
sie hat nur »ja« gesagt
am Telefon
ich sag: »wir kommen«, sag ich
sie drauf »ja«

sonst nichts
nur »ja«

(3)

PETRA   werd sagen: nicht
            geh nicht
            du kannst noch bleiben, werd ich sagen
            kommt so selten einer her zu mir
            drum kannst du wirklich bleiben
            aufgerechnet auf die Zeit,
            die keiner da gewesen ist,
            ist, dass du da bist, fast schon nichts,
            wenn man das gegenrechnet mit der Zeit,
            wo du noch nicht gewesen
            fast schon nichts ist das
            so kurz
            geh nicht,
            sag ich
            er wird sich umdrehn wird er in der Tür
            und auf der Schwelle kehrt
            wird auf mich zu
            zurück
            wird er zurück
            geh nicht, hab ich
            geh nicht
            wird bleiben
            auf mich zugehn
            wird mit seinen Augen
            grüne Augen
            in mich schaun
            wird er
            mit seinen Lippen
            seine auf die meinen legen
            Lippen aufeinander
            seine

meine
flüstern
spinnen
Speichelfäden
Worte wird er sagen
unerhörte Worte
er und ich
und wie die Brüste
meine
an den Spitzen spitzer werden
werd ich spürn
und gegen dieses weiße Kleid,
in das ich eingehüllt,
sich drängen meine spitzen Brüste durch das Kleid
durchbohrn's
und weint das Kleid
nein blutet Honig
wie's die Brüste durchgestoßen
ihm entgegen
aufgetan die Lippen
oben
unten
werden zwischen meinen Beinen Lippen
werden Wörter formen
ohne Ton,
die niemand je gesprochen
aufgebrochen ist das Siegel
ich
und eingetreten er
und ihn mit Lippen kostend
ihn empfangen werd ich haben
oben
unten
er in mir
und auf ihn stürzen werd ich
auf ihn sinken
fallen werd ich auf ihn zu

und nochmals
nochmals
immer wieder
fall ich auf den Liebsten, der da einst
und bleibt
und immerdar
werd auf ihn fallen bis er aus sich in mich kommt
und ist
und bleibt
ein ganzes Meer in mir aus ihm wird sein
und wird am Rand des großen Wassers
in mir drinnen
wird am Rand die Sonne sich erheben
aufgehn wird sie in mir drin
am Rand des Wassers
mit der Sonne bricht der Tag
und neue Welt
werd auf ihn fallen
lauter Atem
seiner
meiner
fast wie Wind
wird sagen
er
der Liebste

EDITH   Petra!

PETRA   sagen wird er

EDITH   Petra! hörst!

PETRA   nicht so, nicht so!
mit leiser Stimme
flüstern wird er

EDITH   kommst du endlich?
muss ja raus
das weißt du ganz genau
ich muss gleich raus

PETRA   nein, falsch, falsch, falsch!
         ich sag: »sag nichts«, sag ich
         und »psst«
         und leg den Finger auf die Lippen ihm
         sag nichts

EDITH   wo bleibst du denn, verdammt!
         man muss anscheinend immer extra
         muss dich holen
         muss die alte Mutter
         kommen muss die
         muss dich holen,
         weil von selber kommst du nicht
         was machst du denn?
         schaust wieder blöd beim Fenster raus?
         wofür ist das denn gut?
         da draußen gibt's zum Sehen nichts

PETRA   ich dreh mich um, sag,
         so halt, Mutter
         halt nur so
         starr Löcher in den Himmel

EDITH   mach das Fenster zu
         ich hab nichts an
         ich frier
         jetzt schau dir an, wie ich beisammen bin
         stürzt alles ein in dem Gesicht von mir
         stürzt alles ein, seitdem die Plage
         wenn ich nicht die Haare hätt
         die hohen Wangenknochen nicht
         die blauen Augen
         Augen stürzen niemals, weißt
         ich würd mich selber nicht erkennen mehr
         im Spiegel
         tu schon was und schau nicht nur

PETRA   geh von dem Fenster weg und auf sie zu
         leg beide Arm um sie

EDITH   ich hab als Kind dich immer schön gemacht
          soweit's halt möglich war
          das ist das Mindeste,
          was eine Mutter sich erwarten kann,
          dass das zurück
          dass das zurückgegeben wird
          von einer Tochter
          hab nur eine
          drum von dir

PETRA   ich heb sie hoch
          aus ihrem Stuhl
          trag aus dem Zimmer sie

EDITH   das Kleid!

PETRA   das hol ich dann

(4)

KARL   wir stehn am Straßenrand
          vom Parkplatz weggegangen
          sind zu Fuß die Bahn entlang
          schon ziemlich dunkel
          nicht mal Mond

FRANZ   paar Sträucher
          Baumstumpf
          setz mich hin

EDITH   mir tun die Füße weh

FRANZ   ich kann nicht mehr
          mir tun die Füße weh

KARL   ich weiß

FRANZ   lass gut sein, Karl, für heut
          es kommt nichts mehr

wir bleiben hier
die Nacht
wir bleiben einfach hier
ist doch egal

KARL   wir sind zu langsam, Franz
das dauert alles viel zu lang
wir kommen noch zu spät
da kommt ein
hörst du das?
da kommt ein
hey!

FRANZ   ich sitz am Baumstumpf, schau ihm zu
er springt, er winkt
läuft auf das Auto zu

KARL   der bremst
der Fahrer bremst

FRANZ   der Wagen langsam wird

KARL   und an den Rand gelenkt

FRANZ   bleibt fast schon stehn

KARL   am Pannenstreifen

FRANZ   schwarzer Golf

KARL   rollt langsam aus
jetzt komm!

FRANZ   steh auf vom Baum

KARL   lauf auf den Wagen zu,
der fast schon steht
jetzt Franz, komm her!

FRANZ   von hinten ich
komm aus der Dunkelheit
aus dem Geäst, Gesträuch

KARL   dann gibt der Gas, verdammt

FRANZ   wie ich ins Licht vom Auto

KARL   gibt der Gas, verdammt
die blöde Sau
was soll denn das?
halt an! bleib stehn!
was gibst denn Gas?

FRANZ   fährt einfach los

KARL   du blöde Sau!
was soll denn das?
lässt uns in dieser Gegend stehn?
es wird gleich Nacht, verdammt
das gibt's doch nicht
mir reicht's
ich geh allein
wir trennen uns

FRANZ   sag, spinnst?

KARL   die haben Angst
das sieht man doch
zwei Männer in der Nacht
wen wundert's
schau uns schau dich an
wir kommen hier nicht weg zu zweit
wir trennen uns
ich fahr allein
wir sehn uns dort

FRANZ   lässt mitten auf der Straße lässt mich stehn?

KARL   das ist nicht mitten auf der Straße

FRANZ   mitten steh ich hier

KARL   dann geh zur Seite

FRANZ   nix da!

KARL   lass mich los
        jetzt nimm die Hände weg

FRANZ   was, wenn ich Angst, wenn ich so ganz alleine Angst, was
        ist denn dann? wenn ich so mutterseelnallein am Weg und
        bleibt ein Auto stehn, und zwei im Auto sind und steigen
        aus, könnt sein, dass MIR mal was, das könnt verdammt
        nochmal könnt's auch passiern, dass MIR mal was viel-
        leicht passiert

KARL   das glaub ich kaum
        du kannst dich wehrn
        schau dich mal an
        die Hände
        schau sie an!
        die andre auch!

FRANZ   steckt in der Hosentasche drin
        die rechte Hand
        zur Faust geballt
        steckt in der Hosentasche drin

KARL   die andre auch!

FRANZ   nehm ich die Hand heraus
        die rechte Faust

KARL   mach auf!

FRANZ   der Stahl darin
        ganz spitz und scharf
        geht in der Hose immer auf

KARL   wir sehn uns dort

FRANZ   bleib da
        ich scheiß auf dich!
        hier mitten auf der Straße
        scheiß ich auf dich drauf

KARL   das ist nicht mitten auf der Straße

FRANZ   mitten steh ich scheiß auf dich

KARL   das möcht ich sehn

FRANZ   sehr gern
so schnell kannst gar nicht schaun

KARL   hast du die Hosen unten, nicht?
das hab ich mir gedacht,
dass du sehr schnell
beim Hosenrunterlassen bist du schnell

FRANZ   du blöde Sau

KARL   jetzt Franz

FRANZ   du kannst dich selber »franzen«
Arschloch

KARL   gib die Flasche her!
wir sehn uns dort

FRANZ   lässt mich jetzt einfach stehen hier

KARL   ja mitten auf der Straße

FRANZ   hau schon ab
hau ab, zieh Leine
schleich dich
wird die Nacht allein verbracht
am Straßenrand
mir ganz egal
geh ich allein
zum Baumstumpf geh ich
setz mich hin
beim dürren Hollerstrauch
mit keinen Blättern drauf
Geäst, Gesträuch
das schützt vor Wind und Wetter nicht,
denk ich
stech mit dem Messer in den Baum

ins morsche Holz
dreh's in der Wunde einmal rum
zieh's wieder raus
schnitz in den Stumpf ein »F«
schreib meinen Namen mit dem Messer
unterschreib ich in den Baum
dann roll ich mich in Plastik ein
grab in die Böschung mich
schau in die Nacht
kein Mond
der Hollerstrauch wirft einen Vogel
tot
auf mich
vielleicht ein Lied gesungen
mal
der Vogel
weiß man nicht
dann Nacht

(5)

PETRA   *(von der Zukunft singen)*

sie wird den Mund
wird auftun wird sie ihn
und wird ein Wort daraus
das muss wer reingelegt
das muss wer
sicher er
als er bei ihr
wird in ihr mal gewesen sein

wird Fleisch ums Wort
herumgesponnen
wird
sie spricht

das Wort
das Kind
auf ihrer Zunge reiten
seinen Namen kennt noch nicht

EDITH   sag, singst du?

PETRA   nein
ein großer Teller aus Metall
auf nacktem Stahl
die kalte Mutterfrau
am Boden ausgeschüttet in der Dusche liegt

EDITH   ich hab's gehört, dass du gesungen
sicher hast gesungen
heiß! das brennt! das brennt! mach's aus!

PETRA   da war noch Schaum

EDITH   du lügst

PETRA   da war noch Schaum

EDITH   wenn ich noch Kräfte hätt
das Lügenmaul mit heißem Wasser
kochend heißem Wasser
waschen würd ich's dir, das Maul
vor meinem war noch Schaum, sagt sie
weil ich die Tollwut hab
jetzt heb mich raus
und gib die Plastikschürze weg damit
da bleib ich immer kleben dran
das mag ich nicht
wie ich das hass
das blöde Plastik auf der Haut
wie ich das hass
hast du gehört
du sollst die Schürze

PETRA   heb sie hoch
          mir an die Brust
          durchs Zimmer trag ich sie
          zum Stuhl
          bevor sie loslässt
          beißt sie zu

(6)

LINDE   vom Schuldenberg hinabgestiegen
          komm ja schon!
          mach ich die Türe auf
          ach, du!
          das hab ich ganz
          vergessen hab ich das
          wie schön
          komm rein

PETRA   ich schieb den Stuhl,
          in dem die Mutter sitzt,
          ins Haus hinein
          ins Nachbarshaus

LINDE   es ist die Edith, Otto!
          die von drüben und die Brüder nicht!
          ja grüß dich, Edith
          Petra, bleibst du auch?

EDITH   nein nein
          es liegt zuhaus noch sehr viel Arbeit rum

PETRA   genau
          da leg ich mich jetzt gleich dazu
          auf Wiedersehn

EDITH   jaja

LINDE   sie schaut ein bisschen blass aus um die Nase

EDITH   ach
        die scheut das Sonnenlicht
        die Arbeit und das Licht
        in ihrem Alter hab ich drüben dieses Haus gebaut
        der tote Mann und ich das Haus
        ich frag sie jeden Tag,
        ob's irgendwas auf dieser Erde gibt,
        das VOR ihr nicht schon dagewesen
        fällt ihr nichts drauf ein
        sag, Linde, willst mich stehen lassen hier?
        hier draußen?
        schiebst mich rein, vielleicht!

LINDE   es ist die Edith,
        Otto!
        bist du schon
        ich mein
        so weit?
        er war noch schnell
        ich glaub
        am Klo

EDITH   aha

LINDE   ja schön, dass du mal wieder rüber schaust
        zu uns
        zum Otto und zu mir

EDITH   jetzt schieb mich rein!
        hier zieht's

OTTO   ja, Edith, grüß dich!

EDITH   oh, Herr Pensionär, ich grüß Sie herzlichst
        ob der Herr vielleicht die Güte hätt
        vom Flur mich wegzuschieben
        weil die Zugluft
        Himmelherrgott
        soll ich aufstehn, selber gehn?!
        das kann ich nicht!
        ob das nicht an den Füßen liegt

OTTO   ich schieb dich herzlich gern
          den Stuhl, in dem du sitzt

EDITH   sehr freundlich
          weil die Frau von dir,
          die lässt mich einfach stehn hier draußen
          in der kalten Luft lässt die mich stehn

LINDE   ach was, wir haben halt geplaudert noch

EDITH   das wär ja noch viel schöner,
          dass ich mir im kalten Zug den Tod
          zuerst die Plage überleb
          und dann an Schnupfen sterb

LINDE   ich mach dann Tee!

OTTO   die Linde, weißt, hat ganz vergessen mir zu sagen, dass du
          kommst,*
          die Linde
          nichts gesagt zu mir
          bist selber her
          gefahrn?

EDITH   natürlich nicht!
          vor eurem Haus der Schotterweg
          da bleibt der Stuhl drin stecken
          geht das Selberfahren nicht
          das hab ich euch schon tausendmal gesagt
          seit ihr hier hergezogen dieses Haus gekauft

LINDE   das ist jetzt schon paar Jahre ist das her
          da hat's den Stuhl, in dem du sitzt noch nicht
          bist noch zu Fuß bist du gegangen
          damals

EDITH   mit den Stöckelschuhn im Schotter dauernd umgeknickt

LINDE   die Tochter hat sie hergebracht

EDITH   drin fast versunken
          blöder Schotterweg

OTTO   wie geht's denn der?
        der Tochter

EDITH   was?

OTTO   wie's deiner Tochter geht

EDITH   wie's wem?

LINDE   der Tochter

EDITH   weiß ich nicht

OTTO   was heißt, das weißt du nicht?

LINDE   hat sie sich eingelebt?

EDITH   in mich?
        das Kind ist alt genug

OTTO   das stimmt
        und Kind ist's auch keins mehr

EDITH   da hast du recht
        das einzge Kind, von dem zu sprechen lohnen würd,
        ist das, das irgendwann mal unten
        höchste Zeit
        aus dieser Trockenheit
        aus ihr glaub kaum, dass ich den Tag erleb
        das müsst der jüngste sein dann von den Tagen
        würd die Sonn vom Himmel falln
        naja
        fehlt halt der Mann dazu
        weil Männer gibt's hier nicht
        und eure beiden?

OTTO   wer?

EDITH   die Söhne, die ihr habt

LINDE   die Brüder
        ja
        die zwei

was soll ich sagen
Otto?

OTTO   hab mit ihnen nicht am Telefon gesprochen, Linde
das warst du

EDITH   geht's ihnen gut, den Söhnen

LINDE   ach, die schlagen sich halt durch, die zwei
die Brüder
wie wir alle
schlagen sich halt durch
der Erstgeborne, Große, besser

OTTO   ja, so ist das halt,
dass sich die Großen besser schlagen

EDITH   fehlt mir der Vergleich
bei meiner Tochter
gibt nur sie
und keine zweite
schöne Ironie,
dass sie die Erstgeborne
nach ihr nichts mehr nachgekommen
ist zugleich die Letzte
sie
das ist doch eine schöne Ironie
wenn man die Erste ist
und keiner nachkommt,
ist zuletzt gekommen
man
hat das nicht Gott gesagt?
das hat doch Gott
ich glaub
die Ersten werden auch, hat er gesagt,
die Letzten sein, hat er gesagt
da hat er recht, der Gott
wenn man allein ist
hat er recht

er ist ja selber auch allein
der Erste und der Letzte
hat er recht
der Gott

LINDE   was ist denn das?
schon wieder an der Türe wer?

OTTO   das sind sie jetzt, die Brüder
sind jetzt da
mit ihrem Plan

EDITH   das glaub ich nicht

OTTO   doch doch
die Brüder

EDITH   nein
das ist zu früh
das tut mir wirklich leid

OTTO   ja geh schon hin, mach auf den Brüdern, Linde

LINDE   ich?

OTTO   ja du
mach auf

EDITH   ich wollt euch vorher noch
hab ein Geheimnis
wollt ich euch erzähln

LINDE   da steht ein Mann
vor unsrer Tür
wer ist denn das?

EDITH   die Liebe

OTTO   kann nicht sein
es ist ein Mann

EDITH   nein, meine!
meine Liebe!

LINDE   Edith, nein, das Geld
es ist das Geld!
was will denn der?
heut ist der Monatserste nicht

EDITH   jetzt macht schon auf, verdammt
darf ich euch vorstelln
Sepp

LINDE   man kennt sich ja
das Geld

SEPP   grüß Gott

OTTO   der Mann vom Geld
schau an

EDITH   jetzt kennt ihr mein Geheimnis, nicht

LINDE   das freut uns, Edith, sehr
wenn das so weitergeht,
stehst noch von deinem Rollstuhl
stehst noch auf
das macht die Liebe
und die rosa Backen
sind mir, wie du bei der Tür bist reingefahrn,
sofort die rosa Backen aufgefalln
das macht die Liebe

OTTO   alte Liebe rostet nicht

LINDE   da hast du, Otto, recht!
der Stuhl
der mit den Rädern
rostet
drauf die Edith
rostet nicht

OTTO   der Schuldenberg, denk ich
in meiner Hose, Linde,
bleibt der, glaub ich,

heute bleibt der
unberührt

LINDE   Sepp, setz dich

(א+7)
Vom Ende
die Unsterblichen

SEPP   ja, dann sitzt er da, der Tod, im Schoß die dürren Hände
liegen, atmet, nein, natürlich nicht, schaut grade aus,
starrt Löcher in die Luft, zum Anschaun keiner da, seitdem die Zeit er fortgeschickt, ist keiner da, und ist nun, er,
der Tod, nicht länger unter seinem altbekannten Namen
anzutreffen, würd – käm einer, eine auf ihn zu und ihn
beim Namen rufen – würd er gar nicht wissen, wer gemeint, sich nicht mehr angesprochen fühln, weil er zum
Tod-Sein aufgehört, weil er von nun an Ewigkeit, nachdem die Zeit er totgemacht, nachdem nichts mehr vergeht,
weil alles schon vergangen ist, ist er die Ewigkeit, der Tod,
das ist sein neuer Name: »Ewigkeit«, auf den er hört, sich
eine Krone auf den kahlen Kopf gesetzt, jetzt König
Ewigkeit, das ist jetzt er, der König Ewigkeit, in seinem
Reich, in dem nichts ist, nur alles mal gewesen, jetzt bloß
nimmermehr, im Schoß die dürren Hände, schaut sie an,
den Blick gesenkt, so sitzt er da, der alte König, hebt das
Haupt, und ringsum nichts, so weit das Auge reicht und
drüber raus nur nichts und nichts und wieder nichts in alle
Ewigkeit, das denkt der König, dieses End – er lächelt –
hört nie auf

(8)

PETRA   ich sitz und schau
          den Rest vom Tag
          beim Fenster schau ich raus
          den ganzen Tag
          gibt's nichts zu sehn
          nur einmal kurz ein Fuchs
          ganz dünn und mager
          Schatten nur von einem Tier
          und bei der Hecke wühlt im Müll
          den Kopf ganz tief
          liegt schwerer Hunger drauf
          da geht die Haustür drüben auf
          das alte Nachbarspaar
          verlässt das Haus
          und fort der Fuchs
          und wieder nichts
          fast ewig nichts
          dann seh ich's rascheln in den Bäumen
          hören kann ich's nicht
          nur rascheln sehn
          und wie ein Kopf ein brauner großer
          zwischen Bäumen
          kommt hervor
          aus dem Geäst, Gesträuch
          vier lange dünne Beine
          durch das Gras
          und steht im Garten drüben
          steht ein Hirsch
          steht einfach so
          und riecht und steht und schaut
          mit riesig schwarzen Augen
          schaut mich an
          und rührt sich nicht
          und schaut mich an
          zu mir herauf

nein nein ich täusch mich sicher nicht
ich geh
ich geh vom Fenster weg
ich mach es zu
ich mach das Fenster zu
schaut immer noch
noch immer hoch,
der Hirsch
die Hörner, das Geweih
zwei tote Bäume,
denk ich
trägt der mit sich rum am Kopf
und dreht die Ohren, riecht
und kommt ein zweiter aus den Bäumen
kommt, bleibt stehn und hebt den Kopf
und hoch
und schaut zum Fenster rauf
schaun beide rauf
was wollt ihr denn?
was wollt denn ihr von mir?
hört auf!
ich geh aufs Klo
dann wieder hoch
stehn die noch immer da
im Gras
und schaun
und schaun
und rührn sich nicht
dann plötzlich
Ohren spitzen
Kopf zur Seite
schnell
und kehrt
und springen
sind sie beide weg
das Fenster wieder aufgemacht
schau raus

da seh ich S I E
wie sie die Straße her
und zu aufs Haus
und in den Garten rein beim Tor
und kurz im Garten stehn
im Gras
wo vorher noch
dann in das Haus
die zwei

EDITH   was machst denn auf dem Boden da?

PETRA   ich war so schwer
das Stehen auch
war auch so schwer
das Stehn und ich warn beide schwer
drum geb ich auf, hab ich gesagt
das Stehen aufgegeben
ich
wollt näher an der Erde sein
mich hingelegt
ein wenig nur

EDITH   die Erde gibt's hier nicht
das ist ein Plastikboden

PETRA   drunter ist die Erde dann

EDITH   du kannst sehr gerne mit den Händen graben
kommt das Holz, der Bretterboden
unterhalb Beton zuerst
dann kommt der Stein
das Haus auf Stein gebaut
vor tausend Jahrn
da war dein Vater noch auf Erden
nicht den Felsen weggesprengt
das hätt sich keiner leisten können
nein, der Herr baut nicht auf Sand
das Haus auf Stein
steh auf!

PETRA   dein neuer Mann hat alles ausgetrunken

EDITH   was?

PETRA   er ist gekommen
        warst nicht da
        hat alles ausgetrunken

EDITH   Blödsinn

PETRA   nein
        natürlich nicht
        noch reichlich da für dich
        hast dich geschreckt?
        ich geh mal wieder hoch
        schön langsam
        schneller geht nicht
        Tschuldigung

EDITH   verkriech dich in dein Zimmer,
        unter deine Decke
        grab dich in der Erde ein

PETRA   du, Mutter, weißt,
        wenn ich so tief am Boden lieg und du nicht da,
        dann ist's, als hätt die Zeit wer angehalten
        ist's, als würd sie stillstehn, weißt
        als könnt ich ewig liegen bleiben
        ist's, als würd nichts kommen mehr
        nur dann: dann kommst ja du!
        was für ein Glück!
        dass ich noch immer lachen kann
        das find ich gut
        das find ich wirklich gut,
        dass ich
        ein Glück

EDITH   steh auf!

PETRA   ich glaub die Liebe, Mutter, kommt
        ich kann sie hörn

EDITH   steh auf!

PETRA   ich mein natürlich deine
          meine nicht
          die war zu ungeduldig
          meine
          konnt nicht länger warten,
          dass es Mutter besser geht
          der alten kranken Mutter, die so plötzlich
          ganz allein
          konnt meine Liebe nicht drauf warten
          leider
          lange her
          ach schau!
          die Liebe!
          deine

SEPP   Schmetterling
          wo bleibst du denn?

PETRA   was machst du, Mutter, frag ich mich,
          wenn du mich ausgetrunken hast?

SEPP   was machst du denn?

EDITH   ich komm ja schon

PETRA   ich kann nur Raupe sehn

EDITH   kannst was?

PETRA   von diesem Schmetterling
          kann ich nur Raupe sehn

EDITH   halt's Maul
          Sepp, bring mich weg

PETRA   doch sie, die Liebe, er
          kann sehn, was in dir drinnen tief verborgen
          kann die Zukunft sehn, die Liebe, er
          von dir

den Schmetterling
wenn nur kein Vogel kommt
und frisst
den Wurm

EDITH Sepp, bring mich weg, hab ich gesagt

PETRA nur bis der kommt
das muss ein großer Vogel sein
steh ich vom Boden
von der Erde steh ich nimmer auf
werd längst von Würmern aufgefressen sicherlich
und lieg so da
denk an die zwei,
die aus dem Nichts gekommen
plötzlich da
im Garten stehn
im Gras
wo bleibt ihr denn?
ich wart die ganze Zeit
die ganze Zeit allein, verdammt
wo seid ihr denn geblieben, ihr
so lang
das war nicht abgemacht
dass ich so lang auf euch
und ihr nicht kommt
und ich alleine warten muss
die ganze Zeit
die ganze Zeit davongelaufen
mir

2. TEIL
KOMMEN

(9)

FRANZ   wir kommen nicht mit Stift und Rechenapparat und set-
& KARL   zen unter eure Rechnung keine neuen Zahlen, unsre Zah-
         len, bessre Zahlen, fügen nichts hinzu und machen keinen
         Strich darunter, neue Summe, sagen nicht: »da habt ihr
         euch verrechnet, weil ihr ohne uns gerechnet habt, doch
         jetzt sind wir gekommen, um den Fehler auszumerzen
         aufzuklärn und eine Rechnung anzustellen, die MIT und
         nicht wie eure OHNE uns gemacht, weil ihr die Rechnung
         ohne uns gemacht, die habt ihr einfach ohne uns«, und
         sind wir nicht gekommen jetzt, nein, tut uns leid, um das
         MIT-UNS in eure Rechnung einzutragen, hinterher, nein,
         sind wir nicht, weil wir die Rechnung ernst und auch das
         Endergebnis, glauben euch, wir glauben euch und aner-
         kennen, dass die Rechnung, eure, ohne, völlig ohne, nein,
         wir kommen nicht, weil wir noch eine Hoffnung hätten,
         der gemäß noch eine neue Rechnung anzustellen möglich
         wär, die uns als Korrektur der Rechnung-OHNE-UNS
         ein andres Resultat versprechen könnt, mit dieser Hoff-
         nung sind wir nicht gekommen, weil nicht länger glauben
         wir, dass so ein Rechnen-mit-uns überhaupt noch mög-
         lich wär, weil dieses Rechnen selber an ein End gekom-
         men ist, wir glauben euren Zahlen, Resultaten, eurer
         Rechnung, habt bestimmt mit höchster Richtigkeit ge-
         rechnet, ihr, die Rechnung richtig angestellt, gewiss, wir
         nehmen euch beim Wort, bei eurer Zahl, bei eurer Rech-
         nung werdet ihr genommen werden, klingt nach Dro-
         hung, ist es auch!

LINDE   was für ein Schreck
         da sitzt ihr beide da

euch reingeschlichen
wie ein Dieb
gekommen in der Nacht
gleich zwei sogar von diesen Dieben
Otto, komm!
die Brüder sind
wir kommen heim
geh bei der Türe rein
mach Licht
und sitzen, vorher Dunkelheit

FRANZ   ich grüß dich, Mutter

LINDE   ihr!
ja hallo
hallo Franz
und Karl
hallo
auch
die Brüder, sitzen, Otto

KARL   grüß dich

LINDE   Otto, kommst du mal!
jetzt sind die Brüder da
ich hab mich schon am Telefon gefragt
als mich der Ältere angerufen,
was der Grund von euch

KARL   die Liebe

FRANZ   Vater, grüß dich!

LINDE   schau, die Brüder, Otto
schau

OTTO   ich schau sie an
und weiß nicht, was ich sagen soll

KARL   wie wär's mit »hallo«

OTTO   hab mein Leben lang geschuftet,
          fällt mir ein
          das fällt mir plötzlich ein
          mein Leben lang
          dass ich geschuftet hab
          was wollt ihr denn?
          was führt euch her?
          was habt ihr vor?
          ihr habt bestimmt was vor
          man kommt nicht einfach grundlos
          grundlos kommt ihr nicht

KARL   die Liebe

FRANZ   Bruderliebe

OTTO   Blödsinn
          nichts davon
          seid ihr beim Fenster rein?

KARL   die Tür stand offen

OTTO   was, die Tür?

LINDE   die hab ich zugesperrt
          nein wirklich, Otto

FRANZ   Mutter, gräm dich nicht
          es wird mal heißen:
          »immer offen für die eignen Kinder
          stand die Tür von ihr«

OTTO   durchs Fenster rein

FRANZ   wie geht's denn so?

LINDE   wem? uns?

KARL   ja euch!
          natürlich euch
          wie geht's?

LINDE   ach so
           natürlich, ja
           natürlich
           gut geht's uns
           dem Otto und auch mir
           nicht wahr?

OTTO   natürlich geht's uns gut

KARL   das freut uns
           die Natürlichkeit des elterlichen, euren!, Glücks
           das freut uns

FRANZ   schönes Haus!

LINDE   und euch?
           zwei ausgezehrte Wölfe
           eingedrungen in das Haus
           beim Fenster,
           denk ich
           springen gleich
           falln über ihn und mich
           falln die wie Tiere her

KARL   hätt Hunger

LINDE   was?

KARL   ich hätte Hunger

FRANZ   hätt ich auch

KARL   wir waren lange unterwegs
           bei Wind und Wetter
           hat am Weg nicht viel gegeben
           fast schon nichts

FRANZ   ich schau mal, was so da ist

LINDE   gibt nicht viel

FRANZ   was heißt das: »gibt nicht viel«?

OTTO   es gibt hier nichts

FRANZ   ich schau mal trotzdem nach

OTTO   wo willst denn schaun?

FRANZ   im Kühlschrank

LINDE   ach

KARL   da schau ich mit

OTTO   ich dacht, ihr wärt aus Liebe hier, so hat's der Ältre doch
gesagt, dass ihr aus Liebe, sag's nur nach und wär ich
selber, zugegeben, zwingend nicht auf den Gedanken
draufgekommen, dass die Liebe euer Grund, nur wenn's
der Ältre sagt, will ich's ihm glauben, frag mich nur, warum von dieser Liebe man nur Hunger sieht, das frag ich
mich, warum man von der Liebe nur mehr Hunger sieht
ich geh ins Bett

LINDE   da geh ich
Otto, wart auf mich
da geh ich mit
gut Nacht!

(10)

PETRA   die Mutter schläft
die Liebe auch
kein Hirsch zurückgekommen
auch kein Fuchs
die Augen kurz nur zugemacht
dann auf
und plötzlich
unten
drüben
in dem Garten
roter Punkt

im Garten
unten
drüben
glüht ein roter
schwach
dann röter wird und hell
und wieder schwach
das ist kein Auge, nein, von keinem Tier
da steht wer unten
drüben
in dem Garten
steht wer
raucht
kann sein Gesicht
kann das nicht sehn
da ist die Glut zu schwach
das Rot nicht hell genug
ich seh's nicht
seh dich nicht
seh nur dein Rot
die Glut
kann dich nicht sehn
kommst du zum Rauchen immer?
kommst du immer raus?
zum Rauchen?
in den Garten immer raus?
jetzt zeig dich
zeig dich schon
jetzt mach schon
mach!
mach Licht!
mach mehr das Rot!
mach hell
dann plötzlich
plötzlich fort
die Glut zu Boden fällt
das Rot

verschwunden
weg
hinabgestürzt
das Hell
und Rot
und nimmermehr
wo ist die Taschenlampe?
kann ja mit der Lampe kurz
ganz kurz
kann schaun, ob der noch da
und welcher von den beiden
Blödsinn
dummer Einfall
blöder Plan
und außerdem
ist wieder rein ins Haus
ist sicher nicht im Garten
unten
drüben
in dem Garten
ist der sicher nimmermehr
nur dann, dann kann ich,
denk ich,
ruhig
kann nichts passiern
nur kurz ein bisschen
bisschen Licht
ein Blitz
ein Lichtblitz nur
ganz kurz
der Kegel von der Lampe
fällt herab das Licht
vom Fenster
auf der Straße landet
überquert
und bis zum Gehsteig geht
zum Gartentor

und reicht nicht weiter
geht nicht in den Garten rein
das Licht, verdammt
verliert sich in den Sträuchern
in der Hecke
geht verlorn
das Licht
im Zaun
Geäst, Gesträuch
vom Fuchs gefressen,
denk ich
plötzlich
unten
drüben
in dem Garten
blitzt ein Feuer
steht noch immer
stand der da
jetzt wieder raucht
die Lampe aus der Hand gefalln
verdammt
doch nicht so laut!
das weckt sie
weckt sie alle auf
vom Fenster weg
und auf den Boden runter
Lampe aus

OTTO   ich kann nicht schlafen, Linde
         kann ich nicht
         muss an die Brüder muss ich denken

LINDE   Milch und Wurst
         im Kühlschrank gibt es Milch und Wurst,
         die an den Rändern Falten wirft
         das stört uns, Otto, nein, das stört uns nicht
         kann von den Brüdern ruhig gefressen
         tote Wurst und saure Milch,

kann ruhig gefressen werden
schlaf jetzt, Otto
musst nicht länger denken dran
nein, an den Kühlschrank wirklich nicht

OTTO   ich denk nicht an den Kühlschrank, Linde
was die Brüder,
wenn der Kühlschrank leergefressen
ihre Bäuche voll,
raubt mir den Schlaf
der Kühlschrank nicht
verdammt
du bist so blöd
wie man so blöd sein kann
der Kühlschrank, glaubt sie, macht mir Sorgen
nein
zum Stehlen sind die hergekommen
weiß ich ganz genau
ich kann den Hunger sehn

LINDE   ist nur ein kurzer Hunger
rasch gestillt, wirst sehn, der Hunger
ach, was red ich: »Hunger«
Appetit!
das ist kein Hunger
Appetit!
was wärn denn das für Zeiten, dass das Hunger
wärn ja dunkle
lächerlich
wärn dunkle Zeiten
zugegeben
kommt uns Alten heftig vor
der Appetit der Söhne
heftig
eine Laune sicher
schnell vorbei
wirst sehn,
bis ich bestiegen hab

den Schuldenberg erklommen
ist die Laune von den Söhnen längst vorbei
ist die
und ich noch immer
auf dem Schuldenberg
und auf dir reit
und in den Morgen rein
mit dir

OTTO   geh runter da, ich kann jetzt nicht

LINDE   ich will!
ich muss
ich darf
man wird doch wohl noch dürfen dürfen
hab grad Appetit auf dich

OTTO   wir sind im Haus alleine nicht
falls du's vergessen

LINDE   solln sie's hörn!
die solln's ruhig hörn wie gut
dass es den Alten gut, nein, besser
besser geht's als »gut«
es geht uns prächtig
solln sie's hörn, wie prächtig, wunderbar
das Leben
unsres
immer noch
die solln's ruhig hörn

OTTO   hör auf!

LINDE   dass du mir, Otto, immer noch so eine Freude machst
nach so viel Jahrn
fast halbe Ewigkeit
passt dein Geschlecht in meins
ganz wie am ersten Tag

EDITH   wie du gekommen bist
         am ersten Tag
         und immer wieder
         jeden Ersten, Monatsersten
         mit dem Geld da in der Türe stehst

SEPP   ich halt es hin
         das Geld
         du nimmst's

EDITH   in dem Kuvert

SEPP   machst eine Unterschrift
         ich schau dir lange zu

EDITH   dass ich so ewig lang zum Unterschreiben brauch
         seit dieser Körper
         eine Plage über ihn gekommen
         kommt sonst keiner her
         nur mit dem Monatsersten Geld
         von einem Mann gebracht
         kommt mit dem Geld die Liebe
         sieben dürre Jahre
         endlich hinter mich gebracht
         wie dürr ich bin
         dass du das magst
         die dürre Frau
         dass ich so ewig lang zum Unterschreiben brauch

SEPP   und ich dir helfen muss dabei
         die Hand nicht von alleine geht

EDITH   es geht schon
         danke geht schon
         geht!
         und schau nicht so!
         ich kann nicht gehn
         genau!
         das sieht man doch!
         drum sitz ich hier

im Stuhl mit Rädern dran
weil ich nicht gehen kann
so! fertig unterschrieben
nimm die Hand jetzt weg!

SEPP es stehn zwei Wörter da
am Zettel

EDITH schau nicht so!,
hab ich gesagt

SEPP steht auf dem Zettel
nicht der Name

EDITH »LIEBE« steht

SEPP zwei Wörter hingeschrieben

EDITH »Liebe«!

SEPP keine Unterschrift

EDITH und »VÖGELN«

SEPP und der Name nicht

EDITH hast mich ins Bett getragen dann
kommst seither immer wieder liegst du da

PETRA am Boden lieg ich immer noch

EDITH liegst immer wieder da

PETRA und schlägt mein Herz so laut
das weckt sie auf
das weckt sie alle
grab's drum ein
das laute
in die Erde grab ich's ein

EDITH werd wieder heil, mein Liebling, weißt
werd wieder heil
weil mir die Tochter
tut mir wirklich gut

PETRA   das Haus auf Stein gebaut
         beim Graben drauf gestoßen
         alle Finger
         alle zehn
         am Stein mir wundgekratzt beim Graben
         regnet's Blut daraus

EDITH   die Dürre braucht nur bisschen Feucht
         dann wieder heil
         wirst sehn

PETRA   mir Mutter aus den Fingern trinkt

EDITH   du auch!
         schon morgen

PETRA   Herz aus Stein
         grab's in der Erde
         schlaf ich
         ein

(11)

FRANZ   den Kühlschrank leergefressen
         komm von draußen rein
         hast alles leergefressen?

KARL   nichts
         weil nichts zu fressen
         alles auf den Boden rausgeworfen
         saure Milch!
         die kann sich Mutter selber saufen

FRANZ   hast gehört?
         du kannst dir deine saure Milch
         die kannst dir selber saufen!
         sagt dein Erstgeborner, Mutter
         sag's nur nach

KARL   die schläft schon fest, die kann nichts hörn

FRANZ   mit saurer Milch die Kinder großgezogen
          ranzig kam's aus spitzen Brüsten raus
          da lob ich mir,
          wenn ich am Scheißhaus Schwänze melk
          da weiß man immer, was man kriegt
          ich schluck es nicht
          und manchmal Geld
          ich hab kein Hunger
          geh mal raus
          vorm Haus im Garten steh ich
          rauch

KARL   ich muss das Kopuliern jetzt leider unterbrechen,
          tut mir leid
          steh in der Tür
          sie stelln sich tot, die zwei
          dort wo ich herkomm sagt man zum Geficke
          »Schulden-Machen« sagt man
          weiß ich nicht, wie's dazu kommt
          dann geh ich hin
          schütt saure Milch ins Ehebett

LINDE   geh weg!
          Jetzt, Otto, mach doch was
          geh weg!

OTTO   ja was?
          was soll ich denn?
          ich hab's gewusst
          sag nur, ich hab's gewusst

KARL   Entschuldigung!
          hab mir gedacht, weil ich der Erstgeborne bin,
          komm ich als Erstes her
          der Franz spielt draußen noch im Garten,
          kommt dann rein, bestimmt,
          ich fang jetzt trotzdem schon mal an

LINDE   das muss doch nicht um diese Zeit
         schon lang nach Mitternacht
         wir schlafen schon
         der Vater schläft
         und ich mit ihm
         wir schlafen schon
         das kann doch warten
         bis der Morgen morgen kommt kann das doch warten
         muss doch nicht um diese Zeit
         um diese schwere Zeit
         die Zeit ist wirklich
         schwere Zeiten sind das
         Himmelherrgott, Otto, tu doch was!

OTTO   was willst du, Karl?
         was ist so wichtig,
         dass es nicht bis morgen warten kann?
         was kann das sein?
         was kann so wichtig sein
         ich kann mir vorstelln: nichts!

KARL   nein, Vater, leider, es pressiert
         und kann nicht warten
         ich!
         muss drauf bestehn
         noch in der Nacht
         ich schlaf nicht mehr
         schon lang nicht mehr
         es bleibt für so viel Zeit so wenig Geld
         das bringt mich lang schon um den Schlaf,
         dass für die Zeit, die kommt, das Geld nicht reicht
         ich hätt gern, Vater, Mutter,
         heut das Geld der Zukunft schon
         so würd ich sagen
         wenn ihr fragt
         das Geld der Zukunft
         jetzt!

LINDE   das ist doch lächerlich
        sag, Otto, hörst du das?

OTTO   natürlich hör ich das
        ich lieg im Bett, hab keine Hosen an
        steht dieser
        Sohn!
        vor mir
        das ist der Grund
        nicht Hunger, Appetit
        zum Rauben sind sie hergekommen
        nichts, es gibt hier nichts
        kein Geld
        das Haus gekauft vom Rest
        sonst gibt's hier nichts
        die Rente kommt am Monatsersten
        morgen schon
        was für ein Zufall
        bist du grade recht gekommen
        hast du Glück
        was für ein Glück
        kannst dich auf morgen freun
        kommt mit dem neuen Morgen kommt das Geld,
        für das du hergekommen bist mit deinem
        Bruder!
        könnt ihr haben, morgen, wenn der Geldmann kommt
        paar Scheine im Kuvert
        ich unterschreib euch gern den Wisch
        und dann haut ab
        haut ab ihr zwei
        in eure Stadt,
        in der's nach Menschen stinkt
        haut ab!
        und raus jetzt, raus!
        ich werf dich eigenhändig
        vor die Tür, verdammt
        hier schläft der alte Herr mit seiner Frau

das ist das Schlafgemach
in Würde hat man sich zurückgezogen
in das Alter
nackt werf ich den eigenen Sohn hinaus mit dir
da zwischen meinen Beinen
nackt
das Genital, mein Schöpferschwanz,
mit dem ich dich in diese Frau,
die Mutter heißt,
hineingezeugt
wo ist der Samen?
wo?
der Samen
her damit
gib ihn zurück
sofort
ich will ihn wiederhaben
jetzt
wenn heute Zahlnacht ist
wenn abgerechnet wird
dann bitte her damit
ich treib die Schöpferschulden ein
am letzten Tag
am Monatsletzten
zahlst an deiner Zeugung ewiglich, mein teurer Sohn
ach hätt ich ihn, den Samen,
besser aufgespart im Samensack
nicht ausgestreut für dieses –
Nichts!
von einem –
raus jetzt
raus!
verdammt
ich sagte,
raus jetzt

(12)

PETRA   nicht
        geh nicht
        du kannst noch bleiben
        kommt so selten einer her
        bist von den Hirschen einer, hab ich recht?
        ich hab euch kommen sehn
        gleich zwei
        sitzt du schon lange da?
        beim Fenster rein
        schaust mir beim Schlafen zu

FRANZ   war rauchen vor dem Haus

PETRA   hab deine Glut gesehn
        das Rot
        und du mein Licht
        nicht wahr?
        magst nicht noch näher
        komm doch her ein bisschen
        näher

FRANZ   bin durchs Fenster rein
        im Zimmer steh
        liegt eine Frau am Boden
        schläft
        ich schau ihr zu
        weiß nicht,
        warum
        bin ich mein Bruder nicht

PETRA   seid eingebrochen in das Nachbarshaus ihr zwei
        jetzt du bei mir
        seid ihr zum Stehlen da
        stiehlst du jetzt mich
        vielleicht
        wer weiß
        stehl ich auch dich

weil, weißt,
ich hab nicht viel
bin innen hohl
fast ausgetrunken
ist zum Stehlen nicht viel drin
gebrochner Becher
ausgeschüttet lieg ich da
hebst du mich auf und nimmst mich mit
vielleicht
wer weiß
stehl ich auch dich
ich wär so gern
bis an den Rand gefüllt
weiß nicht womit
komm her
noch bisschen näher
her

FRANZ   ich muss
muss los
mein Bruder
hörst?
wir sind
die Nachbarsbrüder sind wir

PETRA   kommst du wieder?
kannst auch unten raus
durchs Haus
und bei der Tür
der Schlüssel steckt
falls du was brauchen kannst
am Weg nach draußen
nimm's ruhig mit
weil mir gehört hier nichts
gut Nacht
auf bald

(13)

KARL   wo bleibst du denn?
               ich steh und wart
               schau mir den Garten an
               in finstrer Nacht
               kann fast nichts sehn
               kommt aus dem Nachbarshaus gestiegen
               kommt der Franz
               ich pfeif ein zweites Mal

FRANZ   hab was geholt
               zum Essen
               da
               fang auf
               hab ich der Alten, die da wohnt,
               gestohln

KARL   hat's dich gesehn?

FRANZ   natürlich nicht
               ich konnt sie schnarchen hörn

KARL   das Geld kommt morgen

FRANZ   was?

KARL   das sagt der alte Mann im Ehebett
               dass morgen Geld
               der Geldmann kommt am Monatsersten morgen
               mit dem Geld
               sonst gibt's hier nämlich nichts
               wenn nicht der Geldmann kommt
               und jeden Ersten das Kuvert
               die Rente bringt
               gibt's nichts
               die müssten ewig leben, dass ein Geld reinkommt
               die zwei
               das nenn ich Ironie

ich schieß mich tot
nein, lieber sie
nur geht das nicht,
weil sie ja leben müssen
ewiglich
damit am Ende von der Ewigkeit
sich eine Summe angespart
ein Kapital
das man dann Erbe nennt
und das man erben könnt
das »man«, das heißt »wir zwei«
nur andrerseits
sie müssten, bis das Ende eintritt,
tunlichst sich mit »nichts« begnügen
könnt man nur von gar nichts leben,
würd am Ende vieles übrig bleiben
Ironie
für dieses Sparmodell der Ewigkeit
man müsst schon längst gestorben sein
dass Zukunft kommt,
müsst man die Gegenwart beenden
fragt sich nur,
wie nach dem Ende man ins Morgen kommt

FRANZ   vom Fenster drüben blitzt kurz Licht
das sieht er nicht, der Karl
sieht es nicht

KARL   gibt's bei der Alten drüben was?
gibt's was zu holen da?

FRANZ   glaub nicht

KARL   bin auch zu müd dafür
man kann ja morgen mal
ich leg mich schlafen
Betten gibt's hier nicht für uns
dann gute Nacht

FRANZ   ich schlaf hier draußen schlaf ich ein
im Garten
im Geäst, Gesträuch
das Licht nicht mehr gekommen
dunkle Nacht

(14)

PETRA   *(in die Zukunft singen)*

sie wird das Haus
wird lassen wird sie es
und wird die Mutter nicht mehr tragen
nicht von ihrem Blut mehr trinkt
das eigne Fleisch
bevor's zerfällt
wird einmal Leben
in ihr mal gewesen sein

wird Fleisch vom Mann
herausgewonnen
wird
sie küsst
den Mund
den Mann
in ihr Geschlecht sie nehmen
seinen Namen kennt noch nicht

der Morgen kommt
es kräht ein Vogel fällt vom Himmel tot herab
ob ihn die Füchsin frisst?
die ihre Pfoten wundgegraben in der Erde
sagt die Liebe:
»würd sehr gerne deine Tochter kosten«,
sagt die Liebe
geht

beim Haus hinaus,
die Liebe, er
und mit dem Geld

EDITH   wo bleibst du, Petra
liegst noch rum?

PETRA   nein, Mutter, nein
ich bin schon da
und lang schon wach
hab einen Tunnel mir gegraben
hab dein Kleid dabei

(15)

LINDE   ich hab Kaffee gemacht
es gibt nur leider keine Milch
die ist uns, unerklärlich, ausgegangen über Nacht

OTTO   was für ein Glück
ich mein,
was für ein unerhörtes Glück,
dass du und ich
dass wir die Milch nicht gut vertragen, Linde
dass wir zwei seitdem ich denken kann
ganz ohne Milch und schwarz

KARL   erstaunlich
ganz wie wir
nicht wahr?

FRANZ   es muss die Unverträglichkeit der Milch
die muss ein Erbe sein

LINDE   genau

KARL   wie schön

OTTO   das find ich auch
ich hätt ja gestern fast herausgehört,

dass eine Unzufriedenheit
das musst du wissen, Franz, du warst nicht da
den Karl aufgebracht
in später Nacht
dass viel zu wenig für euch abgefalln

LINDE   ach was!

OTTO   am nächsten Morgen schaut die Welt
zum Glück, nicht wahr?,
gleich wieder anders aus
die Sache mit der Milch
die Unverträglichkeit
von diesem Erbe hat man gestern, nein,
noch nichts gewusst
ihr habt ja doch was abbekommen
nicht?

KARL   war das ein Witz?
sag Franz, war das ein
ja ich glaub, das war ein Witz

FRANZ   ich weiß nicht recht

LINDE   ach, Otto, wirklich
einfach ausgegangen ist die Milch
ist doch egal

KARL   nein, Mutter, nein
ich täusch mich nicht
lass dich umarmen, Vater
gut gewitzt!
sehr gut sogar
vortrefflich gut
der alte Herr
wie gut der witzt

LINDE   jetzt lacht sogar der Franz lacht sich fast tot
du hattest, Otto, völlig recht mit deiner Theorie,
was die Verbindung von den Brüdern anbelangt

KARL   so wird's wohl sein
dass unsre Bruderschaft der Grund
an der Verwandtschaft muss es liegen
nicht am Leben selbst
nicht an der Welt
und an den leeren Kassen nicht
bloß daran,
dass wir nacheinander
uns den gleichen Mutterkuchen teilten

FRANZ   noch Kaffee?

KARL   sind nacheinander aus demselben Unterleib,
Geschlecht des Unglücks,
wir gefalln
und ergo dann halt aus der Welt

FRANZ   nur umgekehrt
der Zweitgeborne, ich, der fiel zuerst
der andre hinterhergestürzt
zum Glück sehr weich gelandet
lag ja selbst noch dort
bist du in mich gestürzt
fing ich dich gerne auf
kein Knochen ging zu Bruch
bei dir

KARL   ich fiel dir einfach hinterher

FRANZ   so muss es wohl gewesen sein

KARL   aus der Verwandtschaft kam's
nicht aus der Welt

FRANZ   verrückte Zeiten
stehen Kopf
der Kronprinz folgt dem Narren nach

KARL   im Sturze nur

LINDE   ach, Blödsinn

OTTO   Linde, nein
die Brüder haben recht!
es wird der Thron nicht abgegeben
habt ihr völlig recht!
nicht vor der Zeit
und merkt euch wohl:
die Zeit ist lang!

KARL   das ist uns, Vater, völlig klar,
wie lang die Zeit
ein Pfeil ist diese lange, eure, Zeit
ein Pfeil,
der stets nach oben zeigt
nach oben, Vater
immer nur nach oben zeigt die Zeit für euch
Progress
der Aufstieg, Vater, Mutter
von der Zeit emporgehoben, ihr
wir falln
egal!
ihr schreitet mit der Zeit
nicht nur voran, nein
hoch und immer höher
ringsum fällt's an euch vorbei, hinab
was schert's die Zeit
was kümmert sie der Sturz der Dinge
ihr egal
es zieht die Welt vorbei
nach unten halt
hinab
das zeigt den Aufstieg an
solang die Dinge untergehn, steigt sie hinauf
und nimmt euch mit
gebenedeit von allen Genitalen, nein, Geschlechtern
ist die Gnade ganz mit euch
und eine Doppelgnade ist's!
oh gnadenreiche Spätgeburt

was wart ihr froh
und jetzt noch für den Untergang,
wie's scheint, geborn zu früh
was für ein Glück!
es reicht das Gnadenbrot für euch das geht nie aus

OTTO   was kann der Mensch für seine Zeit?

LINDE   das hast du, Otto, gut gesagt
das hast du wirklich gut
ich glaub, da kommt jetzt wer
da ist wer an der Tür
nur reinspaziert, nur rein!

OTTO   na endlich

SEPP   Gott zum Gruße

OTTO   kommt das Geld

SEPP   Besuch!
schau an
ich bin gleich weg

FRANZ   nein nein
ein langersehnter Gast

KARL   wir sind die Söhne

SEPP   ach
ich will nicht störn
ich muss nur kurz den Vater und die Mutter
schnell für eine Unterschrift die zwei entführn

FRANZ   das kann ich auch

LINDE   jetzt sei nicht lächerlich
geh weg da, Franz
lass mich vorbei

KARL   ach, Mutter, sei nicht so
wir unterschreiben gern für euch

der Franz und ich
wir sind ja zwei
kann jeder einen Namen schreiben
schreib ich einfach »Mutter« hin
der Franz den Vatersnamen schreibt

SEPP   sehr lustig, ja
es muss natürlich der Empfänger
selber unterschreiben
mit Verlaub, die Herrn

KARL   ja, sag ich doch

FRANZ   das Geld empfangen wir

SEPP   ach so?

OTTO   Geburtstag

SEPP   was?

OTTO   die Söhne, ja
Geburtstag

LINDE   ganz genau
was schenkt man denn zwei ausgewachsnen Brüdern,
Söhnen, Männern, sonst
ein Geld

SEPP   ja gut
ich bräucht, dann Linde, wieder hier
und, Otto, hier die Unterschrift
wie immer, bitte, bitte sehr

OTTO   sehr gern

KARL   Herr Geldmann, Tschuldigung
wo muss ich unterschreiben, wenn ich alles nehm?

SEPP   wie meinen? was?

KARL   ja, wenn ich alles nehm
ich mein, das ganze Geld

SEPP   es haben beide Eltern unterzeichnet schon
          drum ist das gar nicht nötig
          diese Sohnesunterschrift
          und hier das Geld

FRANZ   ich nehm's schon mal

KARL   ich mein den Rest
          das andre Geld
          das ganze andre Geld
          wo muss ich unterschreiben? wo?

SEPP   das andre Geld, das ist das Geld der andern

KARL   Geldmann, wenn du klugscheißt, tut's gleich weh

LINDE   sag, Otto, hörst du das?

OTTO   natürlich, Linde, ja!

KARL   dann nochmal, Geldmann:
          wo ich unterschreiben muss
          für alles

SEPP   Otto, sag, kann's sein, dass das ein Überfall
          von deinen Söhnen, jetzt?
          vielleicht?

OTTO   natürlich nicht

FRANZ   da hast du völlig, Vater, recht!
          ich mein, hab ich das Messer schon
          das in der Hosentasche
          rausgenommen, aufgeklappt
          und in der Luft damit herumgeschnitten
          mit dem Stahl?
          das hab ich nicht
          drum gibt's hier, würd ich meinen, keinen Überfall
          Gespräche nur
          greif in den Hosensack

KARL   so, scheiß drauf, Geldmann
           gib schon her die Tasche mit dem Rest
           vergiss die Unterschrift
           die Tasche!

FRANZ   bleibst du stehn, verdammt!

LINDE   Franz, lass den Mann da los

FRANZ   es ist die Transaktion
           das Bankgeschäft noch lang nicht abgeschlossen,
           Mutter

LINDE   Otto!

KARL   Schnauze jetzt und aufgepasst,
           dass da kein Missverständnis,
           keiner sagt, die Brüder warn zum Rauben warn die da
           die Brüder
           nein, Kredit!
           wir nehmen nicht das fremde Geld
           der fremden andren Leute
           nein, das Geld der Eltern aus der Zukunft nur
           das Geld, das kommt
           wir nehmen's heute schon
           das ganze Geld, das kommt

FRANZ   zum letzten Mal:
           wo muss man für das Geld der Zukunft unterschreiben
           Geldmann, wo?
           hab einen Stift aus Stahl zur Hand

OTTO   da, Linde, sieht man jetzt den wahren Grund,
           weshalb die Brüder heimgekehrt
           warum uns nicht schon gestern Nacht
           im Ehebett ermorden meuchlings?
           Diebesräuberbande räudig in der Nacht dahergelaufen

FRANZ   lass schon los, du alter Sack, die Tasche
           muss ich in den Bauch dir schreiben?
           lass schon los, verdammt!

SEPP   da schaut ihr jetzt, ihr Pfeifen
        glaubt doch nicht,
        dass so ein Geldmann ohne Sicherheit
        von Haus zu Haus das Geld
        seit Jahren schon
        und unverletzt
        glaubt ihr das echt?
        ganz ohne Sicherheit
        so wie die Zeiten sind, verdammt
        die Tasche her
        das Geld, sofort
        und Abstand halten
        bitte sehr!

PETRA   die Tür stand offen

SEPP   du?
        was, was machst denn du?

PETRA   die Tür stand offen, Tschuldigung
        die Mutter wollt so dringend hier das Kleid,
        das dunkle,
        zeigen in der Nachbarschaft

FRANZ   kommst grade recht
        wir werden hier von diesem Mann bedroht

PETRA   was sagst du dazu, Mutter?
        steht die Liebe einfach so bei fremden Leuten rum
        hat eine Waffe in der Hand
        was sagst du dazu, Mutter?
        nein, sie spricht heut nicht

SEPP   was ist denn los mit ihr?
        jetzt Edith, Liebling, sag schon was

FRANZ   der rastet völlig aus, der Mann
        der rastet völlig aus
        kommt bei der Tür herein
        steht mit der Waffe da

LINDE   jetzt lüg doch nicht

FRANZ   halt's Maul!

SEPP   der hat ein Messer
Räuber sind das
Räuber
stehln das Geld

KARL   wer sind die denn?

OTTO   das sind die Nachbarn
Frau und Kind!

KARL   wer hat denn dich gefragt

PETRA   du bist der Bruder, nicht?
ich hab euch kommen sehn
in dunkler Nacht
war höchste Zeit für euch

KARL   du hast da was

PETRA   ach das
da hat die Frau im Stuhl sich an mir festgebissen
nicht so schlimm
bevor mich auch die Liebe trinkt,
hab ich gedacht,
schau ich mal rüber
müsst mal kurz paar Tage weg
wollt ich nur sagen euch
damit ihr's wisst
zwei Hirsche warn im Garten gestern Nacht
der eine kam zu mir

KARL   da hat er nichts gesagt

PETRA   er wollt mich fast schon stehln
was würdst du sagen, Mutter,
wenn du eines Morgens wach wirst
ist die Tochter weg

von einem fremden Mann gestohln
vielleicht von zwein

SEPP   jetzt halt dein Maul und nimm die Mutter mit
fahr weg mit ihr, hau ab
das ist ein Überfall!
kapierst du das?

PETRA   was stiehlst du denn?

SEPP   nicht ich, du blöde Kuh
die beiden da!
ich steh in Notwehr hier
verdammt, das gibt's doch nicht
wie man so blöd sein kann
wie man so blöd

PETRA   du schützt das Geld
den Schatz der Alten, nicht?
hast dich ins Nest gesetzt
die Mutter vögelst
frisst dich fett
für gar kein Geld
bist in das Haus gekrochen, Wurm
trag ich die Mutter durch das Haus für dich
leg sie zu dir ins Bett
setz auf den geilen Schwanz von dir
die Mutter drauf
wenn's sein muss gern
werd in der Zukunft dich so wie die Mutter pflegen
ohne Geld
das mach ich alles ohne Geld
bis alles fort
bis ihr mich ausgetrunken
feist und vollgesogen
platzt der fette Wurm
kein Schmetterling im Innern drinnen
nichts
nur Blut

jetzt schieß doch, Liebe!
Geldmann, schieß!
geh auf den Geldmann zu
schau in die Waffe rein
ist da das Sterben drin
in diesem Loch?

FRANZ   wo muss ich unterschreiben, Geldmann?
hier?
die Mutter schreit
die andre auch
schreib meinen Namen
mit dem Messer schreib ich
in des Geldmanns Bauch

PETRA   da drinnen war es nicht, das Sterben
nein

KARL   verdammte Scheiße!
Scheiße, Franz!

FRANZ   halt's Maul!
du auch, in deinem scheißverfickten Stuhl
du auch! halt's Maul, verdammt!

KARL   wo ist das Geld?
wo sind die Alten hin?
jetzt komm schon!
schnell!

PETRA   geh mit den Brüdern, Mutter, mit
geh weg, geh fort
an jeder Hand ein Bruder
rechts der Franz
der Karl geht links
so geh ich, Mutter, fort mit zwein
das ist Gerechtigkeit
dass, wenn die alte Mutter, alt und krank,
noch einen Mann bekommt

bekomm ich zwei, verdammt
bekomm ich Tochter zwei
das ist gerecht,
dass Tochter zwei
weil eine Liebe nicht genug für mich
die ist mir nie und nimmer nicht genug
nur eine
eine Liebe
zwei!
zwei Hirsche sind gekommen
geht die Füchsin mit

EDITH   du machst mich heil
gefälligst
gehst du nicht!
du bleibst und machst mich heil
so war das abgemacht
bis ich aus diesem Rollstuhl steig
mich aus dem Stuhl mit Rädern dran erheb
und wieder heil
die Lahme gehen kann
weil ich nicht sterb und bald schon wieder geh

PETRA   dann raus mit dir
aus deinem Stuhl
vom Thron herab
gestürzt
jetzt sind wir, Mutter, quitt
liegst du am Boden
auf der Erde liegst
aus deinem Stuhl bist draußen
sind wir quitt
ich geh
die Füchsin
in den Garten
bald ist Paarungszeit

(16)

LINDE   nimm!, hab ich gesagt
         das Geld!
         jetzt nimm es schon, du Mann, das Geld

OTTO   genommen, weil's die Frau gesagt

LINDE   stehn wir im Garten

OTTO   Mann und Frau

LINDE   die Blätter feucht, ich auch, mit Tau

OTTO   stehn wir versteckt
         das Endgeschlecht
         verborgen von Geäst, Gesträuch
         im Garten stehn wir
         Mann und Frau

FRANZ   wo seid ihr denn?
& KARL   wir kommen durch den Garten schreiten wir
& PETRA wo seid ihr zwei?
         wir schreiten weiter
         wo?
         wir kommen nicht allein des Geldes wegen, nicht allein,
         weil ist beim Schreiten durch den Garten ist uns einge-
         falln, es könnt ja sein, dass nach dem Geld was übrig
         bleibt, wenn's erstmal weggenommen, könnt was bleiben,
         ideell, für morgen, wolln wir nicht verzichten drauf, das
         Ideelle mitzunehmen, nach dem Geld, wir wolln das
         MEHR-ALS-GELD, wenn alles fort und nichts mehr da,
         bleibt doch bestimmt nicht nichts, nicht wahr?
         wir schreiten weiter, suchen, geben, nein, so schnell nicht
         auf
         wo seid ihr denn?
         wir schreiten, suchen, Spuren lesen
         nichts

PETRA   ich kann sie sehn

KARL   da seid ihr

FRANZ   stehn sie, Mann und Frau
            gefunden euch

KARL   kein MEHR-ALS-GELD

FRANZ   und nichts, das Genital, die Blöße zu bedecken
            nichts
            ihr seid ja nackt

KARL   kein Erbe sonst
            hier gibt es nichts für morgen
            nichts
            weil wenn ihr zwei an morgen denkt,
            dann seid ihr selber dieses Morgen
            dann der andre Morgen, der nach Morgen kommt

PETRA   und wieder ihr

KARL   das Überübermorgen

PETRA   immer ihr!
            ihr folgt auf euch und folgt euch selber nach

FRANZ   ihr seid die stumpfe, dumme, impotente Zeit
            das ewig Gleiche

KARL   weil ihr nichts und gar nichts andres als das Gleiche wollt

PETRA   ihr wollt am Morgen selbst nur aufgehn
            steht und schaut hinaus aufs Meer
            und geht am Rand des Meers
            da geht ein neuer Morgen
            taucht am Horizont

KARL   nein falsch
            das seid ihr selbst

PETRA   und könnt kein Morgengraun erfinden euch,
            das nicht ihr selber seid
            weil ihr von dieser Welt nichts andres mehr erwarten
            wollt, als euch, euch selbst

nichts andres hofft,
als morgen wieder dort am Horizont
wie eine Sonne aufzustehn

FRANZ es muss die Welt nur Horizont

PETRA das Panorama muss sie sein

FRANZ der Hintergrund für eure Götterdämmrung
weil ihr längst unsterblich seid

PETRA ihr fresst hier alles auf, fresst alles auf
und werdet niemals satt
ihr fresst und fresst

KARL ein Leichenschmaus!
ihr habt die Welt
das Interesse
Wolln
das Denken einer andern Welt
die Politik zu Grab getragen

FRANZ sitzt beim Leichenschmaus und stopft euch voll
die feisten Leiber mit den fetten Resten
denkt es ist ein Fest
und Grund zum Feiern

PETRA fickt euch

FRANZ fick dich
Vater
Mutter

KARL dieses Fest ist um

FRANZ vorbei die Feier
aus, Begräbnis!
aus!
vorbei

FRANZ die Rechnung jetzt!
& KARL

FRANZ   sofort!
& KARL die Tafel abgeräumt
& PETRA Geschirr entzweigebrochen
        Gläser umgestoßen
        Tischtuch fort
        hinaus mit euch
        die Reste für die Tiere
        Dachs und Krähe
        Hirsch und Fuchs
        wir sind gekommen
        um das Ende dieses Fests bekanntzugeben
        aus!
        das Fest ist
        Vater
        Mutter
        aus

KARL   Entschuldigung
        ich schuld dir, Vater, noch
        hätt fast vergessen, dass ich Schulden hab

        hier hast du deinen Samen
        Vater
        wart
        hier kommt er
        hier
        zurück

3. TEIL
LEBEN, EWIG

(ℵ+17)
Im Ende
die Unsterblichen

LINDE   was ist denn hier geschehn?
           kann mir wer sagen?

EDITH   was?

LINDE   was hier geschehn,
           es ist mein Kopf in einer Weise eingedreht, die mit der
           Atmung sich nicht gut verträgt

OTTO   es steht mein Bein am Knie nach vorn
           die Scheibe ging, wie's scheint, zu Bruch

EDITH   mein Gott, es hat die Brust geöffnet mir mein Kind

SEPP   es steckt das Messer noch

EDITH   ich schau hinein in mich, seh in mir drin das Haus, in dem
           die Plage wohnt, ich sag zu ihm, der neben mir am Boden
           liegt, sag ich: »fass rein in mich und hol die Plage raus aus
           ihrem Haus, verjag, verscheuch sie, treib sie aus, soll nicht
           mehr länger in mir sein, da ich geöffnet bin«, macht hoch
           die Tür, die Tor macht weit!, jetzt fass schon rein, ver-
           dammt, fass rein!

OTTO   ich lieg so weit entfernt, komm auf die Beine nicht und
           auch nicht ran an dich, das Haus in dir und an die Plage
           nicht, jetzt merk ich, dass der eine Arm, der rechte, dass
           der fehlt

SEPP   könnt sein, dass ich gekommen bin zu liegen auf dem Arm
           von dir, könnt sein, ich seh nicht hin, mich drückt's im

Rücken drückt dein Arm vielleicht, ich dreh mich auf den
Bauch, geb frei den Arm, tatsächlich deiner, schau!

OTTO   es nimmt die linke Hand den rechten Arm, hebt ihn vom
Boden auf wie einen Stock führ ich den Arm, den ausge-
rissnen

EDITH   Stückchen noch!

OTTO   jetzt komm ich ran!

EDITH   mach hoch die Tür

OTTO   zieht's Messer raus die Hand am rechten Arm, dem aus-
gerissnen, zieht das Messer aus ihr raus

EDITH   die Plage auch! du sollst verdammt die Plage aus dem
Haus vertreiben, Himmelherrgott!

OTTO   komm nicht rein, ist's Loch zu klein

EDITH   jetzt helft ihm mal, ja Liebling, fass mit an!

SEPP   ich steh vom Boden auf zu helfen ihr, und aus dem Bauch,
auf den ich mich gedreht vorhin, da bleibt am Boden das
Gekrös von meinem Bauch in einem Haufen liegen das
Gekrös

LINDE   renk mir den Kopf zurecht
was liegt denn da?

SEPP   da war ein Loch im Bauch, draus das Gekrös die Innerei-
en sind hinabgestürzt

LINDE   gehn zu ihr hin und links und rechts an diesem Spalt in
ihrer Brust

OTTO   dort wo das Messer war

LINDE   wir ihre Brüste teilen

OTTO   fassen wir mit ganzer Kraft

LINDE   und links und rechts zu Boden

SEPP   wie ein Buch geöffnet sie

EDITH   und kannst sie sehn, die Plage? siehst?

SEPP   da ist ein Haus in dir

EDITH   ich weiß, verdammt

LINDE   er macht die Türe auf vom Haus

EDITH   darin die Endlichkeit zu wohnen pflegt

LINDE   das Messer nimmt

OTTO   und sticht sie tot

SEPP   ich stech sie tot

OTTO   die da im Innern sitzt

EDITH   schon geht's mir besser
         wunderbar

LINDE   die Brüste

EDITH   erst die Türe!

LINDE   wieder zugemacht

SEPP   vom Boden das Gekrös gehoben, angeschaut, das brauch
         ich nicht und nimmermehr

LINDE   es sitzt der Kopf wie eh und je

OTTO   der rechte Arm schon nachgewachsen

EDITH   schaut!

OTTO   uns gar nicht aufgefalln

LINDE   wir haben Publikum

SEPP   uns zugeschaut

EDITH   die ganze Zeit

LINDE   und einfach schaun und stehn

OTTO   dann langsam näher kommen

LINDE   kommen drei

OTTO   zwei große

LINDE   lange Beine

EDITH   staksen her

SEPP   ein kleiner noch

LINDE   als Drittes

EDITH   kommt ein roter Fuchs

SEPP   geht auf den Haufen zu, den ich zurückgelassen,
das Gekrös, der Hirsch

LINDE   frisst alles auf

OTTO   so wie der Fuchs den Arm von mir

EDITH   gehn auf uns zu

LINDE   die drei

OTTO   zwei Hirsche

EDITH   roter Fuchs

SEPP   und unsre Wunden lecken

EDITH   dringt die Zunge von dem Tier mir bis ins Herz

LINDE   ein Hirsch mir aus der Nase trinkt

OTTO   das ganze Blut

EDITH   das Rot mir von den Lippen eine Füchsin küsst

SEPP   bis nichts mehr da

EDITH   das Rot

LINDE   dann wieder gehn

OTTO   und fort

LINDE   die drei

(18)

KARL   steh vor dem Haus
als Erster angekommen
darf nicht rein
soll draußen, sagt sie, soll ich warten
wo der Bruder
scheiß auf den,
sag ich
bin ich der Hüter meines Bruders?
weiß ich nicht
wir sind getrennt gefahrn zum Schluss
lutscht sicher Schwänze, sag ich nicht
steh in der Gegend rum
die gleiche drecksbeschissne Gegend
wie die ganze Zeit
wo bleibst du denn?

FRANZ   komm ich zu spät?

KARL   sie hat gefragt nach dir

FRANZ   komm ich zu spät, hab ich gefragt

KARL   es ist noch nichts passiert
sie schreit nur
oft

FRANZ   dein Glück
hab mich am Weg hierher
und hatte wirklich Zeit
kein Auto stehn geblieben
lange Zeit beim Gehn
hab mich gefragt, was ich dir tu,
falls ich zu spät sein sollt

KARL   bin selber noch nicht lange da
        so schlimm kann's nicht gewesen sein

FRANZ   bin in ein Haus gebrochen
        gestern Nacht
        am Weg
        hab drinnen Milch gefunden
        da
        jetzt nimm!

KARL   für was soll das denn gut sein

FRANZ   nimm!

KARL   wofür?

FRANZ   jetzt nimm sie schon, verdammt
        die ist fürs Kind

KARL   du spinnst ja wohl
        die hat sie selber
        dann
        die Milch

PETRA   wo bleibt ihr denn?
        ich wart die ganze Zeit
        die ganze Zeit allein, verdammt
        wo seid ihr denn geblieben, ihr
        so lang
        das war nicht abgemacht
        dass ich so lang auf euch
        und ihr nicht kommt
        und ich alleine warten muss
        die ganze Zeit
        jetzt seid ihr endlich da
        die Brüder sind im Fuchsbau sind sie angelangt
        stehn sie beim Bett
        die Hirsche
        links und rechts
        habt ihr die Zeit genützt?

am Weg hierher?
euch ausgedacht
weil seinen Namen kennt noch nicht
die Mutter
auch die Väter nicht
es bricht das Siegel
jetzt

(ℵ+19)
Vom Ende
die Unsterblichen

SEPP   der kahle König, sitzt und sitzt und sitzt, sitzt immer noch
die ganze Zeit, die's nicht mehr gibt, weshalb das IMMER
NOCH des Sitzens falsch, weil's kein WIE LANG? mehr
gibt, weil nichts mehr teilt die Dauer, schlägt kein Herz,
kein Atem geht, der Augenblick von keinem Lidschlag je
mehr unterbrochen, starrt nach vorn, der König, er, ein
Schaun wie Stein, doch dann, was dann passiert, dem König, ihm, der Ewigkeit, das ist nicht möglich, kann nicht
sein, weil's ja das DANN nicht gibt, nicht mehr, nicht
existiert im Königreich, das DANN, wär da ein DANN
gewesen, würd – käm einer, eine auf ihn zu – man fragen
können: »wann?«, das ist doch unerhört, der König zürnt,
er ruft: »die Köpfe ab!« doch keiner da und keine Körper,
Köpfe, nichts, schaut in den Schoß, die dürren Hände
liegen wie Geäst, Gesträuch und tot, dann wandern sie,
die Hände, zu den spitzen Knien, und weiter dann, zum
Saum von diesem dunklen Kleid, das er, die Ewigkeit, der
König, sie, zu tragen pflegt und zieht am Saum und hoch
und weiter, weiter noch bis an die Brust, die Beine nackt
und nackt die Scham, und blickt hinab, und schaut ein
kleiner Kopf aus dem Geschlecht und schaut sie an

PETRA   es kommt!

(20)
Epilog
das Kind

Das Feuer brennt nicht mehr. Vom Regen ausgelöscht. Nur Rauch, wie eine Säule in dem Haus, das keins mehr ist, kein Dach, nur bisschen Mauerwerk, verfaulter Stockzahn, dieses Haus. Dann aus der Säule, aus dem Rauch das Kind erscheint. Es tritt hervor, geht auf uns zu, wird immer größer, Mund und Augen von dem Kind erfülln das Bild. Es schaut uns an. Dann öffnet's seinen Mund, das Kind, sperrt auf das Maul, das Tor macht weit, wird alles Rachen, rot und schwarzer Schlund. Wir sind gewesen, dann.

FIN

die unverheiratete

Das Beil, das Männer mordet, reiche mir einer rasch!
(Klytaimnestra)

Personen

DIE JUNGE (30)
DIE MITTLERE (50)
DIE ALTE (90)

4 SCHWESTERN
(die Hundsmäuligen)

Drei Betten, für die Junge, die Mittlere, die Alte, und also wie drei
Häuser und zugleich die Schließanstalten, in welchen die vier
hundsmäuligen Schwestern diese Betten zu bewohnen pflegen und
es immer mehr Menschen als Betten gibt, und die Türen haben
Gucklöcher und Löcher für den Fraß, und man trinkt aus Schna-
belbechern und blickt aufs Feld, von den Bäumen dort trägt keiner
mehr Frucht, und der große davon wächst aus des Pferdes Grab in
den Himmel, und zwischen Wurzelwerk und Rippen finden Wohn-
statt Mensch und Tier, und aus Brettern gezimmert des Richters
leerer Thron ins Publikum blickt, und in die Erde ist der Heiland
vom Kreuz gestürzt, und das Gericht, es kennt sein Volk.

(†)

Dunkel
kein Licht
eine Frau atmet
und atmet
und atmet
und

(§)

SCHWESTER#1   Ruhe
Ruhe hier im Saal
der Richter Ruhe ruft

SCHWESTER#2   schon aus geringren Gründen brüllt er

SCHWESTER#1   Ruhe

SCHWESTER#2   hab ich diesen Saal geräumt

SCHWESTER#3   ich räum den Saal wenn augenblicklich nicht

SCHWESTER#2   schon aus geringren Gründen

SCHWESTER#4   Himmelherrgott

SCHWESTER#3   augenblicklich

SCHWESTER#2   hat er räumen lassen sagt er
ist bekannt dafür dass er den Saal
da kennt er nichts
den lässt er räumen

SCHWESTER#3   die Verhandlung führt mit harter strenger

SCHWESTER#1   Ruhe jetzt

SCHWESTER#4   schlägt mit der Hand der flachen schlägt

SCHWESTER#3   mit harter strenger Hand er führt

SCHWESTER#4   schlägt auf den Tisch den Richter-Tisch
wie heißt denn das
Katheder
auf den Richter-Tisch

SCHWESTER#2   er schlägt und nochmal nochmal schlägt

SCHWESTER#3   ich sagte Ruhe in dem Saal verdammt

SCHWESTER#1   sofort jetzt Ruhe Ruhe hier sonst räum ich ihn
den Saal ich lass ihn räumen jetzt sofort und auf
der Stelle

SCHWESTER#3   still

SCHWESTER#1   dann wird es ruhig

SCHWESTER#4   der Richter aufgesprungen von dem Stuhl dem
Richter-Stuhl dem Sitz beim Schlagen mit der
Hand bekannt dafür dass ihm sehr schnell der
Faden reißt von der Geduld ist aufgesprungen
nimmt er wieder Platz

SCHWESTER#3   dann alles still sind alle endlich still

SCHWESTER#1   was ist denn das?

SCHWESTER#2   es zuckt das Licht im Saal das Deckenlicht nein
Fenster gibt es nicht zuckt kurz das Licht

SCHWESTER#4   ein Raunen

SCHWESTER#1   Ruhe

SCHWESTER#2   hebt der Richter schon zum Schlagen auf den
Tisch die Hand ein zweites Mal und

SCHWESTER#3   wieder still bevor ein Ordnungsruf bevor der
Richter Ruhe ruft und mit der Hand

SCHWESTER#2   sie sinken lässt

SCHWESTER#1   und hell das Licht im Saal

SCHWESTER#2   geschlagen er der Richter
nicht

SCHWESTER#4   dann endlich spricht
der Mann
das Foto hält
die Frau von ihm im Publikum im Volk zu Boden blickt sie schaut nicht an nicht ihn den
Mann das Foto nicht das das er hält die Händ im
Schoß von ihr zur Faust geballt die Hände beide
würgt den einen Zeigefinger würgt sie ausgestreckt den Finger eine Faust herum und würgt
den linken Zeigefinger mit der rechten Faust
wenn sie nicht aufhört würd man meinen dass
die Fingerspitze Kuppe platzt lässt los den Griff
die Faust der Finger weiß und bisschen blau den
Daumen greift und schraubt ihn in die Faust
und zieht die Daumenschraube fest und immer
fester blickt nicht hoch zum Mann im Zeugenstand der ihrer ist ihr Mann ihr Ehemann zu
reden angefangen

SCHWESTER#3   alles still

SCHWESTER#1   im Saal

SCHWESTER#2   bis auf den Mann

SCHWESTER#4   er spricht dabei das Foto hält schaut immer wieder drauf und auf und zeigt es her ins Publikum
und hin zum Richter viel zu klein wir können es
was auf dem Foto ist wir können das nicht sehn
zu klein zu klein und zu weit weg das Foto das
Gesicht drauf sehn es nicht wir stelln uns vor
was auf dem Foto sein Gesicht stelln wir uns vor
ein junger Mann drauf auf dem Lichtbild sehen

tun wir's nicht wir schaun den Vater der das
Foto hält von seinem Sohn ein Brustbild schaun
ihn an den Vater dann die Mutter das Gesicht
von ihr sie zeigt es nicht beim Reingehn nur am
Anfang in den Saal wir kurz gesehn erhascht ein
Blick jetzt nicht das Kopftuch tief und einen
Schatten wirft den Kopf gesenkt schaun wir den
Vater wieder an und stelln uns vor wie das Gesicht am Bild aus Vater Mutter sich zusammen-
fügt zusammensetzt vermischt ein schmales
Bübchen im Gesicht wie beide Eltern Nase zart
geschnitzt von ihr die Augen weiß man nicht von
ihm von ihr sind groß ganz nach dem Vater
kommt vielleicht bebrillt die Augenfarbe zeigt
das Foto sowieso schwarzweiß die zeigt es nicht
wir denken blau vielleicht auch braun das hätt er
von der Mutter dann wir glauben stelln uns vor
ein fescher Bursch die Lippen schön geschwun-
gen wie gemalt vielleicht ein bisschen schmal die
Wangen zart die Haut kein Haar drauf wie ein
Kind er lächelt nicht weil das verboten ist ein
Wehrmachtsfoto lächelt nicht der Vater spricht
von seinem Sohn erzählt er dem Gericht erzählt
erzählt dass er gelacht fernmündlich auf ein Wiedersehn am Schluss gefreut gelacht zeigt mit der
Hand das Foto hält er fest zur Faust geballt zeigt
auf die Frau bricht ab steht auf ein Raunen Rufen Stimmen

SCHWESTER#1   Ruhe in dem Saal

SCHWESTER#3   der Richter Ruhe
wieder
ruft er

SCHWESTER#1   Ruhe

SCHWESTER#3   wieder wieder

SCHWESTER#2	zuckt das Licht
SCHWESTER#1	der Anwalt macht Notizen blickt dann hoch legt einen Zettel seitlich ab
SCHWESTER#3	der Richter dankt dem Vater
SCHWESTER#4	danke
SCHWESTER#2	hab genug gehört und dass das schwer das anerkennt der Richter das Gericht für einen Vater eines Sohns
SCHWESTER#3	der Mann nimmt Platz im Volk im Publikum bei seiner Frau
SCHWESTER#1	die andre andre Frau
SCHWESTER#3	die Angeklagte
SCHWESTER#1	regungslos
SCHWESTER#2	erdrückend!
SCHWESTER#3	diese Last des Zeugen der Beweise
SCHWESTER#2	des Gesagten
SCHWESTER#3	sagt der Richter
SCHWESTER#4	wie entkräftet das Gehörte sie die Angeklagte
SCHWESTER#3	wie rechtfertigt sie
SCHWESTER#1	und stehn Sie auf gefälligst stehn Sie auf wenn das Gericht mit Ihnen spricht

SCHWESTER#2   die Hand vom Richter auf den Tisch hernieder-
              schlägt*

SCHWESTER#4   und auf sie steht
              von ihrer Bank

SCHWESTER#2   der Angeklagtenbank

SCHWESTER#3   der Rücken kerzengrad
              die Brust geschwellt

SCHWESTER#4   mit was man weiß es nicht

SCHWESTER#3   mit Stolz
              vermutlich

SCHWESTER#4   glaublich

SCHWESTER#2   heißer Luft

SCHWESTER#3   der Bauch
              ein bisschen eingezogen

SCHWESTER#4   ist vielleicht ganz einfach leer
              der Bauch die Frau vom Fleisch gefalln
              ob das am Essen liegt der Kerkerkost die man
              kredenzt?*
              verwöhnt vielleicht sie ist zu gut fürs Essen sich

SCHWESTER#1   das Dirndlkleid ist viel zu weit

SCHWESTER#4   die Schürze eng geschnürt kaschiert das nicht

SCHWESTER#1   nach innen aus dem Kleid gewachsen
              in das Dirndl reingeschrumpft

SCHWESTER#3   nicht unhübsch wird die Zeitung schreiben
              morgen
              unhübsch nicht

SCHWESTER#2   und dann die Frau
              die Angeklagte
              vorgeht und
              sie spricht

DIE ALTE   ich kann nur sagen
                kann mich nicht erinnern mehr
                beim besten Willen nicht
                ist durchaus möglich dass
                ich weiß es nicht
                kann immer wieder sagen nur
                ich war heut gar noch nicht im Bett
                wie ich hierherkomm
                auf den Boden
                plötzlich
                vor den Augen
                schwarz
                die Weste schwarze wollt vielleicht ich holen
                glaublich
                von dem Haken
                hing die
                selbstgestrickt
                und an der Garderobe aufgehängt
                mir war so kalt
                könnt sein vielleicht
                bin ich gestürzt
                wer weiß
                dann schwarz
                und aus
                das Licht

(1)

DIE JUNGE   der Anruf kam ich lag im Bett ein Samstagmor-
                gen wach schon länger zugehört dem Atmen von
                dem Mann das der beim Schlafen macht wie hin-
                geschissen ausgestreckt in meinem Bett hab mir
                gedacht paar Jahre noch paar Kilo Fett an
                Bauch und Brust dann wird das Atmen sicher
                Schnarchen sein in seiner Zukunft ganz be-
                stimmt ich bleib nicht über Nacht hat er gesagt

muss raus frühmorgens muss ich wirklich früh in
aller Herrgotts auf den Flieger bleib drum lieber
nicht ich schlaf zuhaus ich mein »Hotel« bei mir
nicht über Nacht bleib ich damit du's weißt und
dich nicht wunderst wenn du wach wirst morgen
bin ich weg und ich dann drauf soll ich den Slip
mir selber ausziehn oder was? ich glaub er hat
gelacht dann kam die Nacht der Rest der Nacht
der kurze Rest mit allem was dazu gehört paar
Stunden später Tageslicht am Morgen offensichtlich war gegangen er nein war er nicht lag
der noch immer da was sicherlich mit mir zu tun
nein hatte nichts das kommt schon vor passiert
dass man verschläft in fremden Betten meinem
saß im Flugzeug leider nicht
mein Arm der ragte taub aus meinem Bett hinaus mach ich die Augen auf zur Leuchtschrift
von dem Wecker fiel mein Blick den abgestorb-
nen Arm dann irgendwie entlang hinab auf diesen Hosenhaufen links vom Bett auf meiner Seite wo er rausgestiegen nachts die Hosen fallen
auf den Boden gleiten ließ von sich und lag noch
dort und aus der Tasche von dem Haufen schaut
ich musst mich nur ein bisschen strecken so so
langer Arm und griff hinab zum Boden hin zur
Hose ließ den Kopf den ganzen Körper meinen
wie er war am Rand von der Matratze nur der
Arm und aus der Anzugshosentasche Vorsicht!
zog mit spitzen Fingern ich sein Telefon hielt's in
der Hand und wog es schaute machte auf hab
mir gedacht es ist der Mann da neben mir in
mich heut Nacht gedrungen dring ich nur kurz
in ihn und schaute forschte las mit wem er
spricht mit wem er schreibt wer ihm was er für
Fotos hat sehr wenig von dem Mann erfahrn in
dieser Nacht was man nicht auch von andren
Männern auf die gleiche Art erfahren würd Re-

cherche Forschung dacht ich nach verbrachter
Liebesnacht und geb ich zu gesteh ein bisschen
spät erwacht mein Interesse an dem Mann Natur und Landschaft Ausflug in die Berge Fotos
Freunde vor der Hütte Sonnenauf- vielleicht
auch -untergang ein Gipfelkreuz die Freunde
Daumen hoch Gewinnerpose Sieg Berg Heil ge-
folgt von Bildern anonymer Städte Plätze Häuser Wolkenkratzer junge Fraun im Gras am
Fluss dann Schluss sein Telefon in meiner Hand
ich drehte auf den Rücken sachte mich und
schau ihn an und wie er atmet schläft schoss ich
ein Foto über meine Brust hinweg das ihn beim
Schlafen Schnarchen Atmen zeigt und nackt in
meinem Bett statt eines Bergs im Vordergrund
kein Gipfelkreuz die Spitze meines rechten Bu-
sens unscharf leicht verschwommen denk ich
schön
dann läutet plötzlich klingelt's Scheiße ließ das
Telefon in meiner Hand warf's in den Hosenhaufen schnell und mach die Augen zu und tu als
ob ich schlafen würd und spürte wie der Mann
sich rührt und dreht dann fiel mir auf dass das
mein Klingelton am Nachttisch blinkt und klingelt und vibriert mein Telefon war gar nicht seins
ich fasste hin ich macht es aus und saß der Mann
auf einmal senkrecht kerzengrade in dem Bett
verdammt wie spät ich weiß es nicht log ich ich
schlaf doch noch Moment fast acht Mensch
fuck fuck fuck verdammt mein Flug dann
sprang er auf warf ihm die Hosen und das hier
pass auf vom Boden sprang er schnell hinein das
Hemd noch offen ciao! und danke! und schon
bei der Türe raus ich könnt noch bisschen schlafen dacht ich hab das Bett allein für mich nur
kurz nur drei Minuten bisschen noch mich umgedreht und breit gemacht dann läutet das schon

wieder Samstag kurz nach acht verdammt nein
zehn wer ist denn das? ach Mutti hallo nein ich
war schon bin schon wach

DIE MITTLERE   wasch noch den Dreck
aus meinen Nägeln
von den Händen
bist das Vater du denk ich
mit Erde hast du dich vermischt
hab reingefasst in dich
bevor ich zu der Mutter ging
paar Blumen eingepflanzt am Grab
in Vater dich

wie schaust denn du aus?

DIE JUNGE   hallo Mutti

DIE MITTLERE   grüß dich Ulli

DIE JUNGE   sag wo bist du denn?

DIE MITTLERE   bist krank?

DIE JUNGE   ich stand vorm Haus hab sturmgeläutet

DIE MITTLERE   schlecht schaust aus

DIE JUNGE   hör auf jetzt Mutti!
bin so schnell ich konnt ins Auto rein hierher-
gefahrn[*]
zum Schön-Sein blieb da keine Zeit

DIE MITTLERE   hab nicht gesagt dasst hässlich bist
nur schlecht schaust aus
das ist ein Unterschied
dass du auch immer alles falsch verstehst
ich hab gesagt ich wart bei mir

DIE JUNGE   bei ihr
im Haus
du hast gesagt im Haus

DIE MITTLERE   zuhaus
das ist ein Ulli Unterschied

DIE JUNGE   was gehst dann nicht ans Telefon?

DIE MITTLERE   es liegt der Schlüssel weißt du doch
und außerdem
vielleicht hab ich die Haare noch den Kopf mir
waschen müssen[*]
tut mir leid
hab in der Früh noch Blumen eingesetzt bevor
ich her[*]
so wie ich ausschau
war nicht vorbereitet
kann ich nicht hab ich gedacht mich vor die
Ärzte stelln[*]
mit fetten Haarn fahr ich bestimmt nicht Ulli in
die Stadt[*]
Entschuldigung

DIE JUNGE   na du bist lustig
weil zum Duschen hab ich selber keine Zeit gehabt

DIE MITTLERE   du kommst ja grad von dort

DIE JUNGE   genau
weil Mutti in der Stadt da wird das Haar nicht
fett[*]
da schaut man von Natur aus immer prächtig
aus[*]
das kommt vom Kalk im Leitungswasser ganz
bestimmt[*]

DIE MITTLERE   ja daran könnt es liegen
siehst
und unser Wasser hier zum Beispiel hat viel Ei-
sen[*]
gut fürs Blut
drum warst du früher immer rosig im Gesicht

DIE JUNGE   ja früher
                   lange her

DIE MITTLERE   ja lange
                   danke dass du kommen bist
                   jetzt lass dich küssen Ulli

DIE JUNGE   hallo Mutti

DIE MITTLERE   lass dich küssen
                   bin so sehr erschrocken wie ich bei der Türe rein
                   und dann das Rote Kreuz gekommen ewig nicht
                   stand ich im Zimmer rum
                   konnt gar nichts tun
                   der Rettungsmann der hat so blöd geschaut
                   wie ich gesagt hab nein ich fahr nicht mit
                   ich komm dann mit den Sachen
                   mit der Tochter komm ich nach
                   wie der sich sowas vorstellt weiß ich nicht
                   ich muss ja hinterher vielleicht auch wieder heim
                   ich hab gesagt hab keinen Führerschein
                   ich glaub ein Taxi für den Heimweg meinen
                   kann mich täuschen
                   ist die Rettung nicht
                   ich glaub das war ein Schlag der sie gestreift ge-
                   troffen*
                   weiß ich nicht
                   ich bin so weit
                   hier in der Kanne ist Kaffee für dich
                   ich kenn dich doch
                   ich bin ein Schatz
                   nicht wahr

(2)

SCHWESTER#1	wen ham wir da?
SCHWESTER#4	wir nähen stricken Äpfel pflücken
SCHWESTER#3	geht die Tür
SCHWESTER#2	auf einmal geht die Türe auf
SCHWESTER#3	zum Saal zum Arbeitssaal es schließt die Schlüsselschließermeisterin
SCHWESTER#2	schau an schau an
SCHWESTER#1	wen wir hier ham
SCHWESTER#3	die Tür schließt auf
SCHWESTER#4	steht eine schlanke Ranke Neue in dem Saal
SCHWESTER#2	lass dich mal
SCHWESTER#4	du ja du man spricht mit dir
SCHWESTER#1	du Neuzugang drehst dich mal um und schaust uns
SCHWESTER#4	hörst uns?
SCHWESTER#2	lass dich anschaun
SCHWESTER#1	schau uns an
SCHWESTER#3	jetzt Schwestern lasst sie gehn
SCHWESTER#4	nein nein die rührt sich glaub ich hört uns nicht
SCHWESTER#1	die kann nur stehn stocksteif nicht mit der Wimper zuckt

SCHWESTER#2   vielleicht das Hörn und Sehn vergangen dort
                von wo sie herkommt

SCHWESTER#1   ganz bestimmt

SCHWESTER#3   und ganz normal
                lass dir gesagt sein Kindchen
                ganz normal
                geht einer jeden so

SCHWESTER#2   naja
                das glaub ich nicht
                das würd ich gar nicht meinen nein

SCHWESTER#3   ich kann mich gut erinnern wie du Schwester
                kommen bist*
                in später erster Nacht
                wir dich gehört
                im ganzen Stock
                gewinselt wie ein junger Hund
                die Augen rausgeheult
                am nächsten Tag gesehn wir dich
                zwei rote Löcher im Gesicht

SCHWESTER#2   ach was

SCHWESTER#4   da hat sie leider Schwester recht
                erinnre dich

SCHWESTER#2   weiß nicht wovon die spricht
                ich nähe stricke Löcher flicke

SCHWESTER#1   still
                ich glaub gleich sagt sie was
                gleich gleich
                kann's sehn bereitet vor sie grade sich

SCHWESTER#4   tatsächlich
                schaut
                holt lange Luft und bläst den Busen auf
                stocksteif sie steht

SCHWESTER#2   das Anstaltskleid

SCHWESTER#4   ganz aufgebläht

SCHWESTER#2   an ihr fast wie zum Trocknen aufgehängt auf
                    einem Besen weht*

SCHWESTER#3   halt's Maul
                    schau mich mal Mädel an
                    du kannst getrost die Luft entweichen lassen
                    gar nicht nötig
                    lohnt die Mühe nicht
                    die Luft hier drin die ist gesiebt
                    die schadet mehr als dass sie nützt

SCHWESTER#2   hast ghört

SCHWESTER#4   lass fahrn

SCHWESTER#3   bekommt dir nicht

SCHWESTER#2   und auch der Stolz

SCHWESTER#4   falls das ein Stolz
                    das weiß man nicht

SCHWESTER#2   dochdoch
                    den hat noch jede abgelegt hier drin

SCHWESTER#3   meist an der Pforte schon
                    nicht wahr

SCHWESTER#2   was schaust jetzt mich so an?
                    es könnt auch sein dass sie von dieser Regel eine
                    Ausnahm ist*
                    ich kenn mich medizinisch ja nicht aus
                    ob diese Bohnenstangig-Aufgerichtetheit
                    der Stolz nicht gar ein Leiden ist
                    im Kreuz im Rücken in der Wirbelsäule
                    müsst Frau Doktor
                    wenn sie mal die Güte hätt
                    geschulten Augs drauf schaun
                    vielleicht

SCHWESTER#3	wie heißt du denn?
SCHWESTER#1	sie atmet aus und ohne Ton und sagen tut sie nichts
SCHWESTER#2	nur nickt
SCHWESTER#4	der Name ist korrekt?
DIE JUNGE	Maria
SCHWESTER#3	Tag und Monat
SCHWESTER#1	Jahr von der Geburt
SCHWESTER#4	wie angegeben
SCHWESTER#1	sie
SCHWESTER#2	nach den Verhältnissen befragt
SCHWESTER#1	ist ledig
SCHWESTER#3	gibt sie an
SCHWESTER#2	und Haushalt
SCHWESTER#4	auf die Frage nach Beruf und Stellung
DIE JUNGE	gänzlich ganz zuhaus war sie
SCHWESTER#3	nach Volks- und Haushaltsschule
SCHWESTER#1	keine Bildung
SCHWESTER#4	keines kein Vermögen
SCHWESTER#1	Pflicht zu sorgen
SCHWESTER#2	niemand
SCHWESTER#1	nein für keinen
SCHWESTER#2	niemand

SCHWESTER#4   nichts

SCHWESTER#3   ob das korrekt und wahrheitsmäßig

DIE JUNGE   ja

SCHWESTER#3   sie nickt

DIE ALTE   ich lag so da
weiß nicht wie lang
im Zimmer in der Zelle rum
zur Decke hochgeschaut
ganz grau
im Wagen dann
hinaus hinaus
ins Grün
gefahrn der Wagen
wie ein Kasten
Grüner Heinrich auch genannt
volksmündlich
hätt so gern beim Fenster bisschen
kann ich nicht ein wenig rausschaun
seh die Landschaft nicht
ich würd so gern die Wiesen Felder
möcht
wenn ich nur wüsst ob's draußen Bäume
weiß man nicht
und kann man denken sich und muss man sehn
drum nicht*
die schaun sich alle gleich
die Bäum
der Fahrer
sagt
der Rotzbub
blöde Sau die freche
hab schon Bäume gsehn denk ich
wie der noch in die Windeln reingeschissen
mit den Mücken rumgeflogen in der Luft
und nicht gegeben dich

hab ich schon Bäume ewiglich
und du nicht mehr als ein Gedanke
lüstern
schmutzig
von der geilen Hündin
die dir Mutter worden ist
halt's Maul
schaust besser auf die Straße gradeaus
das wär vom Schicksal lächerlich
dass ich das Leben überleb
hernach im Graben land
an einem Baum zerschlagen
den ich sehn nicht kann

DIE JUNGE   wie geht's ihr denn?
ich bin die Enkeltochter

DIE MITTLERE   ich die Mutter
ihre
von der Enkeltochter

SCHWESTER#3   Schwiegertochter also sind Sie
der Patientin

DIE MITTLERE   nein
nein leiblich
bin die Tochter
meine Mutter ist das
guten Tag
ich bin so schnell ich konnt
hab ihre Sachen in der Tasche
Nachthemd Wäsche Waschzeug hab ich mit
soll ich der Schwester geben das?

DIE JUNGE   wie geht's ihr
geht's ihr gut?

SCHWESTER#2   sie war beim Röntgen grad

SCHWESTER#1   wer hat sie denn gefunden?
warn das Sie?

DIE JUNGE   ich bin nur der Chauffeur

DIE MITTLERE   ich kam hab ich dem Sanitäter schon gesagt
                  ins Haus am Morgen
                  mit dem Essen
                  lag sie auf der Erde
                  nackt
                  ich weiß es nicht
                  vielleicht beim Anziehn in der Früh sich von der
                  Garderobe was geholt wahrscheinlich hingefalln
                  dabei
                  geglaubt sie ist
                  man konnt ein Glück sie atmen hörn
                  als ob sie schläft
                  hab dann versucht
                  sie aufgeweckt
                  die Augen gar nicht aufgemacht
                  die ganze Zeit
                  ich saß
                  hab meine Tochter angerufen
                  dann die Rettung
                  umgekehrt
                  bei ihr am Boden
                  war nicht ansprechbar
                  für mich
                  die Augen gar nicht aufgemacht
                  und auch gesprochen nicht
                  bis dass der Rettungsmann dann ihren Namen
                  auf sie eingeredet hat
                  ihn angeschaut
                  Grüß Gott gesagt
                  was ist denn los mit ihr?

SCHWESTER#3   sie war ein bisschen aufgebracht

SCHWESTER#1   sie lebt allein hat sie gesagt

SCHWESTER#2   mit 96
                  würd ich meinen sehr erstaunlich

DIE MITTLERE   fit
                sie ist sehr fit
                für dieses hohe Alter ist sie wirklich
                war mein ganzes Leben in dem Haus
                nein mich verpflanzt ihr nicht
                sagt sie
                wenn man mit einem Vorschlag kommt
                ein Vorschlag ist ein Schlag mit einem Vor-
                schlaghammer*
                meine Mutter hat Humor
                ich helf ihr

DIE JUNGE   und die Nachbarin

DIE MITTLERE   ja auch
                die auch
                man muss halt alles machen
                putzen Wäsche kochen
                kann sie selber nicht
                wir mussten unlängst auch den Herd vom
                Stromnetz nehmen*
                weil

DIE JUNGE   sie sieht sehr schlecht
                kann ich jetzt rein zu ihr?

SCHWESTER#3   ich glaub sie schläft

DIE JUNGE   ich bin auch leise
                schau nur bei der Türe rein

(3)

DIE ALTE   die erste Nacht
                die andern Fraun im Bett
                ich auch
                das Licht von einer Wachfrau ausgemacht
                verborgner Hand

den Fraß im Napf nicht angerührt
hab keinen Hunger
blieb mir nicht wenn ich das äß
Karotten eingesäuert mit Kartoffeln faulig
Sautrank das
die große Lange aufgefressen dann
die Wachfrau abgeschalt hernach die leeren
Schüsseln*
Fraun ich schale ab
hab nur das Brot zurückbehalten in der Kleider-
schürzentasche*
ich
ich lieg im Bett
mir fremde Frauen auch
es geht das Guckloch auf
von draußen
Licht vom Gang hindurch durchs Loch ins Zimmer*
in die Zelle fällt
dann schaut ein Einzelaug
verdeckt das Licht
ich glaub
mich an
weiß nicht wem das gehört
wer schaut durchs Loch hindurch herein
in mich hinein
wer bist du
Aug
halt an die Luft
die Decke hochgezogen
mach ich schnell die Augen zu

ja du?!

DIE JUNGE   wie geht's dir Oma denn
               du machst ja Sachen
               wie man hört

DIE ALTE   das muss am Wetter liegen
                      liegt am Luftdruck sicherlich
                      ich weiß es nicht
                      ich war mein Lebtag niemals krank
                      ich hab die Schwester beim Durchleuchten
                      hab gefragt
                      Frau Schwester raten S' mal wie alt ich bin
                      was glaubst hat die gesagt?

DIE JUNGE   na was denn?

DIE ALTE   nein Frau Schwester falsch
                      Sie täuschen Sie verschätzen sich
                      haushoch
                      bin 96
                      keinen Tag war krank
                      da hat sie Augen weit gemacht

                      ist deine Mutter auch gekommen?
                      seh sie nämlich nicht
                      das sieht ihr gleich
                      dass sie sich sehen lässt hier nicht

DIE JUNGE   die spricht grad draußen mit den Ärzten

DIE ALTE   ach
                      ich glaub nur gibt zum Reden nichts

DIE JUNGE   hat deine Sachen mitgebracht

DIE ALTE   Ulrike komm mal bisschen her
                      sag
                      näher
                      komm schon her
                      das muss nicht jede hörn von diesen Fremden
                      hier*
                      ja hier aufs
                      sag
                      ja so ist's gut
                      hast eine Liebe in der Stadt?

DIE JUNGE   da mach dir keine Sorgen Oma

DIE ALTE   mach ich nicht
                 wer sagt denn das
                 dass ich mir Sorgen mach
                 es ist doch alles dran an dir
                 das wär ein schöner Depp der das nicht sieht

DIE JUNGE   wir sind halt beide bisschen spät

DIE ALTE   wie meinst denn das?

DIE JUNGE   naja

DIE ALTE   das hab ich mir nicht ausgesucht
                 und außerdem
                 im Krieg hat's keine Männer nicht gegeben

DIE JUNGE   nachher mein ich Oma
                 nach dem

DIE ALTE   Krüppel
                 alles Krüppel
                 eine reine Weiberwirtschaft war das

                 sag
                 ist deine Mutter auch gekommen?

DIE JUNGE   ja die Mutti draußen ist die
                 hab ich vorher

DIE ALTE   allerhand
                 wie kommt denn die hier her?
                 was macht sie draußen
                 steht sie rum?
                 na meinetwegen
                 kann sie
                 soll sie stehen ruhig

DIE JUNGE   weißt Oma was
                   ich geh dann wieder mal
                   die Schwester sagt du sollst ein bisschen schlafen

DIE ALTE   ach was weiß denn die
                   na wenn's die Schwester sagt
                   von mir aus
                   mach das Licht aus wenn du gehst

DIE JUNGE   das ist die Sonne Oma

DIE ALTE   ach die Sonne ist das
                   na das geht natürlich nicht
                   wo käm man denn da hin wenn man die Sonn
                   dann wart ich bis sie selber ausgeht
                   nicht?
                   die alte Haut
                   die gelbe
                   geht gewiss von selber aus

DIE JUNGE   gut Nacht

DIE ALTE   ja gute Nacht
                   Ulrike
                   sag wann kann ich heim?

DIE JUNGE   das fragt die Mutti sicher grad
                   bestimmt
                   ich komm bald wieder
                   gute Nacht

SCHWESTER#1   gut Nacht

SCHWESTER#4   gut Nacht

DIE ALTE   im Kasten Ulli in der Truhe hinten ganz am Bo-
                   den liegt ein Heft*
                   hab aufgeschrieben was für dich
                   ein bisschen
                   kannst du lesen Ulli
                   wenn du willst

SCHWESTER#2   jetzt Ruhe

SCHWESTER#3   gute Nacht Maria

DIE JUNGE   Nacht

(4)

DIE JUNGE   ich zog die Decke Stückchen weg zur Seite legte
frei die rechte Brust von ihm die halbe bis zum
Bauch den Hüften dann hinab das nackte Bein
entlang zur Hälfte bloß und bar am Nabel an der
Mitte ausgerichtet ganz exakt sein Schwanz
nach rechts und schlaff das eine Ei die Eichel
halb bedeckt noch bisschen feucht am kleinen
Schlitz den einen Arm nach oben abgewinkelt
ausgestreckt sprießt Haare in den Himmel aus
der Achsel dacht ich liegt er da er zuckt er träumt
er fällt im Schlaf
saß an der Bar
wo bist du lass uns sagen fragt er beispielsweis
in zwanzig Jahrn von heut gerechnet sag wo du
dich siehst und nippt und schluckt und spricht
ins Glas stellt's ab und grinst das weiß ich nicht
sagt ich ich kann mich wirklich gar nicht in die
Zukunft denken lach nicht hatt ich mal Talent
dafür geb's zu ist mir von einem auf den andern
Tag abhandenkommen weiß nicht wie könnt
sein seit ich erwachsen bin und rausgefunden in
der Empirie dass diese Zukunftsprojektion ich
nenn's mal so bei Gott nicht bös gemeint nicht
gegen dich das die aus irgendeinem Grund ten-
diert vom Besten auszugehn und diese Gabe hab
ich evidenzbasiert nein leider nicht weil müsst
das Beste aus dem Guten angelegterweise sich
entfalten automatisch glaub ich leider nicht er
nippt er nickt ja hör mir zu und könnt's zwei

Gründe geben erstens kann das Gute besser
oder schlechter werden deutet nichts drauf hin
würd ich mal meinen dass es nur in eine Richtung sich entwickeln kann sonst wär's behindert
hinkend nur auf eine Seite hingeneigt und ergo
dann ein Gutes nicht ein Krüppel lahm auf einem Bein wer mag kann denken jetzt an Gott
von mir aus wenn's ein Gutes gibt kann's beides
oder nichts wir schließen: logisch keinen Grund
für die Notwendigkeit ausschließlich einer Besserung dann zweitens kürzer liegt der Grund
vielleicht noch tiefer Achtung! gibt das Gute einfach nicht
fuhr mit der Hand mir ins Gesicht gefällst mir
sagt er du[*]
Entschuldigung mir fällt noch »drittens« ein
könnt sein sagt ich dass dieses »Besser« aus dem
Guten nicht erwächst ist keine quasi Frucht von
ihm die aus ihm sprießt vielmehr der Blitz der's
trifft man weiß nicht wann schon gar nicht ob
dann kam ein Kuss die Lippen aufgemacht
ich denk ich hab die Frage sagt ich klar behan-
delt dir erklärt weshalb ich gar nicht weiß wo ich
in zwanzig dreißig Jahren bin
ist durchaus möglich dass ich in dem Augenblick
nur kurz mir dachte glaub könnt sein ich weiß
wo du in zwei drei Stunden bist vielleicht bestimmt in mir
mich umgedreht im Bett zur Seite Schenkel aufgemacht griff seine Hand und führte sie von hinten durch die Beine meine schlief ich ein

(5)

SCHWESTER#1   es zuckt das Licht im Saal geht an

SCHWESTER#4   im Schlafsaal

SCHWESTER#1   in der Zelle

SCHWESTER#2   Schlüssel klimpern

SCHWESTER#4   Türe auf

SCHWESTER#2   von draußen

SCHWESTER#3   »Morgen Weiber« ruft wer
rein vom Gang

SCHWESTER#4   die Kanne kommt zum Waschen
von der Wachfrau aufgetragen

SCHWESTER#1   auf den Boden bei der Tür von einer Hand gestellt*

DIE JUNGE   ich mach die Augen auf
und nackte Fraun im Zimmer um die Schüssel
stehn sie rum*

SCHWESTER#4   tu weiter jetzt
die Arbeit ruft
hopp heb dich
auf

SCHWESTER#2   musst extra eingeladen werden
kannst du lange warten drauf
das ist kein Mädchenpensionat

SCHWESTER#3   ja leider

SCHWESTER#2   find ich auch
hopp hopp

SCHWESTER#1   sie steht ja schon

SCHWESTER#2   ich seh's
              Bauch rein Brust raus
              ich glaub sie kann nicht anders

SCHWESTER#1   geht's ihr ganz wie dir
              nicht wahr
              mit deinem Maul

SCHWESTER#2   ich kann auch anders
              wenn ich will

SCHWESTER#4   du willst nur nicht

SCHWESTER#2   nein willig bin ich wirklich nicht
              ob das für jede gilt
              in diesem Raum

SCHWESTER#3   wen meinst denn jetzt?

SCHWESTER#2   nicht mich

SCHWESTER#1   Frau komm schon her
              und steh nicht rum
              weißt schöner wird's nicht mehr

SCHWESTER#2   du sicher nicht

SCHWESTER#1   wer weiß
              fünf Jahre noch
              dann blüh ich auf
              halt's Maul
              mach Platz

SCHWESTER#2   ich bin schon fertig
              bitte sehr
              und Majestät
              die Schüssel
              hier
              für euch
              die Herrschaft
              eure

zum Gebrauch
zur Waschung und zur Säuberung
des Königskörpers
eures
wohlgeborn

DIE JUNGE   ich danke herzlichst

SCHWESTER#2   oh
                        sie spricht

DIE JUNGE   fürs Kompliment
                        bedank ich mich von ganzem Herzen

SCHWESTER#2   gern
                        sehr gern geschehn
                        wenn's sein muss gerne wieder

DIE JUNGE   gar nicht nötig
                        hat der Tag schon schön genug begonnen
                        weißt
                        und wenn's am schönsten ist
                        dann soll man aufhörn sagt man
                        Volksmund
                        sag's nur nach

SCHWESTER#2   bist du politisch

SCHWESTER#1   Schwestern aufgepasst
                        jetzt wird's erst richtig schön

SCHWESTER#2   ob du politisch bist
                        ich glaub es muss so sein
                        das Mundwerk scharf gewetzt
                        die Zunge wie ein Schwert
                        musst wohl politisch sein

DIE JUNGE   ich hab für Politik mich niemals
                        niemals intressiert
                        das kann ich immer wieder
                        immer wieder sagen nur

SCHWESTER#3   schon gut

SCHWESTER#4   jetzt lass sie doch
das intressiert

SCHWESTER#3   sie hat zum Reden viele Jahr noch Zeit
und du zum Fragen
fünf nein sieben
wie viel

SCHWESTER#2   obst politisch bist

DIE JUNGE   ich kann nur immer wieder sagen

SCHWESTER#2   danke hab genug gehört
würd ich jetzt sagen
wenn ich Richter wär
dass sie politisch ist

SCHWESTER#3   du bist zum Glück ein Richter nicht

SCHWESTER#2   ja schad
ich hätt mich selber freigesprochen

SCHWESTER#1   ich mich auch
ich mich
du dich
und jede sich

SCHWESTER#2   das war das Pech von uns
dass wir nicht Richter waren
sind
und dass man leider immer auf der falschen Seite
steht*
verflixt
ein Pech
nicht wahr
und dann auf einmal plötzlich sitzt
egal
kraft meines Amts

SCHWESTER#3   du hast hier keins

SCHWESTER#2   geb ich mein Urteil kund

SCHWESTER#3   es wird verdammt hier drin geurteilt nicht
sind *nach* dem Richtspruch schon
falls du's vergessen hast
verurteilt alle
Angeklagte nicht

SCHWESTER#2   dass du auch jeden Spaß verderben musst Frau
Doktor*
du mit deiner Gscheitheit
Neuzugang damit du's weißt
es sind hier drinnen zwei genau wie du politisch
nicht*
nein wirklich nicht
die Dritte hielt ein Messer zum Verderben eines
andren*
äußerst ungeschickt
und dann die Vierte
nein das sag ich nicht

DIE JUNGE   dann ging die Türe auf
und zum Rapport
es heißt
sind alle angezogen und gewaschen schon
der Herr Direktor kommt
ist schon am Gang
falls es Beschwerden gibt
und auch den Neuzugang sich anzuschaun
ob sie sich eingefunden eingepasst
ein Mann mit Gottesfurcht
Frau Wachmann sagt
ist das
fängt jeder Tag von ihm mit einem Messgang an
drum schau zu Boden Neue züchtig Demut
schadet nicht*
und wähl die Worte mit Bedacht

SCHWESTER#4   »verlern das Denken

SCHWESTER#3   mache stets ein Schafsgesicht

SCHWESTER#4   lass dich von jedem Ochsen lenken

SCHWESTER#3   stößt er dich dann mucks dich nicht«

SCHWESTER#1   jetzt schau mich Frau schon an

DIE JUNGE   sie sagt
steht da vor mir und sagt

SCHWESTER#1   mich kannst schon schau gefälligst schau mich
an*

DIE JUNGE   und fasst mich
an der Schulter an dem Arm
schau hoch
den Blick vom Boden aufgehoben ich
und da stand sie vor mir
sie

SCHWESTER#1   unsere Frau Wachmann

SCHWESTER#3   unsere Frau Oberwachmeisterin

SCHWESTER#4   unser guter Engel von der Anstalt
werden wir sagen
der gute Engel

SCHWESTER#2   und vergessen sie nicht

DIE JUNGE   und werde geschrieben haben in mein Heft
in zwanzig Jahrn
unser herzensguter Engel von der Anstalt
unsere liebe Frau
unsere geliebte Wachfrau Oberwachfraumeiste-
rin*
die von uns allen von Herzen geschätzte
Schlüsselschließermeisterin
mit Vornamen Nachnamen unvergessen von uns
ewiglich*

SCHWESTER#3   und eintritt der Direktor in die Zelle

SCHWESTER#2   und auseinander wir treten

SCHWESTER#1   und zurück

SCHWESTER#4   treten sie zurück
er sagt

SCHWESTER#2   der Mann mit Gottesfurcht

SCHWESTER#1   zurückgetreten
Sie
zurück sofort und allesamt drei Schritte hin zur
Wand*
und stehen bleiben rühren nicht

SCHWESTER#3   und auf die Frage ob Beschwerden

SCHWESTER#1   nein Herr nein

SCHWESTER#2   es wird das Essen täglich höchstpersönlich
just bevor's die Küche raus verlässt geprüft von
ihm*

SCHWESTER#3   ich find dran nichts was Grund was Anlass von
Beschwerde wär*

SCHWESTER#2   ich koste täglich finde nichts

SCHWESTER#4   und auf die Frage wer die Neue

SCHWESTER#3   rein rhetorisch nur gefragt

SCHWESTER#4   dass sie sich zeige zu erkennen gebe
sich bekenne
wie's dem Wissen
seinem gottgefälligst allumfassend voll und ganz
entspricht*

SCHWESTER#2   und treten vor Sie

SCHWESTER#1   einen Schritt nur

SCHWESTER#4   reicht schon reicht

SCHWESTER#1   den Namen nennen

SCHWESTER#2   vollen
ganzen Namen

DIE JUNGE   ich
die Neue
Herr Direktor
Anstaltsleiter
Oberst

ich

zu Boden schau ich
nicht
an ihm vorbei
und an die Wand
hindurch
hinaus
wenn's nur ein Fenster gäb
stell einen Baum mir vor

SCHWESTER#1   sie wird

SCHWESTER#4   er sagt

SCHWESTER#1   nur dass sie's weiß
zur Arbeit rangezogen

SCHWESTER#3   dienlich sei's der Besserung

SCHWESTER#2   zu nähen stricken

SCHWESTER#1   selbstverständlichst auch als Fraunsperson
zur Hausarbeit

SCHWESTER#3   wenn sie sich wohl benimmt

SCHWESTER#4   auf der Plantage Äpfel pflückt

SCHWESTER#1   und vierteljährlich wie's die Strafe

SCHWESTER#2   ihre

SCHWESTER#1   vorsieht noch verschärfend
hartes Lager

SCHWESTER#3   nütz zur Buße sie
die Dunkelheit
die sich hinzugesellt am Jahrestag

SCHWESTER#2   von ihrer Tat
zur Reue zur Erforschung des Gewissens

SCHWESTER#3   hin zum guten Menschen hofft er
hat sie viele Jahre Zeit

SCHWESTER#1   sie soll was machen draus
das heißt aus sich

SCHWESTER#3   und auf die Frage ob sie weiß
verstanden ihr erinnerlich der Grund

SCHWESTER#2   sie schweigt

SCHWESTER#3   die Tat

DIE JUNGE   wer »A« sagt muss auch »B«
der muss auch B muss der
so war das immer schon
das war schon immer so dass B
nach A kommt B
schon immer B
solang er denken kann
der Mensch
solang der Mensch die Menschheit denken kann
kommt A
dann B
und wird auch immer sein
genau so ganz genau so immer sein
Gesetz!

erst wenn der Mensch die Menschheit nimmer
ist[*]
kommt so ein B nicht mehr
vielleicht
nach A
wenn nimmer ist
der Mensch
die Menschheit
dann
vielleicht
das weiß man nicht
solang der Mensch jedoch
die Menschheit
ist
so lang
muss der der A
muss der
auch B
wie Baum
das B
wie Baum
hab A gesagt
dann B
ein Baum geworden draus
IHN an den Baum gestellt
so war das immer schon
Gesetz
der Volksmund sagt's
ich sag's nur nach

(6)

DIE MITTLERE   nein schlaf

DIE ALTE   wir nähen stricken Äpfel pflücken

DIE MITTLERE   schlaf
ich komm ein andermal

DIE ALTE   ich schlaf doch nicht

DIE MITTLERE   ich hab's gesehn
natürlich schläfst

DIE ALTE   man muss mit zugemachten Augen schlafen
nicht*
ich lieg die halbe Nacht mit Augen zu
ganz ohne dass ich schlafen tu

DIE MITTLERE   aha

DIE ALTE   nur siehst du's nicht
das Wachsein hinter meinen Augen
mach ich ganz geheim wach ich

DIE MITTLERE   die Schwester sagt

DIE ALTE   man kann hier schlafen nicht
wie soll das gehn
in der Gesellschaft hier
die eine röchelt eine weint
die dritte jede halbe Stunde geht aufs Klo
mit diesem Gehgestell
man müsst erschlagen sie damit dass einmal
Ruhe wär*

DIE MITTLERE   jetzt sei schon Mutter still
du sprichst so laut

DIE ALTE   die hört dich nicht
nicht wahr
Sie hörn mich nicht

                    nicht wahr ja Sie
                    da siehst

DIE MITTLERE   ich hab der Schwester deine Pulver mitgebracht
                zum Schlafen

DIE ALTE   die
                die helfen nichts

DIE MITTLERE   natürlich helfen die
                ich hab's ja selbst gesehn
                wiest auf der Erde glegen bist
                ich hab geglaubt es war ein Schlag
                was hast denn aufgeführt mit deinen Fäden
                in dem Zimmer rumgeräumt vom Kasten raus
                das alte Strickzeug auf der Garderobe aufge-
                hängt*
                die Schürze irgendwo im Zimmer
                auf der Erd
                beim Ausziehn eingeschlafen offenbar
                und ob die helfen deine Pulver
                schau nicht so
                du nimmst sie nur zur falschen Zeit
                ich hab schon tausendmal gesagt
                im Bett verdammt und vorher nicht

DIE ALTE   du freches Rotzmensch du
                wie du mit deiner Mutter sprichst
                das ist ein Glück dass keine von den Weibern
                hier*
                dich hören kann
                das nützt du aus
                da traust du dich
                geh weg
                ich red nix mehr mit dir
                ich schlaf
                und dass du's weißt
                ich sterb hier drinnen nicht

DIE MITTLERE   vom Sterben hab ich nix gesagt
um deine Pulver ging's
dann gute Nacht

DIE ALTE   im Kasten in der Kiste ist ein Zettel mit den Namen*
wenn ich nicht mehr bin
wen ich zur Leiche haben will
da kannst mal schaun
mein Grab im Voraus schon bezahlt
auf dreißig Jahr
zur Mutter will ich legen mich

DIE MITTLERE   Entschuldigung
was heißt zur Mutter willst du legen dich

DIE ALTE   zur Mutter
meiner
ein Familiengrab das ist

DIE MITTLERE   und Vater

DIE ALTE   ja, was ist mit dem

DIE MITTLERE   das frag ich dich

DIE ALTE   das weiß ich nicht

DIE MITTLERE   ich hab gedacht du wirst bestimmt bei Vater liegen*
in dem Grab
das wär so würd man meinen recht normal
dass eine Frau zum Ehemann sich legt

DIE ALTE   der ist dort nicht
nach 40 Jahrn
hat ihn die Erde weggemacht schon längst
bestimmt

DIE MITTLERE   und deine Mutter nicht?

DIE ALTE   das ist ihm ganz egal
                    der wird auf mich gewartet haben
                    dass ich komm
                    das hilft ihm sicher nichts
                    zur Mutter will ich rein
                    hab ich gesagt
                    das wird man selber wohl bestimmen dürfen
                    wo man liegt
                    ich sterb hier drinnen nicht

DIE MITTLERE   gut Nacht
                    dann sagst halt nichts
                    auf Wiedersehn die Damen
                    Mutti eines noch
                    ich denk mir bloß
                    weil du ja selber grad vom Sterben sprachst
                    falls es noch Dinge gibt in deinem Leben
                    weiß ja nicht
                    mit denen du
                    wie soll man sagen
                    nicht im Reinen bist
                    könntst ja die Zeit hier drinnen nützen
                    die zu klärn
                    mit dir
                    vielleicht
                    bevor das Sterben kommt

DIE ALTE   ich wüsst nicht was
                    und hab zum Klären nichts
                    ich will nachhaus

DIE MITTLERE   es gibt bestimmt auch einen Pfarrer hier
                    nur für den Fall

DIE ALTE   das wär ja noch viel schöner
                    einen Pfarrer wünscht sie mir
                    was mach ich denn mit dem
                    bin seit der Hochzeit ohne einen solchen ausge-
                    kommen*

nur Geduld
der sieht mich früh genug
was halt auf Gegenseitigkeit nur leider nicht be-
ruht*
wenn ich gestorben bin
dann bin ich tot
und sieht der Pfarrer mich
und ich
ich seh ihn leider nicht
gut Nacht
oje schon weg
jetzt ist die Tochter einfach grußlos weg

(7)

DIE MITTLERE   wo ist mein Bruder Mutter
wo
muss ich alleine alles tun
gibt's keinen der so ist wie ich
vom gleichen Stamm gefallen keiner
Fallobst bin ich
ganz allein
die Gleichheit vorenthalten mir
ob Bruder Schwester gleicher Mensch
der Kindschaft teilt mit mir
wiegt Mutter schwer genug
für zwei nein drei von mir aus vier
wie's dazu kam frag ich kannst du's mir sagen Mutter*
hat sich Vater einmal nur mit dir vergnügt
ein einzges Mal die fade Pflicht getan erfüllt
mit einer Handschlagqualität
für die man ihn geschätzt im Dorf
mit einem Feuer nicht
schlief nach dem ersten einzgen Beischlaf
immer mit dem Schwanz zur Wand

es tut mir leid ich intressier mich halt
hast mich ihm abgepresst
herausgewürgt aus ihm war ich der letzte
Lebensrest*
bevor's aus ihm für ewiglich entwichen ist
verschieden*
warst sein Aderlass
an dir verblutet Mutter
schnell
in sieben Jahrn geöffnet ihn
im Ehebett
floss er dahin
vielleicht ach Mutter ist er einfach bloß er-
frorn*
ganz still und heimlich unbemerkt
man sagt es wird dem Kälteopfer
kurz vorm Sterben wohlig warm
so muss es wohl gewesen sein
hat's für die Liebe er gehalten
war's der Tod
jedoch
im Eis
dass so ein Sterbenshandwerk Mutter seltsam
immer schneller als das Leben ist
für mehr von mir
von meinem Schlag
für zwei für drei von mir aus vier
ob Bruder Schwester
keine Zeit
geblieben ihm
der Tod ein schneller Läufer ist
kommt man am Ende an
ist er längst da
den Krieg mit einem Hinken in der Hüfte
Vater*
das den Regen kommen spürt

mit wenig Worten überlebt
und dann im Bett bei dir den Tod gefunden
Mutter*
Ironie
wenn's nicht so traurig wär
den Schützengraben lebenslänglich nie verlassen*
nur getauscht
statt Erde Regen Dreck ein kaltes Federbett
und drinnen du
paar Jahre später in der Grube
wieder
endlich
ewge Ruh
schoss auf ihn keiner mehr
nein Mutter
auch nicht du

die Tochter hat mich heimgebracht
bleibst du noch Ulli da?
hab dir das Bett bezogen neu
wir könnten morgen essen gehn
zum Beispiel
kann auch kochen was
dann musst du selber nicht
sie sagt
ich muss
sie muss
dann schönen Abend noch
pass auf beim Autofahrn
und danke
meld mich Montag
wenn's was Neues gibt
dann sitz allein ich in der Küche rum
geh kurz zum Telefon und schau es an
weiß nicht warum
und sitz alleine in der Küche saß ich rum

(8)

SCHWESTER#1   dann sagt die Frau im Zeugenstand man saß nur
in der Küche saß man rum paar Fraun die Angeklagte auch und sprach erinnerlich ihr nicht
der Inhalt des Gesprächs vermutlich was ein
Frauenvolk zu sprechen pflegt beim Sitzen in
der Küche von Belang nein nicht Alltäglichkei-
ten glaublich mehr schon nicht die Wetterlage
Frühling war's April wenn man erinnert recht
vielleicht des Wetters Wechsellaunigkeit der Jah-
reszeit entsprechend sagt die Zeugin nicht von
Krieg noch Politik gewiss

SCHWESTER#4   sie stockt sie blickt zur andern Frau der Angeklagten trifft sie nicht ihr Blick die grad zur Seite
schaut sehn wir von hinten schräg nach links den
Kopf gedreht sehn nur die Richtung das Objekt
des Blickes nicht

SCHWESTER#2   und denken ob sie weint ein Fenster sucht und in
die Ferne schweift*

SCHWESTER#4   mit einer Stoik bloß sie blickt

SCHWESTER#3   das Hörn sich abgestellt vielleicht

SCHWESTER#2   vom Zimmer nebenan die Frau fährt fort im
Zeugenstand war hörbar*

SCHWESTER#1   kurz pausiert verstummt ein Zufall in der Küche
das Gespräch und plötzlich still sie sagt sprach
keine mehr

SCHWESTER#3   und hörte in der Ruhe durch die Ruhe aus ihr
raus vom Nebenraum in dem das Postamt war

SCHWESTER#4   ganz ohne Vorsatz konnt man hörn

SCHWESTER#1   weil in der Küche Zufall grad erstorben war

SCHWESTER#4   fernmündlich was er sagt

SCHWESTER#2   der Mann

SCHWESTER#3   Soldat

SCHWESTER#4   am Telefon

SCHWESTER#2   gesehn ihn nicht

SCHWESTER#3   vom Hörensagen nur gewusst

SCHWESTER#1   was heißt gewusst

SCHWESTER#3   erfahrn erschlossen

SCHWESTER#1   hinterher

SCHWESTER#4   beim Hintereingang reingekommen an der Küche nicht vorbei ins Postamt in das Zimmer nebenan

SCHWESTER#2   nur seine Stimme hörten wir bekamen ihn leibhaftig zu Gesicht den Mann

SCHWESTER#3   Soldaten

SCHWESTER#2   niemals nicht

SCHWESTER#1   nur stimmlich sagt sie mündlich nie von Angesicht zu

SCHWESTER#4   das Gesicht höchstselbst am Foto vorhin erstmals dem des Vaters sie gesehn und vorher leiblich lebend leider nicht

SCHWESTER#3   ein gänzlich Unbekannter war für sie und in die Stille rein dann spricht am Fernsprechapparat am Telefon man muss es sagen ziemlich laut

SCHWESTER#2   ein bisschen ungezwungen ungeschickt falls ihr erlaubt zu sagen meinen

SCHWESTER#4   ist es nicht der Richter sagt es ist die Wahrheit
von Belang hier nur und bloßes Meinen nicht
und ob den Zeugeneid verstanden sie man kann
ihn gern ihr wiederholen wahr zu sprechen
schwor sie und zu meinen nicht es bildet das Gericht im Anschluss seine Meinung die von Recht
und Würden her ein Wahrspruch ist

SCHWESTER#3   und ob sie fortfährt nun zu sagen was der Ge-
genstand von dem Gespräch den sie vernommen
hat am Küchentisch aus einem Zufall raus den
man gewöhnlich Neugier nennt

SCHWESTER#1   Herr Richter nein es hat das Postamt keine Zelle
für den Fernsprechapparat die das Gesagte
schluckt

SCHWESTER#3   das ist bekannt und hat man der Notiz entnommen des Gendarmen der den Tatort aufgetragen
vom Gericht in Augenschein genommen

SCHWESTER#2   tut zur Sache nichts

SCHWESTER#4   es fällt nur schwer zu glauben meint der Richter
dass im Jahre 45 im April just eine Woche nach
dem Fall von Wien nachdem die Hauptstadt
hier die weiße Fahne hat gehisst im Bild gesprochen eine Woche also vor des Führers fei-
gem Selbstmord in Berlin das eine weitere Woche
wiederum darauf bedingungslos die Waffen aller
Deutschen per Dekret Vertrag in einer Kapitu-
lation zum Schweigen bringt der Krieg dann aus
und sitzen Fraun zwei Wochen vorher in der
Küche rum vom Wetter solln die nur geredet haben im April wie da ein Mann der offensichtlich
als Soldat erkenntlich war in so ein Postamt geht
zu nützen dort das Telefon dass dies das Interesse jener Frau geweckt nicht hat im Nebenraum
dass man nicht Neuigkeiten von der Front zu

hören hoffte lauschend dass man nur vom Frühling sprach war Wien doch eine Woche schon
gefalln war's nur aus Zufall in der Küche bei den
Fraunpersonen plötzlich still

SCHWESTER#1   das fällt uns zugegeben wirklich schwer zu glauben sagt er*

SCHWESTER#4   wirklich schwer

SCHWESTER#1   mit diesem Uns ist jeder hier im Saal gemeint

SCHWESTER#4   sie blickt sich um im Publikum

SCHWESTER#3   die Zeugin weint vielleicht ein bisschen sehn wir
nicht und sagt*

SCHWESTER#2   man kann doch nicht vom Krieg die ganze Zeit
nur reden Himmel Herrgott hab den Mann am
Foto nie gesehn ist durchaus möglich dass die
Angeklagte in die Küche kam und dann erwähnt
dass einem Mann der ein Soldat soeben die Verbindung hergestellt sie kann schon sein ich kann
mich nicht erinnern mehr hab diesen Mann ich
schwör's getroffen und gesehen nie ihn nur gehört nur kurz paar Worte dass er abhaun könnt
vielleicht auch wollt das weiß ich nicht ich saß
nur dort in einer fremden Küche fremdes Haus
aus Wien sind wir geflohn die Tochter ich vor
Fliegerbomben warn dort nur zu Gast

SCHWESTER#3   dann schweigt sie lang

SCHWESTER#1   blickt an die Decke hoch vom Saal und dann
hinab zu Boden*

SCHWESTER#4   holt tief Luft

SCHWESTER#2   könnt sein

SCHWESTER#1   sie sagt

SCHWESTER#2   mir fällt grad ein es ist mir noch erinnerlich wie
der Soldat zu End gesprochen hat bevor verlas-
sen er das Haus das Amt dann durch die Hintertür hat er nach ihr gerufen nach der Angeklagten an die Küchentür geklopft dass er jetzt
fertig ist und sie dann aufgestanden von dem
Tisch und aus der Küche zu ihm rein ins Amt das
Zimmer zum Kassiern ich glaub und wie sie
rauskommt wieder war die Angeklagte sichtlich
aufgebracht

SCHWESTER#1   sie selber ging ins Bett hernach

SCHWESTER#3   die Zeugin

SCHWESTER#1   weiß sonst nichts

SCHWESTER#2   nur dass die Angeklagte aufgebracht

SCHWESTER#1   als sie die Zeugin aus der Küche rausgehn wollt
ins Bett hat sie gesagt

SCHWESTER#2   die Angeklagte

SCHWESTER#4   blöder Kerl

SCHWESTER#2   sichtlich aufgebracht um nicht zu sagen höchst
erregt*

SCHWESTER#4   der blöde Kerl der

SCHWESTER#3   möcht nur noch sagen sie die Zeugin niemals
war sie Mitglied der Partei noch hat sie ange-
strebt ein solches je zu werden

SCHWESTER#1   niemals nicht

SCHWESTER#4   im Saal schon wieder zuckt das Licht

SCHWESTER#2   dann geht es aus

SCHWESTER#3   des Richters Stimme

SCHWESTER#1   Ruhe

SCHWESTER#2   Ruhe

SCHWESTER#3   unterbricht

SCHWESTER#4   die Sitzung

SCHWESTER#3   Mittag

SCHWESTER#4   tagt in einer Stunde wieder

SCHWESTER#3   Mahlzeit

SCHWESTER#4   das Gericht

(9)

DIE ALTE   dann in der Einzelzelle abgeführt allein zog ich mein Dirndl aus und hängte übern Stuhl fein-säuberlichst das Kleid und ging aufs Klo am Tisch das Essen stand der Fraß ich schaute den nicht an stand in der Zelle wartend rum ich dachte legst dich besser nicht aufs Bett die Prit-sche schläfst noch ein die ganze Nacht kein Auge zugemacht aus Angst die Wanzen könnten fres-sen mich zerbeißen mein Gesicht stünd ganz ver-schwollen um die Augen dann ich vor Gericht würd jeder glauben dass vom Heuln die Augen nur mehr Schlitze sind das kommt in Frage si-cher nicht das wär ja noch viel schöner dass was dieses Drecksgeziefer angetan mir über Nacht vom Volk als Schuldgeständnis ausgelegt mir nein tust den Gefallen Mädel denen nicht

DIE JUNGE   die Mutter heimgefahrn vom Krankenhaus im Wagen saß sie sagt sie schaut beim Fenster raus wenn die zum Pflegen Ulli wird das kann ich nicht da rächt sich leider jetzt dass man ein Ein-zelkind da muss man alles ganz allein ich hab als Kind mich immer wundern müssen wie das

kommt dass meine Mutter zwanzig Jahre älter
ist als jede andre Mutter die ich kenn das hat mir
keiner sagen können wollen muss man sagen
wirklich hässlich das wenn jeder weiß du selbst
bloß nicht was deine Mutter ist im ganzen Dorf
ein jeder wusst es und ich Tochter nicht hab Vater mal gefragt danach er hat gesagt die Mutter
hat es schwer gehabt das hat er immer wieder
immer das und mehr schon nicht hör jetzt zum
Fragen auf und freu dich dass gefunden hat die
Mutter mich sonst gäb's dich Ingrid nämlich
nicht

DIE ALTE   dann ging das Gukerl auf das Loch zum Schau-
en durch die Zellentür stand schon bereit im
Dirndl an die Wand ans andre End mich hinge-
stellt dass man mich sehen kann durchs Loch
wenn man mich holen kommt die ganze Zeit hab
ich gezählt Minuten alle die die Stunde hat
durchs Loch dann heißt's es ist so weit den ganzen Weg zurück zum Saal begleitet von zwei auf-
geblasnen Buben keine zwanzig Jahre alt die
Fratzen wurd mir plötzlich schwarz vor Augen
fast gefallen bin ich hin am Gang das blöde
Schwein sagt schau ist die Nazisse umgeknickt
ohje ohje und half mir keiner auf

DIE JUNGE   der zweite Schlüssel lag am Fensterbrett beim
Blumenbeet schloss auf ging rein vorbei an Gar-
derobe Küche in ihr Zimmer mit dem großen
Bett dem Bild darüber Vater Mutter Jesuskind
die Männer bei der Arbeit hab ich immer angeschaut beim Schlafen in dem Bett vom Polster
aus verkehrt herum am Kopf wenn Mutti ausgegangen über Nacht und tanzen neue Männer
angelt sich es geht vermutlich wieder keiner in
ihr Netz hat sie gesagt vom Lehnstuhl aus die
falschen Zähne rausgenommen komm doch

Oma auch ich schlaf im Sitzen Kind zum Schlafen braucht der Mensch kein Bett kann schlafen
immer überall man muss nur wolln und auf den
Knien vorm Kasten hinten unten in der Truhe
unter Strickzeug Wolle Garn und langen Nadeln
fand das Heft warf keinen Blick hinein im Zimmer kaum mehr Licht und steckt es ein und
nahm es mit die Nachricht kam ich saß im Auto
schon am Rückweg dass er in der Stadt und ob
ich Zeit

DIE ALTE   den Saal betreten mit den blöden Buben links
und rechts auf einmal alles strahlt im Saal die
Diener Kerzen in der Pause reingebracht weil
die Elektrik nicht verlässlich ist das warn ja Zeiten damals außerdem vor allem weil der werte
Richter dünne Nerven hat was für ein Fest hab
ich gedacht wenn's nur ein Fest halt wär die ganze Pracht für dieses Saugericht ist wirklich schade drum dann seh ich Mutter hinten in den Rei-
hen die sich grade setzt steht wieder auf und
schaut mich an im Stehn allein den ganzen Saal
hinweg schau ich zurück sie schaut wie immer
aus so schön ein Jahr in Untersuchungshaft sie
nicht gesehn was das für eine Freude war dass
Mutter kommen ist den ganzen weiten Weg für
mich und nur für mich und steht und schaut und
ich im Kerzenlicht sah ob sie lächelt leider nicht
dann ging die Türe auf hereingeschritten das
Gericht der Richter dieser Volljud und sein
Staatsanwalt ein Doppelvolljud wie mein Anwalt mir gesagt und aufstehn muss das Publikum zum Gruß erheben sich und seh auf einmal
Mutter seh ich nicht verschwunden hinter tausend Leuten war sie plötzlich weg da wurd mir
wirklich schon auch geb ich zu mal bang ums
Herz

DIE JUNGE   was ist denn Mutti

DIE MITTLERE   nichts
                        ich ruf nur an weil
                        bist du gut nachhaus gekommen
                        wollt ich fragen
                        stör ich?

DIE JUNGE   nein ich
                        ja
                        bin gut bei mir zuhause angekommen

DIE MITTLERE   schön
                        dann is ja gut

DIE JUNGE   gibt's sonst noch was?
                        ich hab gedacht du rufst mich an wenn's Neu-
                        igkeiten gibt*
                        drum hab ich mich jetzt fast geschreckt
                        is was passiert?

DIE MITTLERE   nein nein das musst du nicht
                        zum Wochenende tut sich ja im Krankenhaus
                        normalerweise
                        nichts

DIE JUNGE   genau normalerweise
                        eben
                        könnt ja auch ein Notfall sein

DIE MITTLERE   nein ist es nicht
                        das tut mir leid dass du erschrocken bist Ulrike
                        ruf nur an obst gut nachhaus gekommen bist
                        mehr wollt ich gar nicht wissen
                        Tschuldigung
                        dann ruf ich dich am Montag wieder an
                        wenn vorher nichts passiert
                        so war's auch ausgemacht
                        hab nur gedacht ich frag schnell nach
                        naja
                        was machst denn noch?

DIE JUNGE   ich weiß noch nicht
                   im Augenblick
                   ich les
                   und du?

DIE MITTLERE   ach nichts
                   ich schau noch bisschen fern bis dass ich schla-
                   fen kann*
                   das war ein Tag
                   das muss man wirklich sagen
                   muss ich noch verdaun
                   mir war schon klar dass früher oder später so-
                   was mal passiert*
                   nur wenn's dann wirklich eintritt ist's halt doch
                   ein Schock*

DIE JUNGE   sie ist ja nicht gestorben Mutti

DIE MITTLERE   nein das ist sie nicht
                   das stimmt
                   so war's auch nicht gemeint
                   man macht sich Sorgen halt wie das jetzt weiter-
                   geht vielleicht*
                   das weiß ich schon dass dich das nicht betrifft
                   du wirst vermutlich nicht nachhause ziehn
                   und mit der Arbeit aufhörn
                   weil die Oma wen zum Füttern braucht
                   das wirst du Ulli nicht

DIE JUNGE   da hast du recht

DIE MITTLERE   na siehst
                   drum sorg ich mich
                   und du dich nicht
                   es gibt noch Schlimmres als das Sterben einer
                   ururalten Frau*
                   naja
                   egal
                   dann schaun wir Montag mal

nicht wahr
weißt was ich glaub ich nehm noch schnell ein
Bad*
genau
das ist ein guter Plan
das mach ich jetzt
dann lies noch schön und danke nochmal Ulli
gute Nacht*

DIE JUNGE   ja gute Nacht
fass das nicht an kam aus der Dusche tropfend
nass ich riech nach Krankenhaus hab ich gesagt
ich weiß nicht was das ist an mir drauf er ich
riech da nichts ich riech nur dich dann is ja gut
dann ist's in meiner Nase nur was weiß denn ich
ich geh noch schnell ich wasch das ab auch
wenn's nicht da ist wie ich rauskam lag der da
ich tropfend nass und blättert in dem Heft leg's
weg verdammt fass das nicht an und auf die Frage was das ist das ist ein Erbstück leg es weg steht
mein Geheimnis drin wenn du das liest dann
weißt du alles muss ich leider töten dich so war
das immer schon Gesetz weil eine Königstochter
bin ich grausamen Geschlechts da schaut er jetzt
nein nein du musst dich fürchten nicht ich schlag
ein bisschen offensichtlich aus der Art was mich
von meinen Ahnfraun unterscheidet hast du
Glück das ist ich glaub ein Sprung ein Riss ein
Schaden in der Leitung viel darüber nachgedacht warum der Mensch was tut und meistens
aber nicht er ging dann auch mal duschen sich
mich in das Handtuch eingedreht saß ich am
Bett und dachte nach das Wasser lief ob's sein
kann dass die These falsch wonach was unterm
Namen Wahrheit früher mal firmiert schon seit
sehr lange tot aus gutem postmodernen Grund
es ist ein Mann getötet worden denk ich und die

Wahrheit nicht nein ganz im Gegenteil beim Lesen grad davor mich völlig anti-post-blabla das
geb ich zu nicht ohne Schreck ertappt bei einer
strengen Wahrheitssuche in dem Heft wie kann
das soll mir einer mal erklärn ein Hergang relativ und perspektivisch poly-kontext-irgendwas
und das Ergebnis plötzlich nicht weil ist das
Sterben absolut und also auch der Weg dorthin
das heißt die Tat dann ging das Wasser in der
Dusche hört ich aus ich griff das Telefon und
hab gedacht was mich von Oma trennt kann
nicht der Tod der Wahrheit sein der irgendwann
in diesen 60 Jahrn Epoche die uns trennt geschehn angeblich muss wie's scheint vielmehr
ein Scheintod kann das nur gewesen sein der
Postmoderne widersprechen muss ich sitzend
eingewickelt in ein Handtuch hier im Bett dann
stand er da kam aus dem Bad schoss ich ein Foto
von ihm nackt und speichert's bei den andern ab

(10)

DIE ALTE   ich macht die Augen auf wusst nicht wie spät es
                  war[*]
                  vermutlich tiefe Nacht
                  man hatte keine Uhr
                  die wurde abgenommen bei Betreten
                  mit den andern Dingen von der Anstalt aufbe-
                  wahrt[*]
                  in einer Kiste
                  war nicht viel
                  ich weiß es heut noch ganz genau
                  ein Rucksack
                  Beutel
                  Manikürzeug drin
                  dann eine Dose noch aus Blech für Proviant

das Täschchen mit dem Geld
die Kleiderkarte zwanzig Punkte drauf
normale Armbanduhr
und schließlich noch die Kleider auf dem Leib
mehr hat man nicht gehabt
so wurd ich auf der Straße aufgegriffen
von sich selbst ernannten Polizisten
fadenscheinig ihre Gründe
wie mein altes Dirndlkleid
die Zeit bei Tag jahrein jahraus von Arbeit
Fressen Zelle schließen ganz genau bestimmt
dann kam die Nacht die keine Stunde kennt
nur dunkle Zeit ohn End
wie's scheint
wenn eine Uhr man hätt
hab ich gedacht in dieser Nacht
so finster dass man sieht die Hand vor Augen
nicht*
vier Weiber holen schlafend Luft
dann spür ich einen fremden Atem merk ich
plötzlich*
ganz am Ohr

SCHWESTER#2   ich kann nicht schlafen du
              wenn ich nur kurz ein bisschen
              schlief viel schneller ein

DIE JUNGE   sei ruhig
              du weckst noch alle auf
              braucht jede ihren Schlaf
              weil's morgen zu den Bäumen geht
              geh weg

SCHWESTER#2   ich bin schon still
              leg nur den Kopf hier hin

DIE JUNGE   da ist kein Platz

SCHWESTER#2   dann mach
                       mach Platz
                       ein wenig

DIE JUNGE   ruhig
                    nur für den Kopf
                    der Rest bleibt weg

SCHWESTER#2   und für die Hand
                       hast mir so leidgetan
                       wie du aus deiner Dunkelhaft gekommen
                       kaum mehr gehn hast können
                       hartes Lager
                       Wasser Brot und ohne Licht

DIE JUNGE   das Zähnereißen war viel schlimmer
                    bei dem Fleischer
                    der so tut als ob er Zahnarzt wär
                    den müsst man in die Zelle werfen

SCHWESTER#2   und den Koch

DIE JUNGE   den auch
                    hast recht

SCHWESTER#2   mir fielen noch paar andre ein
                       nicht lachen
                       für das Loch

DIE JUNGE   mir auch
                    und still jetzt
                    bin schon wieder eingeschlafen

(11)

DIE ALTE	Hilfe Schwester Hilf zu Hilf
SCHWESTER#1	wir flicken stricken Äpfel pflücken
DIE ALTE	Hilfe hört mich keiner
SCHWESTER#4	schön die Haare kämmen waschen gründlichst das Gesicht
SCHWESTER#3	dass mir da keine abgeschmiert und schlechten Eindruck macht wenn von den Menschen aus dem Volk gesehn sie wird
SCHWESTER#4	die Wachfrau sagt
SCHWESTER#1	heut geht's zur Erntehilfe zu den Bäumen geht es raus* im Kastenwagen auf das Feld
SCHWESTER#4	den Blick gesenkt
SCHWESTER#1	wir grüßen nicht von uns aus geht ein Mensch vorbei wir grüßen höchstens nur zurück
SCHWESTER#4	das geht auch ohne Worte senkt man grüßend einfach nur den Blick hebt dabei schleunigst einen Apfel auf
SCHWESTER#1	nicht trödeln träumen
SCHWESTER#3	dass mir keine eine Schande macht sagt unsre liebe Frau

SCHWESTER#1   die Schlüsselobermeisterin
                die liebe

SCHWESTER#3   auch dem Herrn Direktor nicht

SCHWESTER#1   der wünscht sich Fleiß und Zucht
                und eine Demut auf dem Feld

SCHWESTER#3   es wird gesprochen nicht

SCHWESTER#4   geübt statt dessen Nützlichkeit

SCHWESTER#1   in freier Luft

SCHWESTER#3   und Fraun

SCHWESTER#1   sie sagt

SCHWESTER#3   es sind die Äpfel
                alle ohne Ausnahm
                sind zum Essen nicht

SCHWESTER#1   wenn ich nur eine beißen seh

SCHWESTER#4   mir sind die Äpfel ganz egal
                ich such mir nur den schönsten Baum
                gewachsen kräftig
                Äste Arme
                wie ein Mann

SCHWESTER#1   du spinnst ja wohl

SCHWESTER#4   jetzt lass mich träumen halt

SCHWESTER#3   sind alle wach und säuberlichst und kultiviert

DIE ALTE   ich hab kein Auge Schwester zugemacht
                kam eine fremde Frau
                die wollt ins Bett zu mir heut Nacht

SCHWESTER#3   ohje
                wie geht's uns heute denn?

DIE ALTE

wie soll's mir gehn
nach Hilfe hab gerufen
kam jedoch nur nicht
die halbe Nacht
mit einer Fremden mir das Lager musst ich teilen

SCHWESTER#1

da hat vielleicht am Weg vom Klo zurück sich
wer im Bett geirrt*

SCHWESTER#2

wer soll das denn gewesen sein?

SCHWESTER#1

das weiß ich nicht

SCHWESTER#3

Besuch

DIE ALTE

ja du schon wieder
schau dich an
was machst denn du?
kann ich nachhaus?

DIE JUNGE

ich hab gedacht du magst vielleicht ein bisschen
raus*
spaziern
weil heute Sonntag ist

DIE ALTE

ja schau
ich kann hier nicht mehr bleiben Ulli
fürchterlich
hier hat sein Bett man nicht für sich allein
was das für Zuständ sind
drum heißt das Krankenhaus
auf Wiederschaun die Damen
ich geh raus

DIE JUNGE

ich hab dein Heft gelesen

DIE ALTE

was Ulrike sagst?

DIE JUNGE

dein Heft das aus der Kiste
hab's gelesen

DIE ALTE

ach
ach so

das Heft genau
das hab ich dir gesagt
dass in der Truhe ist ein Heft
das hab ich aufgeschrieben damals
nachher
drinnen warn Papier und Bleistift streng verboten gab es nicht*
hab ich ein Heft geschrieben irgendwann
noch nicht gewusst dass es die Ulli geben wird
hab's für die ungeborne Zukunft
unbekannterweise aufgeschrieben
kann man sagen
fast für dich und doch auch nicht

DIE JUNGE   hast's für die Mutti aufgeschrieben

DIE ALTE   nein
die gab's da auch noch nicht
wo denkst du hin
da hast du's jetzt gelesen
fleißig bist du
gut
dann hat's ja seinen Zweck erfüllt
da hab ich grad den Opa glaub ich kurz gekannt
am Fest beim Tanz hat er betrachtet mich
der ist nur dort gesessen
jämmerlich
weil mit der Hüfte tanzt man nicht
und ich geflogen auf dem Bretterboden auf dem
Fest*
so eine Pracht
ein Fest am See
gab's nicht mehr lang
den See
das Wasser ausgelassen
aus dem Löschteich raus
das Fest dann aus

DIE JUNGE	wie war das denn?
DIE ALTE	ja wunderschön mit Kerzen Fackeln Ungeziefer gab's halt leider auch am Wasser das Gesicht von manchem schönen Mädel ganz zerstochen und verschwolln ein Glück das Ungeziefer mag mich nicht
DIE JUNGE	ich mein die Sache der Soldat
DIE ALTE	ach das das weißt du alles schon das steht im Heft
DIE JUNGE	das hab ich vorher schon gewusst
DIE ALTE	schau schau
DIE JUNGE	das hat die Mutti mir gesagt
DIE ALTE	das hat die Ingrid dir
DIE JUNGE	ja wie ich 18 worden bin
DIE ALTE	die Ingrid kennt das Heft nur nicht
DIE JUNGE	will's von dir selber hörn wie war das denn?
DIE ALTE	war was?
DIE JUNGE	ja alles Oma
DIE ALTE	alles steht im Heft
DIE JUNGE	nein tut es nicht die Wahrheit würd ich gerne wissen
DIE ALTE	hat der Richter auch gesagt die Wahrheit will er wissen intressant hab ich gedacht

was nützt die Wahrheit wenn man sie nicht
glaubt*
und wenn man selber seine Wahrheit hat
dann hält man für die Wahrheit das
was man schon selber weiß
da braucht man nach der Wahrheit gar nicht fragen*
kann man sich getrost dann sparn
weil lohnt die Mühe nicht
wenn du mich fragst hast deine Wahrheit sicher
selber schon*
was weißt Ulrike sag was glaubst denn du?

DIE JUNGE   ich weiß es Omi nicht

DIE ALTE   da hast dem Richter was voraus
der hat die Wahrheit vorher schon gewusst
bevor er mich gefragt
nur du du hast mein Heft
und trotzdem fragst du mich
die Anklagsschrift war voller Lügen
so gemein
das glaubt man nicht
auf keine Kuhhaut ging das drauf
was da an Falschheit drin gestanden ist
dass ich gelacht
mit einem lachenden Gesicht soll ich dem Mann
gesagt dass ich es war die
lächerlich
ich hab den Kerl gesehn nach der Verhandlung
nicht*
da frag ich mich wann ich das ihm gesagt soll
haben*
weil zum Sagen muss man glaub ich sehen sich
und dass ich mich versteckt im Wald
wie die Gendarmen mich gesucht
wie man so lügen kann
beim Förster hieß es war ich

der bewaffnet haust im Haus im Wald
da musst ich fast schon lachen dem Herrn Richter ins Gesicht[*]
weil erstens pflegt ein Förster vom Beruf her
eine Waffe führt der automatisch mit
sonst wär's ein Bauer und ein Förster nicht
und zweitens war ich nicht im Wald
bei keinem Förster mich versteckt
hab meine Schwester halt besucht
die hab ich lange nicht gesehn
da geht man auch ein Stück durch Wald
weil das ganz einfach kürzer ist
das kann ein Stadtmensch leider nicht verstehn
was kann da ich dafür

DIE JUNGE   nur davon red ich Oma nicht

DIE ALTE   achso
                 und wovon dann?

DIE JUNGE   ob du mit Absicht
                 weil das sagt dein Heftchen leider nicht
                 ob du gewusst

DIE ALTE   ich kann nur immer wieder sagen
                 nein an sowas dacht man damals nicht
                 es durften die Soldaten eine Nacht und länger
                 nicht beim Rückzug in den Orten Dörfern blei-
                 ben[*]
                 war Gesetz
                 weil die Versorgung sonst
                 weil die zusammenbricht im ganzen Dorf
                 gibt's nichts zum Fressen dann
                 wenn die ganz einfach mir nichts dir nichts blei-
                 ben so wie's ihnen passt
                 dahergelaufen kommen fressen saufen pöbeln
                 was weiß ich
                 im Nachhinein betrachtet geb ich zu war's ganz
                 egal[*]

was die Soldaten nicht gefressen
fraß paar Wochen später dann der Russ
so war das damals
das und nicht nur das
so war mein Auftrag von dem Zellenleiter
hab ihm das gesagt
dass einer bleiben will
Gesetz
nur eine Nacht und länger nicht
das hab ich wie's mein Auftrag vorsieht
dann zur Meldung nächsten Tags gebracht

SCHWESTER#1 und auf die Frage ob sie nicht bei der Gelegen-
heit in ihrer Meldung auch gesagt dass dieser
Mann Soldat angeblich abhaun will sobald Zi-
vilbekleidung aufgetrieben die ihm passt

SCHWESTER#2 so hat's die Zeugin vorhin haargenau gesagt

SCHWESTER#1 dass er fernmündlich nur aus einer Jugend raus
gesagt[*]
falls einer Kleider hätt
zivil
dann könnt man abhaun

SCHWESTER#3 Phantasie war das von einem Kind
wie von dem Vater präzisiert
ein Denkgebäude Hoffnung Hirngespinst mehr
nicht[*]

SCHWESTER#4 er hat gelacht

SCHWESTER#3 der Vater sagt mit Nachdruck

SCHWESTER#4 hat gelacht dabei

SCHWESTER#1 das war ein Scherz ein Übermut man muss die
Jugend doch des Sohns des Kinds bedenken die
zu jeder Zeit und auf der ganzen Welt doch dazu

neigt sich in Gedanken eine Hoffnung aufzu-
baun in dunklen Zeiten allemal

SCHWESTER#4   weil sonst zum Lachen viel gab es bei Gott in
jener Zeit nun wirklich nicht

SCHWESTER#2   wenn man nur Kleider Vater hätt
betone hätte hätt
dann könnt man könnt man
nein ich weiß natürlich Vater

SCHWESTER#3   gibt der Vater an
hat er gesagt

SCHWESTER#2   dass das nicht geht

DIE JUNGE   das ist gelogen jetzt
das hat er niemals nicht gesagt

SCHWESTER#1   wie kann das sein sie hat doch vorhin noch gesagt dass sie nur kaum in Teilen nur das Fern-
gespräch vom Nebenraum der Küche hat gehört
der Richter sagt

SCHWESTER#4   wenn sie mit einer Vehemenz bestreitet jetzt das
Nämliche*

SCHWESTER#3   dann muss sie ja mit einer großen Neugier aufmerksam dem Zwiegespräch gelauscht

SCHWESTER#2   wenn sie mit einer Sicherheit so plötzlich jetzt
verneint*

SCHWESTER#4   es ist der Vater Zeuge sei noch angemerkt zur
Gänze unbescholten*

SCHWESTER#1   und sein Leumund tadellos weshalb an der
Wahrhaftigkeit des Ausgesagten nicht zu zwei-
feln ist im Unterschied zu ihr die auch verdäch-
tigt wird darüber raus ein illegales Mitglied der
Partei wirft ein der Staatsanwalt

SCHWESTER#3   die offensichtlich lauschend an der Türe stand
am nächsten Tag nichts Bessres fiel ihr ein als zu
dem Zellenleiter voller übler Niedertracht zu ei-
len absichtsvoll dem Leben dieses Sohnes Kin-
des Schaden tödlichst anzutun

SCHWESTER#2   dann spricht der Anwalt ein der Angeklagten
dass man nicht den Leumund nicht die Wahrheit
eines Vaters schmälern will und auch in Abred
stellen will natürlich nicht jedoch bedenken
müsst man dass befangen ist der Zeuge der ein
Vater und was höchst verständlich ist mit einer
Liebe in dem Telefon fernmündlich hörte und
entsprechend heut erinnert sich und eine vage
angedachte Fahnenflucht des Sohnes hören
wollt und heut erinnert nicht

DIE JUNGE   ich weiß doch was ich hör

SCHWESTER#2   schon wieder Raunen Rufen

SCHWESTER#1   Ruhe

SCHWESTER#4   weiter im Verhör

SCHWESTER#1   was sie dem Zellenleiter der Partei am nächsten
Tag gemeldet hat*

SCHWESTER#3   vom Staatsanwalt gefragt sie sagt

DIE JUNGE   dass einer bleiben will im Ort und länger als erlaubt von dem Gesetz*

SCHWESTER#1   und auf die Frage ob sie sonst noch nichts

SCHWESTER#4   ob sie nicht auch von einer Desertion gesprochen Meldung hat gemacht

SCHWESTER#1   gibt sie nur an

DIE JUNGE   das weiß ich nicht ist mir erinnerlich ich glaub es
nicht*

SCHWESTER#1   jetzt Ruhe augenblicklich

SCHWESTER#4   ob sie angefordert bei dem Gruppenleiter NSDAP die Streife die dann anderntags gekommen ist

SCHWESTER#1   zu ihr

DIE JUNGE   die hab ich nicht gerufen hätt ich die Befugnis dazu nicht gehabt[*]

SCHWESTER#3   ob sie den Gruppenzellenleiter nicht gedrängt das Selbige zu tun die Streifen rufen soll weil sie in ihrer ganzen Bosheit wichtigtuerisch begehrt hat auszusagen vor der Streife

SCHWESTER#1   ob es stimmt dass er der Zellenleiter sie sogar gewarnt dass sie beschwören können muss die Wahrheit des Gehörten Ausgesagten schriftlich unterschreiben muss

SCHWESTER#4   warum sie nicht zurückgeschreckt vor dieser Last der Zeugenschaft von der sie wissen musste dass es einem Mann um Kopf und Kragen um das ganze Leben ging wenn sie beschwören können musste was sie heute hier angeblich nur mehr schlecht als recht bloß bruchstückhaft durch die geschlossne Küchentür ja gar nicht hören konnte wie sie sagt

SCHWESTER#3   war das Gehör anscheinend damals gut genug für so ein schrecklich Todesurteil heute für ihr eignes zum Erstaunen aller seltsam gut genug dann wieder nicht

DIE JUNGE   dann schrie im Publikum schrie einer

SCHWESTER#2   hängt sie auf

DIE JUNGE   und drauf kein Ordnungsruf von diesem Drecksgericht[*]

SCHWESTER#3   wie dann die Streife kam hat sie an ihrem Hör-
              sinn nicht gezweifelt offenbar

DIE JUNGE   ich hab nur wahrheitsmäßig angegeben was die
              Wahrheit war*

SCHWESTER#3   die einem Mann das Leben kosten musst

DIE JUNGE   das hab ich nicht gewusst
              ich kann nur immer immer wieder sagen wollt
              ich nur dass der nicht bleibt und wieder weg weil
              die Versorgungslage

SCHWESTER#4   Blödsinn

SCHWESTER#3   zieht die Lösung der Versorgungsfrage wie sie
              denkt ein Militärgericht nach sich?

DIE JUNGE   das weiß ich nicht ich bin in diesen Dingen aus-
              gebildet leider nicht*

SCHWESTER#1   und ob sie dann nicht vor dem Militärgericht
              das einberufen wurde nach der Meldung bei der
              Streife und dem Protokoll das sie maschinen-
              schriftlich wurd das aufgenommen den Gendar-
              men in die Hand diktiert

SCHWESTER#4   ob sie nicht dann verdammt vor diesem Un-
              rechtsmilitärgericht drei Tage später ungefähr
              ein einzges Mal nur den Gedanken fasste abzu-
              rücken von dem Protokoll

SCHWESTER#3   dem Ausgesagten

SCHWESTER#2   Aufgeschriebnen

SCHWESTER#4   Unterschriebnen

SCHWESTER#2   war begreiflich und ersichtlich jedem doch in
              dieser Zeit was diese Tat*

SCHWESTER#3   Verrat

SCHWESTER#2   in Bälde nach sich zieht dort vor Gericht

SCHWESTER#3   dem Feld- dem Standgericht das provisorisch eingerichtet wurde im Gemeindesaal des Dorfs

SCHWESTER#4   und sie als Zeugin vorgeladen zu beschwörn zu wiederholn

SCHWESTER#1   und sie bekräftigt das

SCHWESTER#4   anstatt der eignen Neugier Neigung Niedertracht dem Fanatismus abzuschwörn

SCHWESTER#1   stattdessen

SCHWESTER#3   dreimal hat der Richter dort der Unrechtsrichter dieses Feldgerichts wie eine Zeugin angibt sie gefragt ob sie sich sicher sei ob sie sich nicht verhört ob wirklich nochmals sie bekräftigt ob sie abrückt wirklich nicht

SCHWESTER#1   stattdessen gibt sie nochmals an

SCHWESTER#2   und hätt doch wissen müssen müssen nicht nur glauben meinen wahrhaft wissen Himmel Herrgott dass die Sache der man angeklagt verschuldet einzig und allein durch ihre Tat die feige dass der Tod drauf steht verdammt

SCHWESTER#4   auf all das sagt sie

DIE JUNGE   nein dass wusst ich nicht ich kann nur immer immer wieder sagen dass ich wusst das nicht und keine Absicht hatt ich nicht schon gar nicht hab ich dreimal auf die Warnung dieses Standgerichtesrichters hab ich nur gesagt dass das die Wahrheit ist und dass ich sagen kann nur was und wie es ist wahrhaftig

SCHWESTER#3   ob's so stimmt wie's steht maschinenschriftlich in dem Protokoll wurd sie gefragt

DIE JUNGE   sonst nichts und dreimal sicher nicht

SCHWESTER #4   drauf hat sie ja zum Richter das ist wahr gesagt

DIE JUNGE   und mehr auch nicht

SCHWESTER #1   sie gibt noch an

SCHWESTER #2   rechtfertigt sich

SCHWESTER #1   dass sie von dieser Streife den Gendarmen fragte was denn mit dem Mann passiert und dieser sagte

SCHWESTER #3   Hausarrest

SCHWESTER #4   ein Murrn und Rufen Fluchen aus dem Publikum
der Richter

SCHWESTER #1   Ruhe

SCHWESTER #4   Ruhe

SCHWESTER #1   mit der Hand schlägt auf den Tisch

SCHWESTER #4   Katheder

SCHWESTER #1   lachhaft stand im ganzen Land zu lesen auf Plakaten wer den Dienst verweigert an der Waffe stirbt

SCHWESTER #2   sie wird wohl lesen können oder nicht

SCHWESTER #3   sie schweigt

SCHWESTER #2   sagt dann ihr Anwalt leider war's unmöglich aufzufinden den Gendarmen von der Streife hier als Zeugen der Entlastung vorzuladen wurd gefunden nicht

SCHWESTER #4   der ist entbehrlich sagt der Richter

SCHWESTER #1   auf die gleiche Weise wohl verschwunden wie die Mitgliedskarte der Partei

DIE JUNGE   sagt drauf der Staatsanwalt
                  die Sau
                  im Saal man lacht

SCHWESTER#1   vielleicht beim Förster sich versteckt

DIE JUNGE   man lacht noch mehr

SCHWESTER#4   ich sagte Ruhe
                  alle augenblicklich

SCHWESTER#2   setzt der Anwalt fort dass man im Dorf im Ort
                  sich an Plakate dieser Art wie grad beschrieben
                  aufgehängt erinnert man das Volk befragt sich
                  allsamt nicht

SCHWESTER#1   es war April

SCHWESTER#3   ob sie zu sagen hat die Angeklagte noch zum
                  Schluss bevor sich die Geschwornen weil das
                  Bild bereits komplett

SCHWESTER#4   ob sie noch was zu sagen hat

DIE ALTE   mir ist ein bisschen blümerant
                  Ulrike
                  bringst mich wieder rein
                  ich muss ins Bett

(12)

DIE JUNGE   ich schau die Körper an die Bilder Teile Glieder
                  die ich schoss die letzten Jahre frag mich fällt zu
                  diesem Arm zu jenem Schenkel Schwanz und
                  Hodensack zur Hand zur Backe ein Gesicht mir
                  ein gibt eine Überprüfung leider nicht müsst fra-
                  gen bist das du und ob's zu dir gehört und das
                  und das das auch der Anruf kam saß bei der
                  Arbeit Mutter sagt jetzt ist's so weit sie kommt

nachhaus wird sie geschickt mit einem Wagen
zahlt die Kasse den Transport fuhr mir die
Schwester mit dem Arsch durchs Telefon in mein
Gesicht wie ich gefragt kann sie die Woche nicht
noch bleiben wirkt sie doch so schwach es fehlt
ihr nichts damit ich's weiß sie sind ein Krankenhaus ein Pflegeheim das sind sie nicht in einem
Ton die blöde Schwester den ich mir verbitt sie
hat sich glaub ich grad vergriffen weil ein Rotzmensch bin ich nicht

DIE ALTE   am Morgen Sonne schien trat ich hinaus aus
dem Gefangnenhaus die Sachen an der Pforte
abgeholt schau auf die Uhr und ist mir plötzlich
schwarz und schwindlig worden hat das Herz
gerast und in der Kehle eng geglaubt ich sterb an
Ort und Stell fall auf die Erd gelacht geweint
beim Abschied von dem lieben Anstaltsengel
alle andern lang schon fort von meinen Schwestern war die Letzte Längste ich die man politisch
hat genannt so eine Pracht die Bäume kann ich
sehn das Grün die Blumen Wiesen nicht im Kas-
tenwagen auf der Rückbank in dem Taxi sitz ich
schau beim Fenster raus jetzt geht's nachhaus
Herr Fahrer raten S' mal wie alt ich bin es hat die
Mutter nach der Haft wenn sie das Haus verließ
mich müssen immer einsperrn in dem Zimmer
weil ich Angst weiß nicht vor was das war ein
schönes Wiedersehn mit meiner Mutter kam im
Dirndl ich zur Türe rein warn wir zwei Weiber in
dem Haus

DIE MITTLERE   da bist du ja
ich hab gewartet schon
das Taxi Mutter zahlt der Staat

(13)

DIE JUNGE   und ich steh an ihrem Bett
                   und umarme meine Großmutter
                   und die Postmoderne umarmt mich zurück
                   es hat der Mensch für eine Wahrheit einzutreten
                   eine Eintrittshemmung
                   kann die Wahrheit nichts dafür denk ich
                   dass ich politisch
                   kann nur immer wieder sagen
                   nein
                   politisch bin ich nicht

DIE ALTE   ja du
                   da bist du ja
                   Ulrike
                   schau dich an
                   bin wieder da
                   wo warst du denn die ganze Zeit
                   zwei Wochen
                   musst du immer in der Arbeit sein
                   dass hättst dir nicht gedacht nicht wahr
                   die Schwester hat gesagt das hohe Alter
                   biblisch
                   eine Krankheit ist das nicht
                   und drum kein Grund zu bleiben in dem Kran-
                   kenhaus*
                   Ulrike stell dir vor sind lauter Kranke dort
                   ein Jammern Klagen Schnarchen Siechen
                   nichts für mich

DIE JUNGE   die Arme leg um sie
                   die Mutter sagt du isst nichts mehr
                   zum Gruß ein Kuss
                   auf beide Wangen eingefalln
                   der Kiefer fortgegangen
                   war ich noch ein Kind
                   schon lang

seitdem ich denken kann
mit Plastikzähnen aufgefüllt den Mund vorm
Schlund*
das leere Loch in dem Gesicht
die Zähne rausgetan die Tochter Schwester Pfle-
gerin
die Wächterin die Schlüsselträgermeisterin
in einer weißen Dose aufbewahrt
am Kästchen bei dem Bett
hält drum die Wangen nichts mehr auf
bis auf die Zunge reingefalln die Bäckchen
abgeglitten von dem Knochen
Fleisch verschwunden
spitzes Kinn
die Nase lang und schmal
ein aufgespreizter Schnabel ist das
Nase Kinn
dort wo ein Mund
denk ich
ein Krater jetzt

DIE ALTE   als hätt man von der Seite kleinkalibrig wegge-
schossen mir*
das Maul

DIE JUNGE   sie sagt
es war doch nur das Alter Kind die Jahre

DIE ALTE   keine Waffe Ulli nicht
wir drehn uns quer zum Feuer zum Beschuss der
Zeit*
die stets von vorne kommt
was dich nicht umwirft macht dich stark
hast gutes Blut in dir mein Kind
von mir durch deine Mutter dir gegeben
wirst du leben lang wie ich
die Männer sterben früh
bei uns
wir Weiber nicht

DIE JUNGE   und federleicht sie ist
                   ich heb sie aus dem Bett
                   ins Freie trag ich sie
                   im Garten hin zum großen Baum

DIE ALTE   so eine Pracht
                   der Baum
                   schau rauf
                   wie voll wie breit wie weit wie schwer
                   die Krone
                   königlich
                   legt sich auf mich
                   gekrönt von Blättern Blüten Zweigen ohne
                   Frucht*
                   den Baum erklommen ich
                   schau auf dich runter Kind wie klein du bist
                   noch nicht geborn
                   es führn die Weiber führn die Häuser führn das
                   Dorf*
                   ein jeder Mann im Feld
                   das nicht der Acker ist
                   auf diesem Feld wird nicht gesät Kind nur ge-
                   mäht*
                   was Mannsbild ist
                   ist von zuhause fort
                   gibt's manche Mangelware
                   Mangel auch am Mann
                   was durch die Dörfer zieht wie mit dem Wind
                   herbeigeweht verstreut
                   ist nicht der Rede wert
                   die schlafen fressen schnauzen Mann für Mann
                   von hier heroben über Hügel Berge kann ich
                   sehn*
                   du fragst was kommt
                   vom Horizont
                   kein Siegesfeuer
                   Fußvolk Pferde Reiter Wagen nichts

was sich so durchschlägt bis zu uns
kommt aus dem Wald
geht auf den Straßen nicht
Kind schau!
es naht sich deine Mutter die mir Tochter ist
tritt aus dem Haus
kommt auf uns zu

DIE JUNGE   und meine Mutter kommt den Weg vom Haus
                 entlang[*]
                 und sie sagt nichts
                 und in ihrem Gesicht ich lese

DIE MITTLERE   ich bin Elektra
                 die strahlende Sonne der Feuerbrand
                 der Brand
                 das Feuer
                 der Ofen bin ich
                 in meiner Flamme mit meinen Flammen
                 durch sie
                 die mein Zorn sind
                 verbrenne ich
                 verbrenne ich meine Herkunft
                 meine Abkunft
                 meine Abstammung
                 meinen Stamm den Mutterstamm
                 dessen Spross ich bin aus dem ich gespros-
                 sen[*]
                 ich faule Frucht Frucht des üblen Baums
                 des Gewächses der Fäulnis das Mutter heißt
                 den Stamm und die Wurzel verbrenne ich im
                 Feuer[*]
                 das mein Zorn ist mein heiliger gegen die
                 Mutter[*]
                 sie
                 die ich gerecht bin und sie sie nicht
                 schneide hacke trenne ich was mich verbin-
                 det[*]

mit der Ungerechten
ihr
die Schnur vom Nabel meinem führt in ihren
Leib[*]
ich schneid sie durch
und sie sagen:
siehe das Mannweib es hat ein Geschlecht
wie ein Mann[*]
das zwischen ihren Beinen hängt die rote
Blutwurst prall gefüllt[*]
die Nabelschnur
ein Blutsglied seht
sie sagen
seht den Mann das Weib das wie ein Mann
mit einem Beutel prall gefüllter Hose steht
sie da[*]
das Weib ganz wie ein Mann
und sie mir Mutter ist und ist und ist und
immer war[*]
ich reiße zwischen mit der Axt gespaltnen
Schenkeln[*]
diesen Schlauch der mich mit ihr verbunden
raus[*]
aus ihrem Fleisch
der Mutterfurche
Falte
Schlitz
ich zieh bis dieser Ort an dem ich rangereift
zum Menschen[*]
aus dem Nichts
in dieser Frau
vor mir am Boden liegt
und schaut das Blutfleisch aus dem Mutter-
bauch das Adernetz[*]
pulsierend auf der Erde
wie ein plattgepresster Laubbaum aus
der umgefällt am Boden liegt

an Ort und Stelle gleich verbrenn ich ihn
den Baum vom Bauch
an dessen Ast ich rangereift
der Apfel fällt man sagt nicht weit
das ist ein Pech
verfaul nicht weit vom Stamm gefalln in ihrem Schatten ich[*]
zertritt ein Schuh was von mir übrig ist den
Rest[*]
und bleibt nicht stehn und geht schnell fort
wer nimmt die Axt den Stamm zu Fall zu
bringen außer mir[*]
kein Bruder keine Schwester von dem Baum
gepflückt[*]
Orest nicht tot nein nie geboren keine Axt zu
schwingen[*]
harten Stahl zu führen gegen Rinde mor-
schen Stamm[*]
wart ich auf keinen mehr
ich bin sie selbst
ich bin die Axt
es fällt der Stamm
der Mutterbaum
er brenne
lichterloh

DIE JUNGE   und meine Mutter schaut mich an
                    und schaut weg und in die Landschaft
                    und nicht länger lese ich in ihrem Gesicht
                    und sie sagt
                    ach

DIE MITTLERE   hier draußen seid ihr zwei
                    das Essen Mutter steht am Tisch

DIE JUNGE   und im Haus zurück im Zimmer
                    sitzt im Bett

DIE ALTE	die Augen schlecht geworden in der Untersu- chungshaft[*] mit dreißig Jahrn ein blindes Huhn gewesen schon[*] wenn man nicht schaun kann in die Ferne geht das beste Aug kaputt ganz ohne Grün jetzt gib schon Ulli her
DIE JUNGE	im Kasten hinten unten in der Truhe früher bunt bemalt[*] naive Blumen drauf dort wo das Heft bei Briefen Büchern Karten Knäuel grobes Garn[*] fast wie Spagat und meterweise draus gehäkelt Bänder Schnüre wie ein Hanfseil[*] aufgerollt zu Ballen kindskopfgroß
DIE MITTLERE	hab alles aufgewickelt aufgeräumt wie ich ins Haus gekommen[*] damals auf dem Boden sie gefunden ganz verheddert in ein Netz aus Garn am Fuß der Garderobe nackt was machst du denn bist jetzt verrückt was räumst den ganzen Scheiß da aus dem Kas- ten raus[*] in deinen eignen Fäden dich verfangen dich ver- strickt[*]
DIE ALTE	ich strick schon lang nicht mehr das geht mit diesen dummen Augen nicht mit einer dicken Häkelnadel lange Schnüre dann die Löcher in den Maschen seh ich nimmer hätt so gern ein Deckchen noch gemacht

und ewig rundherum gehäkelt schöne Stäbchen
ging halt leider nicht
nur eine Kette grade hin
aus Masche Masche Masche hunderttausend-
fach*
weil ich so alt geworden bin

DIE JUNGE   jetzt übertreibst du aber Oma

DIE ALTE   nix
in meinen besten Zeiten
hab an einem Tag ein ganzes Kinderwestchen fix
und fertig*
hergestrickt
mit Bommeln dran
da hat der Finger der den Faden führt vom festen Garn*
so eine tiefe Furche dann im Fleisch
ganz blau vom Faden abgewürgt
und manchmal Blut sogar sich in die Wolle rein-
gesoffen*
harte Arbeit war das Kind
bin wirklich weit gekommen
dass am Schluss ich blöde Schnüre häkle
die man wegschmeißt wenn ich fort
Verbrechen ist das
dass ein Mensch so schlecht zusammenkommt
dass ich das noch erleben muss
dass ich zu nix mehr bin

DIE MITTLERE   hab ihr ein Nachthemd angezogen
kann ja nackig nicht am Boden auf die Rettung
warten*
hat die Augen einmal kurz nur aufgemacht
gesagt
ja du bist das
sich wie ein Baby eingerollt

DIE ALTE   gib mir die Knäuel Ulli her

DIE MITTLERE   den Boden aufgewischt
                    den Kasten zugemacht

DIE ALTE   was in der Truhe ist
                    sag's deiner Mutter könnt ihr gern vernichten
                    brennt wie Zunder sicherlich

DIE JUNGE   die Knäuel mit den Häkelschnüren hab ich ihr
                    aufs Bett gelegt*

DIE ALTE   und mach den Kasten zu

DIE MITTLERE   hab ihr beim Atmen zugehört
                    mich zu ihr hingesetzt
                    zum Telefon gegriffen
                    Tochter
                    Rettung
                    alles aufgeräumt
                    gewartet
                    ruhig
                    am Boden
                    sie
                    und ich

DIE ALTE   such mir den Anfang Ulli da
                    ich find ihn
                    seh ihn nicht
                    verdammt jetzt hilf mir mal
                    wozu ich Augen hab
                    ich seh das nicht
                    die sind für nix

DIE JUNGE   wie ich dann ging
                    Gut Nacht gesagt
                    hat angefangen
                    Oma
                    aufzutrennen
                    Schnüre
                    meterlang

(14)

SCHWESTER#1	die Angeklagte endlich eingesunken sitzt
SCHWESTER#2	als ob man ihr die Wirbelsäule Stück für Stück das Rückgrat rausgelöst
SCHWESTER#1	wir uns schon fragen ob sie schläft
SCHWESTER#2	die Schönheit
SCHWESTER#1	Blümelein
SCHWESTER#2	vom Land
SCHWESTER#1	verwelkt
SCHWESTER#3	nach Stunden einem ganzen Tag
SCHWESTER#4	jetzt alle Zeugen vorgesprochen
SCHWESTER#3	Frauen Männer aus dem Dorf
SCHWESTER#4	die halbe Nachbarschaft
SCHWESTER#2	wir fragen uns ob man befreundet ist vielleicht jetzt war*
SCHWESTER#3	ein letztes Mal der Vater vorne sitzt
SCHWESTER#4	hat drum gebeten das Gericht nur kurz bevor das Urteil die Geschwornen über Schuld und Unschuld stimmen im Geheimen
SCHWESTER#2	haben Hunger
SCHWESTER#1	in dem Saal das Volk schon unruhig auf den Plätzen wetzt* wir denken dauert nicht mehr lang die Kerzen fast herabgebrannt
SCHWESTER#3	an seinen Händen
SCHWESTER#1	alles still ganz plötzlich

SCHWESTER#4   sagt der Vater

SCHWESTER#3   einem Goldzahn ihn erkannt
                ihn ausgegraben

SCHWESTER#4   sagt er
                unter Tränen

SCHWESTER#1   schöne zarte dünne Hände
                Finger
                wie ein Pianist
                ein Geigenspieler
                lang und schlank

SCHWESTER#3   ihn dran erkannt

SCHWESTER#1   ein weißer Halbmond wie gemalt an jedem Finger jedem Nagel*

SCHWESTER#3   sieht er heute bildlich lebhaft noch vor sich

SCHWESTER#2   das Brustbild vorher hat naturgemäß gezeigt die Hände nicht*

SCHWESTER#4   aus tausend würd er finden

SCHWESTER#3   an den Händen

SCHWESTER#2   blind

SCHWESTER#3   ein jeder Vater kennt sein –

SCHWESTER#4   sagt er
                mit des Pfarrers Hilfe hat die Stelle

SCHWESTER#1   nicht am Friedhof lag er

SCHWESTER#2   auf dem Feld

SCHWESTER#1   zum Waldrand hin

SCHWESTER#2   und auch den Baum an welchen er gebunden

SCHWESTER#4   gold der Zahn

SCHWESTER#3   als Kind verlorn

SCHWESTER#2   die Stelle dann gefunden

SCHWESTER#4   weil der Pfarrer angegeben war mit ihm auf seinem letzten Gang[*]

SCHWESTER#3   weil ich die Ehre hatte schreibt er brieflich ihren
Sohn den werten zu begleiten auf dem letzten
war ich bis zuletzt an seiner Seite auf dem
schwersten letzten

SCHWESTER#2   auf dem Truppenschießplatz

SCHWESTER#1   exhumiert

SCHWESTER#3   ihn trotzdem gleich erkannt
sofort
trotz Erde Wesung
trotz Verfall
ihn gleich an seinen

SCHWESTER#2   schon gesagt
das hat er
sagt der Anwalt
vorher schon sich wiederholt

SCHWESTER#3   von meiner Frau die Hände wohl geerbt
schaun nicht wie meine aus

SCHWESTER#1   herausgehoben aus dem Feld der Erde endlich
heimgebracht[*]
zu seiner

SCHWESTER#4   arme Mutter armer Vater hat er
schreibt der Pfarrer ganz am Schluss nur noch
an sie gedacht[*]

(15)

SCHWESTER#1   sie geht ins Haus am nächsten Tag die Tochter

SCHWESTER#2   Königstochter
hat das Frühstück unterm Arm dabei

SCHWESTER#4   kommt durch die Hintertür
von hinten rum
es fällt ihr Blick aufs Bett

SCHWESTER#3   ist leer
ist keine Mutter drin

SCHWESTER#4   nur aufgewickelt

SCHWESTER#1   Berg aus Knäuel

SCHWESTER#4   rotes Garn auf der Matratze aufgetürmt

SCHWESTER#2   zieht sich die Jacke aus

SCHWESTER#3   durchs Zimmer geht zur Küche weiter

SCHWESTER#2   Garderobe

SCHWESTER#1   nach der Mutter ruft

SCHWESTER#4   sie will die Jacke

SCHWESTER#1   Mutter ruft sie

SCHWESTER#4   auf den Haken

SCHWESTER#1   Mutter

SCHWESTER#4   hängen

SCHWESTER#1   ruft sie

SCHWESTER#4   hin

SCHWESTER#2   steht bei der Garderobe

SCHWESTER#1   hört zu rufen auf

SCHWESTER#3   hängt ihre Mutter dort

SCHWESTER#4   halb in der Luft

SCHWESTER#2   an einer Schnur aus Maschen

SCHWESTER#1   selbst gehäkelt
sie

SCHWESTER#2   sich einfach in die Schnur gelegt

SCHWESTER#3   mit ihrem Hals gebunden an die Wandvertäf-
lung*

SCHWESTER#4   an das Holz

SCHWESTER#2   die Garderobe

SCHWESTER#1   an die Wand

DIE MITTLERE   ich dreh mich um
zur Türe vorn hinaus
ging ich ums Haus
zum Schuppen
holt die Axt
im Holzblock steckt
das Beil
geh wieder rein
und schlug das Seil entzwei
zu Boden fiel
ein Mensch
hinab

ich hielt die Axt
noch eine Weile fest wie angewurzelt
stand ich
widerstand der Schwere des Metalls
nach unten
zieht
mein Blick zur Wand
kein Fenster drin

dacht ich
ins andre Zimmer ging
das Beil
damit
noch in der Hand
legt mich
ins Bett

wie mich die Tochter fand
war eingeschlafen
ich

ich hätt so gern
Ulrike
einen Bruder
weiß ich nicht
halt so
gehabt

(16)

DIE JUNGE   am Abend vorm Begräbnis saß in meiner Woh-
                   nung läutet's Sturm schau durch das Guckloch
                   mach ihm auf und fliegt die Tür getreten an die
                   Wand und ich zurück und brüllt der Kerl wie das
                   kommt dass er am Handy eine Nachricht hat
                   mit Fotos er beim Schlafen drauf mit seinem
                   Schwanz mit seinem Arsch in meinem Bett ge-
                   folgt von fünfzig weiß nicht andern Fotos and-
                   rer Männer schlafend Bäuche Beine Schwänze
                   Ärsche Hände Arme allesamt was ich für eine
                   bin was ich für eine bin verdammt dann schlug
                   er zu kroch auf den Knien zum Bett auf allen
                   viern jetzt sag doch was er schreit ich dreh mich
                   um und schau ihn an ich schmeck nach Blut und
                   sag

auf deine Frage
zur Verteidigung
was ich da vorzubringen hab würd sagen
erstens
weiß es nicht
die Tat den Tätern überlassen nicht
denk ich
was ich für eine bin
wie schön dass er gekommen
zweitens
nochmal nochmal schlägt er zu mit starken Armen
harte Fäuste dran
und zweitens
nochmal
dreimal
viermal
weißt
sag ich
wer A sagt
schöne Hände hast du
muss auch –
wie Baum
dann hab gelacht
und aus
das Licht

In die Dunkelheit hinein
Bilder
von Männerkörpern
Männerkörperteile
unzählige
in allen Variationen
unterschiedlichster Männer
ohne einer zu sein
und doch

ENDE

Im April 1945, wenige Tage vor dem Ende der Nazidiktatur, wurde ein zwanzigjähriger oberösterreichischer Soldat aufgrund einer Denunziation als Deserteur zum Tod verurteilt und ermordet.

MATERIALIEN
quasi ein thematischer Handapparat des Autors
in chronologischer Reihenfolge

Einzelnen Dramen von Ewald Palmetshofer gehen in ihrer Entstehung
thematische Auseinandersetzungen und Fragestellungen voraus, die
der Autor meist in kurzen essayistischen Texten einzukreisen ver-
sucht. Diese Texte, die seine Arbeit am eigentlichen Stück vorbereiten
oder flankieren, sollen hier als eine Art Handapparat einen vertiefen-
den Einblick in seine Materialsammlung ermöglichen.

Zu *hamlet ist tot. keine schwerkraft:*

(Jahrhundert)

Was ist das Jahrhundert, was das Jetzt? Während das Denken des
20. Jahrhunderts, also das Denken über dieses vergangene Jahrhundert, noch lange nicht zu seinem Ende gekommen ist, ist das Subjekt
dieses Denkens schon längst im neuen Jahrhundert angelangt. Und
während dieses erste Denken seinem Abschluss entzogen scheint, ist
dem Denken des neuen Jahrhunderts, einem Denken der Gegenwart, auch sein eigener Anfang verborgen. Das Denken der Gegenwart hat seine Vergangenheit noch vor sich, und seine Zukunft ist
immer schon zu viel Gegenwart, als dass es ein Innehalten für es
gäbe. Das Denken ist immer schon zu spät und der Augenblick des
Jetzt immer zu früh. Das Jetzt wird aufgesogen von der Unabge-
schlossenheit des Gestern und der Verschlossenheit des Morgen.
Aber das Morgen ist schon immer zu früh da und zeigt sich als
Exzess der Gegenwart, als Überschuss, der den Lauf der Dinge
stört. Also sucht man die Zäsur. Man sucht das Innehalten, um sich
selbst in der Zeit denken zu können. Die Zeit müsste stillstehen, um
das Denken in seiner Rastlosigkeit kurz zu sich kommen zu lassen.
Aber die Zeit lässt keine Zeit, schenkt sich nicht, gibt nur ein über-
bordendes Rasen. Während sich keine Zukunft denken lässt, dieses
junge Jahrhundert seinen Namen verschweigt, ist es schon immer

da, immer schon gegenwärtig, als exzessives Material, als Zeug, als stinkendes Karzinom. Der Mensch dieses jungen Jahrhunderts ist ein Mensch auf der Schwelle. Immer auf der Schwelle. Immer nur Schwelle. Immer vor dem Krebs.

(Angst)

Das alte Jahrhundert hat sich mit keiner Zäsur von uns verabschiedet. Das Millennium hat nicht auch die Welt mit in sein Ende genommen. Nicht der Meteorit, nicht der Software-Super-GAU, nicht die Pandemie, nicht die Bombe. Das ausgebliebene Ende der Welt hat sich nur in den Horizont verschoben. Es mag kommen, was da noch nicht gekommen ist. Dies ist das Geschwür am Horizont. Dies ist das Material des Denkens der Gegenwart. Das gegenwärtige Jahrhundert schickt sich an, als das gedacht zu werden, was es vielleicht am Ende gewesen sein wird. Das Jahrhundert der Gegenwart ist ein Vielleicht. Es ist das Vielleicht der nahen Gegenwärtigkeit des Endes. Und dieses Vielleicht ist nur der verbergende Name einer spezifischen Gestalt der Angst, denn die Angst der Gegenwart ist eine doppelte: Zum einen ist da die Angst vor dem Ende, zum anderen die Unentscheidbarkeit, ob dieser Angst überhaupt ein reales Objekt zukommt, und diese Unentscheidbarkeit der Begründetheit der Angst ist Ursprung einer zweiten Angst, einer Angst, die immer schon als Kehrseite, als Double mit jener ersten zusammenfällt, mit jener anderen Angst, die niemals vor der zweiten kommt, sondern ihr immer gleichzeitig ist. Die Angst ist immer Zwilling, ist immer Angst und Angst. Es ist die Angst und die Angst als Unentscheidbarkeit der Angst. In einer Welt des Vielleicht ist alles möglich, jedoch nicht notwendigerweise. Es ängstigt das Monströse des Endes. Und es ängstigt die Unentscheidbarkeit des Realen der Monstrosität selbst.

(Untote)

Während die Gegenwart eine der doppelten Angst ist, ist sie immer schon vom unabgeschlossenen Rest der Vergangenheit, des alten Jahrhunderts kontaminiert. Die Gegenwart des alten Jahrhunderts zwingt sich als verunreinigender Überschuss ins Denken des Jetzt und zeigt sich als Gleichzeitigkeit der Existenz der Alten. Der Abschluss des alten Jahrhunderts entzieht sich genau am Ort der leiblichen Gegenwart seiner Zeuginnen und Zeugen. Man denkt: Solange diese Großmutter oder alte Mutter noch dieselbe Luft saugt wie ich, kann diese Gegenwart, kann das Denken der Gegenwart kein Ende finden und sich dem Kommenden zuwenden. Die Gleichzeitigkeit des Existierens, die leibliche Gegenwart des Alten beugt zu jeder Zeit den Blick aufs Jetzt und wirft ihn immer auf den nicht sterben wollenden Leib der Erzeuger. Mit der Hoffnung auf ein Neues wird die alte Mutter zur untoten Fratze einer Vergangenheit, die nicht vom Heute ablässt. Wenn ein Denken der eigenen Gegenwart nicht möglich ist, bleibt nur das Hoffen auf den Tod des Alten. Und dieser Tod wird als Überbringer eines Neuen gedacht, ersehnt, herbeigeführt. Dies ist die Illusion angesichts der Untoten.

(Epoche)

Was ist dieses junge Jahrhundert? Was ist der Tod darin? Das alte Jahrhundert nahm seinen Anfang in der Raserei eines ersten Krieges. Das Denken des alten Jahrhunderts findet seine Zäsur in der perversen Gründungsgewalt des Krieges. Das Zerstörerische des Krieges schenkt der Historie eine epochenbildende Marke. Welches Geschehen ist die epochale Markierung der Gegenwart? Steht es noch bevor? Ist es schon in unserem Rücken? Ist mit 9/11 jene Marke schon gegeben, oder ist 9/11 bloß der Vorschein einer kommenden Katastrophe, die sich der Gegenwart geschenkt haben wird? Wird diese Katastrophe in einer Potenzierung der Zerstörung von Ground Zero bestanden haben, oder wird die eigentliche Katastrophe erst das exzessive Verhindern der Realisierung einer phantasierten anderen Katastrophe gewesen sein? Was wird die Epoche benannt haben – der Terror, oder der Krieg gegen den Terror, oder der Krieg gegen den Krieg gegen den Terror? Und warum dieses Denken des Krieges als Denken der neuen Epoche? Warum nicht ein Denken und Erhoffen anderer Zäsuren, Ereignisse, an anderen Orten, jenseits der Achsen des Guten und Bösen?

(Gott)

Warum erscheint die Katastrophe des Endes als einziges Paradigma
einer kommenden Geschichte der Gegenwart? Wird sie die endgül-
tige Einlösung des Christentums sein? Wird sich die Gründungsgewalt des christlichen Westens im kommenden Ende finalisiert haben? Müsste die Apokalypse des Westens dann nicht aber auch eine
Apokalypse des Endes jeder Religion sein? Müsste nicht Schluss
gemacht werden mit dem Denken Gottes? Müsste nicht die ewig
untote Vergangenheit mit sich selbst auch noch jeden Gott, das
Untote schlechthin, jedes Denken eines Gottes, jedes Denken des
Fehlens Gottes, jede Erinnerung an dieses Denken mit ins Grab
nehmen?

(Zahl)

Die christliche Gründungsgewalt gegen den Sohn hat sich nach
einem Jahrhundert der Psychoanalyse doppelt verkehrt. Die Grün-
dungsgewalt ist als Mord am Vater dechiffriert, verstellt hinter dem
Mythos von der Tötung des Sohnes. Das Jahrhundert rief auf, zur
Tötung der Väter zurückzukehren. Nun liegt Ödipus scheinbar hinter uns. Was bleibt am Ende der ödipalen Tat zu tun? Welches Opfer
wird noch zu erbringen sein? Die Enthierarchisierung durch die
Tötung der Väter scheint geglückt, an die Stelle des Namens des
Vaters tritt die Hierarchie der Zahl. Am Ort der Väter wohnt die
Allmacht der Rechnung. Verborgen und gänzlich unsichtbar bleibt
die Zählung selbst, die Urzählung, die der Zahl ihr Objekt zuweist.
Nicht jeder oder jede ist oder hat Zahl, nicht jedes ist der Zählung
wert, nicht jede Menge erhält Einlass ins Reich der Rechnung. An
die Stelle der Transzendenz ist die Verborgenheit der Zählung selbst
getreten. Die Idee radikaler Egalität hat in der Zahl ihre totale
Realisierung gefunden. Die Zahl macht alle gleich. Verborgen jedoch bleibt die Zählung *als* jemand selbst. Gezähltes gilt als gleich.
Nicht-Gezähltes ist selbst der Idee der Gleichheit entzogen. Die
Macht der Zählung, die egalisierende Kraft der Zahl, hat sich am
Ort der toten Transzendenz ein neues Heim gebaut. Der Olymp ist
nicht die Rechenmaschine, der Olymp ist die Vergabe der Zahl, ist

die neue Schicksalsgewalt, ist die Administration des Zählbar-Seins. Solange mit dir gerechnet wird, bist du nicht tot. Wird dir deine Zahl entzogen, bist du tot für die Zahl, bist du tot für die Berechnung, bist du lebendig tot. Die Zahl ist die Seele. Der Seelenlose ist ein Untoter, der Egalisierung der Zahl entzogen. Vor der Zahl sind alle gleich. Was ist die Gründungsgewalt nach dem Abschluss des Ödipalen und dem Aufstieg der Allmacht der Zahl? Es ist hier absolute Transzendenz am Werk, Verwirklichung eines totalen Christentums in der völlig entrückten Gewalt der Zählbarkeit. Der radikalen Entzogenheit der Transzendenz der Zählung ist durch keine ödipale Tat beizukommen. Was bleibt hier anderes als der Mord am quasi sozio-ökonomisch Untoten, am von der Zählung ausgesonderten Anonymen? Was bleibt außer dem Mord an den Ungezählten? Und dieser Mord, dieses Töten des Untoten steht nicht aus, sondern ist Gegenwart. Das Ende des Ödipus und der Sieg der Zahl ist das Ende des Ausstehenden selbst, ist die Ankunft in der totalen Gegenwart, ist die Vergegenwärtigung des anonymen Tötens, ist die Verwirklichung, dass nichts zu tun bleibt, weil schon alles geschieht. Die Anonymen sterben schon. Irgendwo. Auf der Welt. Menschen. Und es bleibt nur das »Noch-Immer«, die insistierende Gegenwart der Untoten, die nicht schnell genug verenden. Als wäre diese Gegenwart bloß Einübung ins Warten auf den Tod der Ungezählten, zu denen man vielleicht selbst un-gezählt haben wird.

(Land)

Wenn die Kinder endlich heimkommen, von der Stadt heim aufs Land, zeigt das nicht schon das Ende an? Ist das Ende nicht immer ein Ende der Stadt? Ist das Ende nicht immer zuerst in der Stadt? Ist die Stadt nicht der Anfang des Endes? Und umgekehrt: Ist das Land nicht das letzte Refugium des »Noch-Immer«, letztes Bollwerk gegen jedes Ende? Wehrt das Land, während es selbst schon in den letzten Zügen seines eigenen Endes liegt, nicht immer noch dem Ende aus der Stadt? Ist nicht das Phantasma des Endes der Stadt das heimliche Begehren des Landes? Und wieder umgekehrt: Ist nicht das Land immer der unterstellte Ort der Wiederkehr der Ro-

mantik, der romantischen Liebe, des im Labor der Familie gerei-
nigten Sexus, der Wiederkehr der untoten Bürgerlichkeit in seiner
reinsten Idee? Ist nicht die Wiedergeburt eines vom Ende her geläu-
terten Bürgertums die versteckte Wahrheit des Landes? Wartet
nicht der alte Landmensch noch immer auf die Wiederkehr der
Städter, auf ihre Flucht vor dem Ende aus der Stadt? Ist nicht das
Kommen der Städter, zurück aufs Land, raus aus der Stadt, immer
auch Vorbote des Krieges, ein Vorbote des Neuen, ein Vorbote des
Überlebens des Landes? Ein Warten, dass sie wiederkommen, aus
der Stadt, wiederkommen, wie damals. Weil, wenn die Bomben die
Stadt dem Erdboden gleichmachen, wächst am Land noch immer
die Kartoffel am Feld. Und nochmals umgekehrt: Wenn die Angst
der Stadt die vom Ende erzwungene Rückkehr aufs Land ist, wenn
die Geschichte vom Auszug der hungrigen Städter der heimliche
Alptraum des Stadtmenschen jenseits seiner Wochenendhäuslich-
keit ist, dann muss das Land zerstört werden, muss der Ort der
Rückkehr noch vor allem Ende von der Landkarte verschwinden.
Man muss das Land begraben, muss die Schuld begraben, nicht
mehr am Land zu sein, die Schuld, die das Land als Land der Untoten diktiert. Man muss seine Heimat zerstören, muss sie vertilgen,
vernichten, dem Erdboden gleichmachen, um seine neue Heimat zu
wählen. Und erst die Zerstörung des Landes, die Vernichtung der
Möglichkeit einer Flucht vor dem Ende, macht das Ende total. Man
muss die Möglichkeit des Asyls auslöschen, um das Ende ganz zu
konsumieren.

(Melancholie)

Wenn es also kein Fundament gibt, kein Fundament des Politischen, wenn die Fundamentlosigkeit vielmehr der Kern, die Wahrheit der demokratischen politischen Ordnung ist, dann gilt es, nicht
länger dem Fehlen dieses Fundamentes nachzutrauern, dessen Abwesenheit nicht als Mangel zu begreifen. Man muss sich also von
der politischen Melancholie verabschieden, vom vermeintlichen
Verlust von etwas, das man faktisch nie besaß. Man muss die Melancholie hinter sich lassen und das Fehlen des Grundes als einzigen
Grund setzen, als das, was das Feld des Politischen konstituiert,

eben dessen Grundlosigkeit. Von ihr ausgehend, ist eine Praxis des Politischen zu erfinden, die nicht wieder in eine Praxis der Trauerarbeit zurückfällt.

Zu tier. man wird doch bitte unterschicht:

(Subjekt)

Wie wird man ein Subjekt? Vorausgesetzt, ein Individuum zu sein, ein Einzelmensch, unteilbar, bedeutet noch nicht Subjekt-Sein. Wie wird man Subjekt? Wie, unter der Bedingung der Entsubjektivierung, der Ausgeschlossenheit, die ein anderer Name für die Individualisierung ist? Was, wenn dem Einzelmenschen nichts gegeben ist, dem er sich unterstellt, also sub-jektiviert finden könnte, als eben bloß dieses Nichts der Ausgeschlossenheit, das Nichts als Nicht-Teil-der-Menschheit-Sein? Was, wenn dem Einzelmenschen nichts anderes bleibt, jenseits des Nichts, als sein eigenes Trauma des Ausschlusses? Wenn als Gründungsgeste und Kern des Subjektes nur mehr seine Wunde zu denken ist, nichts anderes mehr und darüber hinaus, dann kann sich der Einzelmensch nur mehr voll und ganz dieser Wunde unterstellen, um Subjekt zu sein, dann ist nur mehr ihr die Treue zu halten, der Geschichte seiner schon geschehenen Zerstörung. Und dies vor dem Hintergrund, dass ohnehin schon alles andere in Zerstörung begriffen ist. Es ist, als müsste sich der Einzelmensch nur noch den Dingen hinterherschicken. Als Ausgeschlossener Teil eines Ganzen, Teil einer Welt zu werden, bedeutete dann, Teil der Zerstörung zu sein, sie auf sich zu nehmen und fortzutragen, an einen bestimmten Ort, den Ort der Wunde, der sich aus der Vergangenheit in der Gegenwart aktualisiert, kraft des Subjekts. Das Subjekt unter der Bedingung der Entsubjektivierung ist das sein Trauma, seine Zerstörung vergegenwärtigende, aktualisierende Tier.

(Rand)

Der Mensch der Ausgeschlossenheit, der *Andere*, wird bevorzugt an den Rändern lokalisiert. Er oder sie west an den Rändern des Sozialen, der Kaufhäuser, an den Rändern der Stadt. Und *dass* der Andere lokalisiert *wird*, ist wesentlicher Teil der Technologie der Ausschließung. Die Ausschließung weiß nicht nur, *wer* der Andere ist, sondern auch, *wo* er oder sie sich aufhält. Den Anderen als Anderen zu benennen heißt immer auch, seine oder ihre Orte zu markieren, diese *anderen* Orte. So wie die Benennung des Anderen Teil der Hierarchisierung von Gesellschaft ist, ist die Teilung der Orte in Orte und *andere* Orte eine Über- und Unter-Ort-nung des gesellschaftlichen Raums, nur eben im Kartographischen des Sozialen. Man spricht über die Anderen und ihre Orte, aber sie selber sprechen nicht, nicht sie, und nicht ihre Orte. Dieses Sprechen-Über verlängert und reaktiviert nicht nur die bestehende Ordnung, es versucht, nicht zuletzt die prekären Orte und ihre Anderen zu fixieren, ihrer habhaft zu werden, um die Bruchstellen des Sozialen zu kennen, zu benennen, zu bannen. Benanntes ist wie immer Gebanntes. Dieser Bann versucht, die Anderen im Städtischen zu verorten, so als ginge die Gefahr, die der Andere bedeutet, bevorzugt von der Stadt aus. Was diesem Blick allerdings zu entkommen scheint, ist das Land als anderer Ort, die nicht-städtische Region als anderer Ort des anderen Ortes. Was also, wenn der bevorstehende Aufstand am ganz anderen Ort stattfinden würde, dort, wo man es nicht erwartete? Was, wenn am Land brechen würde, was dem Sprechen-Über in den Städten noch zu unterbinden gelingt? Was, wenn sich das Land als letzter Zufluchtsort der bisher immer städtischen Utopie des Aufstandes erweisen würde? Diese Utopie wäre eine Anti-Utopie. Das Land wäre damit nicht länger romantisierter Rückzugsort des Urbanen, sondern Ort der Heimsuchung des im Städtischen Verdrängten. Und eine wahre Überraschung für die Maschine der Ausschließung.

Zu *räuber.schuldengenital:*

(Verzweiflung)

Es geht hier keinesfalls um so etwas wie: »Die Welt geht unter!«.
Natürlich ist hier eine Abrechnung am Werk, natürlich wird den
Alten die Rechnung ausgestellt, natürlich wird das ideelle Erbe dieser Alten ausgeschüttet und hingeworfen, mit aller Gewalt, weil es
brackig ist und schal und zu nichts taugt. Aber das Herz der Zerstörung, der Gewalt und Verheerung ist die Verzweiflung, Verzweiflung einer Generation, die keine Zukunft für sich denken kann, die
kein Gesetz kennt, um aus dem Heute ein Morgen zu extrapolieren,
zu entwerfen. Es ist, als würde man im leeren Raum ein Seil werfen
wollen, um daran aus dem Nichts zu steigen; nur findet dieses Seil
Halt an leider nichts. Und da steht man im Nichts mit einem Seil in
der Hand und braucht nicht mal mehr zu werfen. Es ist die Geschichte einer völlig namenlosen Verzweiflung. Es ist die Verzweiflung, nicht zu wissen, wie das Leben geht, während die Anderen,
die vorangegangenen Anderen, ihr Leben schon hatten, hatten!,
und aber noch immer haben. Diese Alten, sie hatten in einer Vergangenheit ihre Zukunft, und weil sie hatten und also mit einer
Potenz zum Leben hin offenbar ausgestattet waren, sind sie es noch
immer, haben sie noch immer Leben, sind sie noch immer potent
und leben sie noch immer und werden – wie es scheint – immer
weiter leben bis in alle Ewigkeit, während die, die nicht zu leben
wissen, kein Leben haben und auch keines denken können, das sie
dereinst haben werden, das in der Zukunft auf sie wartet, auf sie
zukommen wird.

(Schulden)

Wir haben es mit einer Generation zu tun, wir sind eine Generation,
die den sozialen Aufstieg der Eltern nicht nachamen wird können.
Der soziale Aufstieg bzw. Abstieg wird also die Generationen trennen. Die Elterngeneration ist mit dem Ausbau des Sozialstaats, mit
der Bildungsöffnung und der kontinuierlichen Lohnerhöhung, der
Hochzeit der Sozialpartnerschaft herangewachsen und mitaufge-

stiegen. Dies waren Errungenschaften eines eingreifenden Staates. In den Neunzigern – und in Österreich verbunden mit der Regierungswende 2000 – hat die Schüssel-Generation den regulierenden Staat neoliberal gewendet und dem freien Spiel der Kräfte des Marktes unterstellt. Die Generation der Kinder dieser Aufsteiger-Eltern-Generation lebt nach dem Abschwung des regulierenden Staates. Es ist dies eine gedemütigte Generation. Demütigend ist es, den Eltern zu unterliegen, den Eltern sozial unterlegen zu sein, Kind von Eltern zu sein, die den Aufstieg geschafft haben, der einem selbst nicht möglich ist. Und nicht genug damit! Das Scheitern wird als persönliches Versagen gedeutet und erlebt. Aus dieser Demütigung und aus diesem Riss zwischen den Generationen nährt sich schon jetzt, aber vor allem in nächster Zukunft das Erstarken der politisch Rechten und extremen Rechten in Europa. Die Verzweiflung ist jedoch keine bloß psychologische – sie hat ihr reales, gesellschaftliches Substrat. Und die Ökonomie der Schulden ist eine Ökonomie des Lebens. »Ich verfolge die Schuld der Väter an den Söhnen, an der dritten und vierten Generation!«, spricht der Herr, und die namenlose Verzweiflung spricht: »Ich bezahle heute schon im Nicht-Leben – mit meinem Leben, das ein Nicht-Leben ist – die Lebensschuld der Väter.« Daher der Schuldenberg. Daher der Zorn und der Glaube, dass einem das Leben noch etwas schuldet, während man die Schuld der Alten zu begleichen meint, mit dem eigenen Leben, das kein Leben ist, weil man nicht lebt, weil man nicht zu leben weiß, weil das Leben nicht reicht und das Geld nicht. Und in der Zukunft wird nicht *mehr* Leben sein, sondern weniger, und nicht *mehr* Geld, sondern keins.

(Zeit)

Die Frage der Zeit ist politisch zu denken. Zeit hat mit Veränderung zu tun. In der westlichen philosophischen Tradition ist der Begriff der Zeit wesentlich mit einer Philosophie der Geschichte verbunden. Oder anders gesagt: Geschichtsphilosophie ist Philosophie der Zeit, weil Geschichte immer in einer bestimmten Form von Zeit verlaufend vorgestellt wird. Man könnte sagen, die Zeit fungiert als eine Art Trägersubstanz, als eine Art Medium, in dem

die Geschichte in einer optimistischen, idealistischen Geschichts-
vorstellung voranschreitet und aufsteigt. In dieser Fortschrittsge-
schichte bringt die Zukunft das Neue und Bessere. Es steigt aus der
Zukunft in die Gegenwart herab, und die Gegenwart steigt mit ihm
in die Zukunft auf. Das Denken der Geschichte der Welt, ihrer
Veränderung und daher auch Zukunft, ist somit auch ein Denken
der Zeit, denkt immer – wenn auch unausgesprochen – Zeit auf
ganz bestimmte Weise mit. Wer von Geschichte spricht, also der
Veränderung der Welt in der Zeit, spricht auch von Zeit. Der Begriff der Zeit ist der blinde Passagier jeder Rede von Geschichte
und Veränderung. Und die religiöse Rede vom »Ende der Zeit« –
das Apokalyptische an und für sich – hat klammheimlich, versteckt
in den politischen Geschichtstheorien, bis in die Gegenwart überlebt. Es gibt einen Bogen von den jüdisch-christlichen Endzeit-
prophetien bis zu Marx; wenn auch ohne Messias, aber immer noch
als gedachtes, finales Ende, als Ende der Klassengesellschaft. Das
ausgerufene Ende der Geschichte nach dem scheinbaren Sieg der
Demokratie 1989 beendete schließlich das zumindest implizite
Denken der Zeit im Politischen. Gegen diese Zeitvergessenheit ist
festzuhalten: Ein Denken der Zeit ist immer ein Denken der Gesellschaft, ist immer eine Politik. Wer Zeit denkt, muss Veränderung
denken! Das Ende der Zeit, die ewige Dauer und also das Unsterb-
liche, ist die Einzementierung des Bestehenden, der Sieg der unveränderbaren Gegenwart!

(Zukunft)

Das Erleben der Zeit ist an das Erscheinen, an die Ankunft des
Anderen gebunden. Zukunft ist das Kommen des Anderen. Wenn
keiner kommt, ist die Gegenwart ewig gleich. Man kennt das aus
der Einsamkeit, der Verlassenheit oder der Depression. Manche
kennen es auch aus der Gefangenschaft. Oder aus dem Heim. Erst
wenn mit den Menschen, die die Schlüssel tragen, das Frühstück
kommt, endet die ewige Nacht, in der die Zeit zum Stillstand gekommen ist. Man wartet auf das Kommen, auf die Ankunft des
Anderen, der die Zukunft ist, weil er aus der Zukunft kommt, weil
er die Zukunft mit sich bringt wie ein Messias, weil mit ihm das

Ewiggleiche der Gegenwart endet; er ist die Liebe. Und ohne Ankunft des Anderen, des anderen Menschen, ist die Zeit nur Dauer,
stumpfe, dumme, stumme, ewiggleiche Dauer des Selben. Es gibt
eine schlechte Zeit, also schlechte Unendlichkeit, als ewige Dauer
des Nichts, des Wartens, des Gleichen, ohne Änderung, weil ohne
Anderen. Zukunft kommt, wenn ein Mensch kommt.

(Erbe)

Die Frage nach dem Erbe ist weiter und größer gefasst als die bloße
Frage nach dem Geld. Zur Frage steht, was bleibt, was bleibt, um
eine Welt zu bauen, um ein Leben zu errichten, um lebendig zu sein
und in Gemeinschaft. Die erste Dekade des neuen Jahrtausends hat
die Trauerarbeit nach dem Tod des Utopischen zu einem Ende gebracht. Davor war das Utopische zwar tot, aber man hat von seinem Sterben noch gesprochen. Nun ist auch die Trauerzeit vorbei.
Die Trauerjahre sind um. Mit dem Ende der Trauer ist das betrau-
erte Objekt zur Gänze versunken ins Nichts. Erst jetzt ist der Tod
des Utopischen total. Erst jetzt wissen wir, was es heißt, ohne Utopie zu sein. Bisher hat uns die Trauerarbeit den Blick verstellt, die
Abwesenheit des Utopischen mit der gespenstischen Anwesenheit
in der Trauer, dem Melancholischen aufgefüllt. Erst nach der Trauer ist nach der Utopie, also jetzt. Völlig freigelegt, chirurgisch se-
ziert, pathologisch präpariert liegt die Abwesenheit eines Denkens
der Zukunft vor uns. Die Politik kennt kein Morgen jenseits des
bloßen Fortbestehens seiner eigenen Gegenwart. Nach dem totalen
Tod des Utopischen hat sich das Politische von der Idee als solcher
verabschiedet auf immer. Die Idee, das Begehren einer anderen
Welt, ist tot. Man begehrt nur den Fortbestand des Gleichen. Die
Idee ist als ideologisch desavouiert. Die Praxis der Dekade jedoch
war eine der Bereicherung. Wenn es überhaupt so etwas wie ein
politisches Erbe der Dekade gibt, dann ist das der Imperativ: »Be-
reichere dich!« Aber die Kassen sind leer.

(Anti-Genesis)

Wenn es kein Denken einer anderen Welt gibt, bleibt nur das Denken des Endes ebendieser unveränderbaren Welt. Keine andere Welt ist verheißen, keine Verheißung einer anderen, neuen Schöpfung tröstet die Verzweifelten. Die Schöpfung kann nur zurückgenommen werden ins Nichts. Nicht bloß die Zivilisation, sondern die Schöpfung als ganze. Das heißt: Alles. Mensch, Tier, Baum und Stein. Aus diesem Grund ist die Natur, ist der Wald, ist der Garten kein Zufluchtsort, kein Hort eines möglichen neuen Ursprungs. Es gibt keine Rückkehr ins Paradies. Die Natur ist keine andere, bessere Heimat, die Tiere werden nicht zu Freunden. Die Verzweiflung sagt: »Die Schöpfung ist missglückt! Man nehme sie zurück!« Dies kündigt nicht das Ende der Welt an. Diese Anti-Genesis, diese Anti-Schöpfungserzählung, ist keine Prophetie der Zukunft dieser Welt, keine Prophezeiung ihres Endes. In der und für die Verzweiflung ist sie Ausdruck einer Bankrotterklärung der Gegenwart. Wenn die Hoffnung zuletzt stirbt, stirbt vor der Hoffnung die Welt.

Zu *die unverheiratete:*

(Subjekt 2)

Wenn es so etwas wie eine Signatur des Denkens der zweiten Hälfte des vergangenen Jahrhunderts gibt, dann ist diese vermutlich ein nicht zu knapper Text über die Unmöglichkeit der Tat, über das Schwinden des Subjekts und über eine gewisse Schwäche dessen, was man unter dem Namen »Wahrheit« zu denken pflegte. Heute aber, nach der ersten Dekade des nun neuen Jahrhunderts, haben sich die Phänomene hinter oder über dieser Signatur verschärft und verschoben, fast als würden sie danach drängen, zu einer neuen Epoche gezählt zu werden.
Die Unmöglichkeit der Tat scheint übergegangen zu sein in die Unmöglichkeit dessen, was tatsächlich geschieht. Das Unmögliche passiert. Die Dinge geschehen, unmöglich, aber als Tatsächlichkei-

ten. Sie passieren als Erhebungen an Schauplätzen der Anderen. Man nennt sie »Frühling« – ein Name, der – vielleicht ohne Absicht – zu verstehen gibt, dass als Träger dieser Ereignisse kein Subjekt vonnöten ist, sondern lediglich der Lauf der Zeit, Chronos oder – wenn's denn sein muss – die Sonne. Es wird also Frühling, ganz so wie es Abend wird und Morgen, Montag, Dienstag, Donnerstag. Das Unmögliche ist Wirklichkeit ausschließlich am anderen Ort und geschieht dort aus dem einfachen Grund, dass es schlicht und ergreifend dafür Zeit wurde. Die Tat ist nichts weiter als die Reifung der exotischen, also fremden Frucht. Die Zeit war ganz einfach reif. Unmöglich *hier* an diesem, unserem Ort, springt *dort* am anderen, fremden Ort die Knospe auf. Oder aber die Ereignisse kommen als Flutwelle daher, als Erwärmung, als Schmelze von Gefrorenem oder von nuklearen Reaktorkernen. Das Unmögliche kommt als Katastrophe, die Natur ist ihr Subjekt, oder der Störfall, das heißt: menschliches Versagen. Entweder ist also Mutter Erde Agentin der Tat, oder ein Mensch hat einen Fehler gemacht. Oder beides. Andere Ereignisse wiederum geschehen von unsichtbarer Hand, die plötzlich zu Fall bringt, was als zu groß schien, um zu fallen. Dabei geschieht das doppelt Unmögliche: Von unmöglicher Geisterhand wird getan, was als unmöglich galt, und die öffentliche Hand schießt in die Luft.

In diesem Ereignispanorama schwindet das Subjekt immer und immer mehr. Die Spektralität der sich ereignenden Unmöglichkeiten befördert seine Schwindsucht. In der Undurchsichtigkeit der realen, passierenden Dinge wird es selbst ganz durchsichtig. Noch ziehen oder passieren die Geschehnisse an ihm vorbei. Bald wird das Subjekt selbst ganz Luft sein, und die Dinge werden nicht bloß an ihm vorbei, sondern durch es hindurchziehen. Dann ist es endlich wieder in der Welt, weil die Welt als Passage in ihm ist. Bis es sich gänzlich zerblasen hat, gehen die Dinge für dieses Subjekt und sein Denken nicht mit rechten Dingen zu. Es spukt, aber als Subjekt der Gegenwart hat es zum Glück keine Angst, und an Gespenster glaubt es längst nicht mehr. Ihm wird nur manchmal kalt. Es denkt, das müsse wohl an seiner eigenen Flüchtigkeit, an seiner Gasförmigkeit liegen, aufgrund deren sich keine Reibungswärme mit oder an den Dingen mehr herstellen mag. Es reibt sich an der Welt nicht mehr. Das Subjekt ist ein kaltes Gas. Paradoxerweise entweicht ihm warme Luft. In seinem Schwinden hat es der Welt nichts zu sagen. Die Welt spricht zwar beständig mit ihm – es ist eine Welt der vielen Zungen, die bevorzugt aus Apparaten dringen. Es selbst – das Subjekt –, es spricht natürlich auch, aber nicht zur Welt. Als Subjekt der Gegenwart weiß es, dass die Zeit der großen Erzählungen vorbei ist – das hat man ihm gesagt –, weshalb es diesem Vergangenen nichts hinzuzufügen hat und auch nichts hinzufügen möchte, weil dies – so denkt es – nur Verschwendung wäre. Sein Sprechen wäre ein Hinzufügen von etwas zu nichts. Das will es nicht. Vergeudung. Verlorene Liebesmüh. Und es hat nichts zu verschwenden und zu verschenken schon gar nichts. Also keine Erzählung. Es müsste eine solche vielmehr erst begonnen werden, ein Anfang gesetzt. Das wagt es nicht. Und wer ist es denn auch? Hat es die Wahrheit gepachtet? Natürlich nicht. Es schweigt. Es spart sich die Worte auf. Und sich selbst. Das Subjekt der Gegenwart, dieses Gas, durch das die Ereignisse der Welt ziehen, ist ein asketisches Subjekt. Es spart sich auf, es hebt sich auf, es hebt sich selber auf. Es ist Meister der Aufhebung, ohne dabei je dialektisch zu werden. Seine Aufhebung bleibt ganz bei sich. Keine Negation der Dinge an ihm will es erfahren. Es negiert sich selbst, um nicht negiert zu werden. Es behält alles zurück, bis eine Zukunft kommt, in der es sich veräußern wird können. Das ist seine Hoffnung: Sich auszuschütten, wenn die Zeit reif ist dafür. Wenn sich die Welt abkühlt unter die Betriebstemperatur dieses Gassubjektes, wird das Subjekt seinen Aggregatzustand verändern und kondensieren an der Welt und wieder Form besitzen und Flüssigkeit und sich verschütten können und veräußern und vergießen und verschwenden. Es wird die Welt beschlagen – so denkt und hofft es –, es wird die Welt wieder in Beschlag nehmen. Es muss sich die Welt nur verändern. Das Subjekt selbst – es steht bereit. Unveränderbar, flüchtig ist es der Welt entfleucht, um sie neu zu besetzen, wenn die Zeit gekommen ist. Dann wird es sein, dann wird es da sein, wieder da sein, die Welt durchziehen und durchstreifen, durchwandern und durchschreiten und nicht länger durchzogen und durchschritten sein. Und es wird *sagen*, dieses Subjekt. Sprechen wird es, erzählen und die Wahrheit sagen und über die Welt kommen wie ein Unwetter und wie aus dem Nichts. Aber bis es so weit ist, harrt es der Dinge und kennt sie doch nicht, lauscht es den Zungen der Welt und erzählt sich selber nicht, starrt es sprachlos auf die Ereignisse der Welt, die mit aller Härte des Faktischen tatsächlich passieren, und denkt: Nichts kann man tun, aber alles geschieht.

Man mag diese Bewegung als Dialektik der Postmoderne bezeichnen. An ihrem Höhepunkt – vielleicht jetzt: das starrende, sprachlose, kalte Gas Subjekt. Am Ende der Befreiung des Subjekts steht das gänzlich entfreite Subjekt.

(Körper)

In dieser Gegenwart – also jetzt – hat das flüchtige Subjekt den Dingen nichts entgegenzusetzen. Es hat sich dematerialisiert, so als wäre der gnostische Traum wahr geworden, endlich ganz und ausschließlich Geist zu sein. Sein Körper ist für den Lauf der Dinge nicht länger von Bedeutung. Er würde von der Flut ohnehin hinfortgerissen werden, von der Strahlung durchleuchtet, von der fremden Menge zertrampelt, und gegen Indizes ist der Menschenleib ohnehin machtlos – die Zahl kann man nicht töten. Hat das Subjekt der Welt nichts entgegenzusetzen, so bedeutet das, dass es sich selbst der Welt nicht entgegensetzt. Es lehnt sich nicht gegen die Welt, stemmt seinen Körper nicht gegen die Dinge. Wenn es doch an den Dingen lehnt, lehnt es sich nur an, es lehnt sich nicht auf. Es nimmt sein Gewicht vielmehr zurück, sollte es Gegendruck verspüren, der es aus dem Gleichgewicht zu bringen imstande wäre. Es auferlegt die Schwere seines Körpers nicht der Welt, gibt sie nicht ab und bringt sie nicht ins Spiel. Es übernimmt seine eigene Schwere und behält den Körper ein für sich selbst. Sein Körper soll seine Welt sein. Dort ist es in sich, dort hat es Welt und ist es zugleich der Welt enthoben. In dieser in es hineingekehrten, eingestülpten Welt, die sein Körper für es ist, kommt die Gefahr einzig aus ihm selbst, als Autoimmunreaktion, Mutation, Erschöpfung. Wenn es erkrankt, dann krankt es in und an sich. In seinen Alpträumen weiß das Subjekt: Es trägt den Tod allein in sich. Der Tod wird über es kommen, jedoch nicht von außen. Er wird aus ihm kommen, aus ihm selbst, aus seinem Selbst. Es hat sich vor der Welt verschlossen,

den Tod jedoch nicht ausgesperrt. Der Tod ist vielmehr in ihm ein-
geschlossen, ihm einheimisch. Er ist die Einwohnung des Äußersten
in ihm. Keinen Tod kann es denken, der ihm von außen zugefügt
werden würde. Und es hat sich ja schon selbst subtrahiert. Die Sub-
traktion, die der Tod ist, ist seither bis zum Ende seiner Zeit in ihm.
Immunisiert hat es sich, aufgehoben und enthoben, um irgendwann
an Selbstaufhebung zu sterben. Die Welt soll ihm nichts hinzufügen,
nichts anhaben, damit ihm nichts passiert. Weit entfernt vom Selbstmord, wird sein Tod ein Selbsttod sein. Dem Subjekt schaudert es.
Es bleibt heut mal zuhaus.

(Distanz)

Das schwindende, gasförmige Subjekt, welches Negativität nur
mehr in sich findet als Sterben an sich selbst, abgeschlossen von den
unmöglichen realen Geschehnissen ringsum, hat sich also aus der
Welt entfernt und kann doch die Entfernungen in der Welt nicht
überwinden. Es hat sich distanziert und kann keine Distanz mehr
zurücklegen. Natürlich kann es überall und an jedem Ort sein, aber
die Distanz, den Abstand, die Strecke und Entfernung zu denken
und zu begreifen und auf sich zu nehmen, hat es verlernt. Der Abstand zum anderen Menschen ist ihm eine Unbegreiflichkeit, unüberwindbar ist ihm diese Distanz. Weil es die Distanz zerstört. Ist
das Subjekt am anderen Ort – hat es sich also entdistanziert –, ist
das Andere des anderen Ortes nämlich für es das Selbe. Es über-
windet die Strecke als Distanz zur Fremde, zum Anderen, und findet dort nicht das Andere, sondern wieder nur sich. Und sich selbst
hat es nichts zu sagen. Das Subjekt hat ein Transportproblem. Hat
es den Ortswechsel vollzogen, hat es nichts überbracht, nichts por-
tiert, findet es im Transit nur wieder sich und das Nicht der Welt. Es
verliert die Botschaft am Weg, weil es nur sich selbst als Botschaft zu
transportieren hat. Die Distanz ist ihm also unüberwindbar, weil es
die Distanz in der Überwindung vernichtet. Der Andere ist entweder das Selbe, also der Nicht-Andere, oder er ist ihm viel zu anders.
Das Subjekt macht sich auf den Weg zum Anderen und findet dort
entweder den Anderen als sich selbst – es vernichtet also die Andersheit des Anderen –, oder es findet dort den Anderen in neuer-

licher Distanz, die zu überwinden es eigentlich ausgezogen war. Es ist gefangen in Zenons Paradox vom Wettlauf Achills mit der Schildkröte. Es holt die Andersheit des Anderen nie ein, kommt immer zu spät, immer in Distanz, oder es zertritt die Schildkröte, zerstört also den Anderen als Anderen. Der Entfernung, der Distanz und also Differenz standzuhalten, ist es nicht in der Lage. Der Andere ist ihm entweder zu anders, uneinholbar, oder es hat ihn schon zertreten. Somit hat das Subjekt den Glauben an das Trans der Bewegung über die Entfernung und Distanz hinweg verloren. Vom Transport, der Übertragung, bleibt nur mehr das Tragen übrig. Kein Trans, kein »Transisches« gibt es für es. Die Übermittlung endet entweder in der Sackgasse langweiliger Selbstheit nach dem Auslöschen der Distanz – es bleibt nur Selbstgespräch am Ort zertretener Andersheit, oder sie endet in der Aussichtslosigkeit der unüberwindbaren Fremdheit des Anderen. Es fühlt sich a priori unverstehbar, wie ihm auch der Andere als uneinholbar unverständlich scheint. Ohne Transisches bleibt ihm nur zu portieren, an Ort und Stelle, nur lahme Portation. Ohne Hinüber, ohne Über ist das Subjekt zur bloßen Tragung verdammt, zu statischer Schwere. Es trägt sich selbst und glaubt, es würde die Last des Untragbaren übernommen haben. Es trägt schwer. Es trägt sich selbst, nur *über*tragen kann es nichts. Es beugt sich unter der Last des Nichts, unbeweglich, lahm und letztendlich stumm, weil auch sein Sagen ohne diese Möglichkeit der Übertragung ohne Sinn und somit im Subjekt bleibt, auf ihm als Säule des Nicht-Sagens lastet. Die Möglichkeit des Transsubjektiven hat sich für das Subjekt erübrigt. Nichts kann es zum Anderen sagen, und der Andere sagt ihm ohnehin schlichtweg nichts. Wie auf ein fremdes Schriftzeichen blickt es auf den Anderen und denkt: Das sagt mir nichts. Die Unübertragbarkeit betrifft aber nicht nur das sinnlose Zeichen Nebenmensch. Sie gilt auch für den Raum der Zeit. Das Transhistorische gibt es für das Subjekt nicht. Die Vergangenheit ist ihm ein Fossil, Abdruck im Stein, jeglicher Vitalität verlustig gegangen und daher nicht mehr ins Lebendige zurück zu überführen, transformieren, transportieren. Sieht es den fossilen Schmetterling, kommt dem Subjekt kein Gedanke ans Fliegen, beim versteinerten Fisch denkt es nicht ans Meer. Es sieht dort und da nur Stein. Das Subjekt betrachtet das

Fossil und gerät in Ärger darüber, dass dieses seinen Blick nicht erwidert. Dann lässt es den Stein wieder fallen. Es gibt nichts, was das Subjekt über die Zeit hinweg anspricht, außer vielleicht Fotos seiner selbst aus Kindertagen. Nichts aber hat Bestand, keine Idee überdauert die Zeit. Was war und wahr war, war und ist jetzt tot.

(Wahrheit)

Das Aufeinandertreffen zweier Subjektpositionen, die mindestens eine Epoche trennt, die aber noch – wenn auch vermutlich nicht mehr lange – eine gemeinsame Zeit, eine gemeinsame Gegenwart teilen, ist hier von Interesse. Es bedarf einer Recherche im Historischen, einer Befragung der Vergangenheit, weil diese Vergangenheit das Subjekt der Gegenwart in Frage stellt. Sie stellt es in Frage, weil seine Befragung des Täters seine eigene schwache Subjektposition unterwandert, untergräbt, aushöhlt und zum Einsturz bringt. Aus diesen Trümmern erhebt sich – zu seinem eigenen großen Unbegreifen – ein Subjekt ungeahnter Härte, oder Dichte. Das Subjekt ändert am Zu-Befragenden seinen Aggregatszustand, so als würde es ohne Umweg über die Kondensierung, ohne Zwischenschritt im Flüssigen, direkt in den Feststoff übergehen. Das Gas-Subjekt kristallisiert umgehend am fraglichen Täter zur festen Substanz. Seine Flüchtigkeit ist verschwunden. Sein Zaudern erlahmt. Hat es eben noch seufzend von sich gegeben: »Nichts kann man tun!«, hat es nun das Schreckliche des tatsächlich Getanen des Täters und den Täter selbst vor sich. »Was hast du getan?«, ruft es, fragt es. Und diese seine Befragung muss von einer tatsächlichen Möglichkeit der Überwindung der Distanz ausgehen, will sie sich nicht damit zufriedengeben, Wahrheit liege irgendwo in der Mitte. Die Ermittlung kann und darf nicht vorweg auf ein relatives Mittel abzielen. Ganz im Gegenteil! In der Befragung des Täters, der Täterin operiert das Subjekt mit einem Wahrheitsbegriff, der nichts mehr von der Schwäche kennt, die das Subjekt für sich selbst gewohnheitsmäßig in Anschlag zu bringen pflegt. Die Täterschaft des Täters zwingt das Subjekt in eine harte Wahrheit.

(Erinnerung)

Wenn es einen Imperativ des Erinnerns der Opfer gibt, wie erinnert
man die Täter? Ist dies eine unzulässige Erinnerung? Und falls nicht,
als was erinnert man sie? Und in welcher zeitlichen Abfolge? Das
heißt: gleichzeitig? Gleichzeitig mit jener Erinnerung der Opfer? Ist
diese gleichzeitige Erinnerung überhaupt möglich, ist sie gestattet
oder vielleicht sogar unbedingt gefordert? Wie die Toten erinnern
ohne ihre Täter? Wie die Täter erinnern, ohne gleichzeitig jene zu
erinnern, die von der Tat ums Leben gebracht wurden? Wie aber
diese Toten erinnern, von deren Leben nur ihr Um-eben-dieses-
Leben-gebracht-worden-Sein bleibt? Wie gerade dieses Andere erinnern, das von der Tat zu einem Ende gebracht wurde? Wie ein
Leben erinnern, von dem nur bekannt ist, dass es gewaltsam zu
Ende ging? Als wäre es – schrecklicher Gedanke – erst in seinem
Enden historisch geworden? Wie einen Namen erinnern? Wie einen
Namen erinnern, ohne ihn lediglich als Grabesinschrift zu lesen?
Wie einen Namen erinnern und das Unbekannte eines Lebens, das
dieser Name nicht länger erzählt und erwarten lässt, und wie dabei
den Täter erinnern als Ende dieser unsagbaren Erzählung? Und dies
gleichzeitig! Wo findet dieses gleichzeitige Erinnern statt? Und auf
welche Weise? Vielleicht vor Gericht. Das heißt: wie ein Gericht.
Vielleicht ist dieses Erinnern gerade selbst Gericht, prozesshafte
Verhandlung, Verhandlung der Sache, der Sache der Tat, und Verhandlung seiner selbst, steht doch mit dem Gericht der Erinnerung
das Erinnern selbst vor Gericht. Das Erinnern ist sich selbst Verhandlung. Es findet statt als Prozess, weil es von der Frage nach
Gerechtigkeit beunruhigt wird und durchzogen und ausgestrichen
wird, weil es dem, was ihm zu erinnern aufgegeben ist, gerecht werden will, weil es zwischen der Anhörung der Anklage, der Täter, der
Täterin, der Anhörung der Zeugen und der Beweismittel umher-
wandert, weil ihm die Gleichzeitigkeit nicht möglich ist, weil es
gleichzeitig zu hören nicht imstande ist, weil viele Zungen sprechen,
es selbst aber nur ein einziges Hören hat und die Gleichzeitigkeit
aufbrechen muss in das Nacheinander der Stimmen und Wörter.
Das Erinnern ist selbst eine Verhandlung, und das bedeutet: Es ist
kein Monolog, es ist Chor, Polylog, wie ein Theater ist es, in der

Vielzahl der Stimmen, Anhäufung der Plädoyers, es ist ein Streit, es ist ein Rechtsstreit. Es vollzieht sich als Prozess, Gerichtsprozess, es ist eine Wahrheitssuche inmitten der Stimmen, die viele sind, ohne Ordnung, ohne Ordnungsruf, ohne Rechtsordnung. Das Erinnern muss Recht sprechen, aber sein Urteil hört nie auf. Und keinen Ort gibt es, an den es sich zur Beratung zurückziehen könnte. Mit niemand anderem. Das erinnernde Subjekt ist bei Gericht, und dort ist es allein, mit den Stimmen und den Toten und den Tätern und mit sich.

NACHWORT

Mensch und Wert. Klang und Form.

Alle Stücke von Ewald Palmetshofer haben einen unverwechsel-
baren Klang, einen Sound. Palmetshofers eigener Tonfall ist bereits
in seinem ersten, im Dialekt verfassten Stück *sauschneidn. ein mütterspiel*, dem Siegerstück beim Retzhofer Dramatikerpreis 2005,
angelegt und erlebt in den folgenden Jahren seine Pointierung.

Mund.Art.

Leben und Schreiben beginnt für viele der österreichischen Autorinnen und Autoren im Heimatdialekt. Die lokale Mundart ist nicht
nur heimatliche Verortung, sondern Identität und bildet den Aus-
gangspunkt für eine Sprach- und Kunst-Suche. In Österreich ist
Dialekt weder verpönt noch schlecht gelitten, vielmehr Wurzel und
Herkunft. Zeitlebens wird eine Autorin oder ein Autor durch das
heimatliche Idiom charakterisiert werden, wird – egal, wie weit oder
lang man sich vom Geburtsort entfernt hatte oder hat – das Viertel
oder Dorf, die heimatliche Landschaft oder das Bundesland im selben Atemzug mit Namen und Werk genannt werden. So ist und
bleibt – in Österreich – Ewald Palmetshofer ein Oberösterreicher,
ein Mühlviertler Autor, ein Mönchdorfer.
Darüber hinaus bildet sich durch Sprache ein in Österreich deutlich
verankertes Klassen- und vermeintliches Standesbewusstsein ab;
der soziale Hintergrund samt Klassendenken erlaubt nicht nur
Rückschlüsse zu Autorinnen und Autoren, sondern bildet einen
Zugang zu ihrem Werk.
Sich die Heimat samt Dialekt vom Leib zu schreiben ist ein Sprung
in die Autonomie. Das Dichten, die eigene Sprachschöpfung, muss
als Loslösung von der örtlichen Gebundenheit, als Emanzipation
bezeichnet werden. Daher ist das Ringen um und das Gestalten der
Sprache so vehement und radikal. Die individuelle Ausdrucksweise
wird Resonanzboden für erdachte Welten. Sprache ist für österreichische Autorinnen und Autoren nicht nur Werkstoff, sie ist Inhalt

und Kern. Es kann darum nicht verwundern, dass aufgrund ihres Ausdrucks und Klangs viele österreichische Autorinnen- und Autorennamen zu adverbialen Beschreibungen herhalten, da schreibt ein Autor »schwabisch« oder es »jelinekt« – so unverwechselbar sind Tonfall und Sprachmelodie geworden.

Arie und Rezitativ.

Kennengelernt habe ich Ewald Palmetshofer am Burgtheater im Rahmen der Werkstatttage 2006, das erwähne ich, weil sich zu diesem Zeitpunkt in seinem Schreiben eine Wende abzeichnete. Beworben hatte sich Palmetshofer mit dem Text *helden*, und arbeiten wollte er während des Werkstattaufenthaltes an einem Stückentwurf mit dem Titel *wohnen. unter glas*. Nennt man heute beide Stücke, dann wird schnell klar, dass sich das Schreiben von Ewald Palmetshofer wandelte, womit sich die Auswahl dieses Buches erklärt. Die damaligen Juroren und ich waren anfänglich nicht wenig erstaunt, als der junge Autor mit einem so gänzlich anderen Stück, eher Textfläche oder Textur als Szenen, erschien; für ihn neu waren die Personengestaltung, Dramaturgie, Sprachmelodie und – denn das sollte in den Werkstatttagen probiert werden – die gangbare Spielweise. War *helden* eine smarte und höchst eigene Variation des Genres Familienstück à la Marius von Mayenburgs *Feuergesicht*, so machte *wohnen. unter glas* die Spieler zu Performern. Die wenigen und knappen Szenen waren rhythmisch, ja musikalisch gefasst, verhielten sich aber zu den sehr ausufernden und mäandernden Monologen in einem – nennen wir es einmal – ungewöhnlichen Verhältnis. Fast könnte man von Arie und Rezitativ sprechen. Oder herkömmlich ausgedrückt: Kurze repetitive Szenen und endlos wirkende Monologe – ging das denn?
Nun waren die Werkstatttage genau dazu da, solche Texte und Ideen auszuprobieren und nicht gleich besserwisserisch abzuwinken, also Autorinnen und Autoren eine Möglichkeit zu geben, ihr Schreiben auf die Probe zu stellen. Hierbei kam Ewald Palmetshofer ein glückvoller Umstand zugute: Als MAX in *wohnen. unter glas* hatte ich Joachim Meyerhoff besetzt, und Meyerhoff war es dann, der dem ambitionierten Autor nicht bloß Mut machte, sondern ihn

geradezu aufforderte, sein Konzept weiterzuverfolgen, ja sogar aus-
zubauen. Meyerhoff tat dies weit beherzter, als wir es zuvor in den
Diskussionsrunden getan hatten – und der Schauspieler sollte recht
behalten.

Mir wurde nach dieser zweiwöchigen Zusammenarbeit klar, dass
ich – damals sehr kurz mit der künstlerischen Leitung des Schauspielhaus Wien betraut – den Autor, der erst zwei fertige und ein
angefangenes Stück in petto hatte, unbedingt als Hausautor an das
Schauspielhaus engagieren wollte. Ewald Palmetshofer, so viel
hatte ich gesehen, konnte als Aufbruch, als Ruck in der damaligen
österreichischen Gegenwartsdramatik bezeichnet werden – ein
Dramatiker neuen, unüblichen Formats, rückhaltlos modern. So
eröffneten wir 2007 das Schauspielhaus mit einem Stückauftrag
an Palmetshofer – entstanden in Zusammenarbeit mit den Wiener
Wortstätten – mit dem programmatischen Titel *hamlet ist tot. keine
schwerkraft*, inszeniert von Felicitas Brucker. Die Uraufführung
stand für unsere Neuausrichtung des Schauspielhauses, nur Stücke
der Gegenwart zu spielen, und sowohl für Palmetshofer und Brucker als auch für das Schauspielhaus Wien war dies der Startschuss
zu einer über vierjährigen Zusammenarbeit.

bella figura.

Vielleicht weil Österreich eben schon an Italien und im Osten an den
Balkan grenzt, greift auch hier (anders als in Deutschland) das
Konzept der ›bella figura‹ – das kurz umrissen bedeutet, dass man
sein Gesicht nicht verliert oder verlieren darf, ergo die Fassung
bewahrt oder dass diese gewahrt wird. Es geht also um Haltung und
Selbstwertgefühl: komme, was wolle. Neben dem sozialen Hintergrund, dem ländlichen oder städtischen Setting und damit einhergehend dem Standes- oder Klassenbewusstsein der Palmetshoferschen Figuren, sind es die ›Pokerfaces‹, die sein gesamtes Personal
charakterisieren. Alle seine Figuren trotzen ihrem Schicksal nicht
bloß, sondern sie lassen sich nie ›in die Karten schauen‹. Sie bewei-
sen Haltung und wahren ihre Fassade, neigen wenig zum Seelen-
striptease. Das Leben wird, allen Anstürmen zum Trotz, solange es
nur geht, als ›prachtvoll‹ oder schlimmstenfalls ›kurios‹ bezeichnet.

Das Schicksal mag ›eine Sau sein‹, aber mitbekommen wird es keiner, mit eisigem Lächeln wird Haltung bewiesen. Bis schließlich alle ›bella figura‹, die noch so gefasste Miene, sich in ihr genaues Gegenteil verkehrt und zur Fratze wird, in ein Verbrechen umschlägt, in Selbstmord und Totschlag. Doch bis der berühmte Tropfen das Fass zum Überlaufen bringt, bis alles Leugnen oder Verdrängen gänzlich umschlägt, bleiben die Palmetshoferschen Figuren nicht nur gefasst, sondern mitunter sogar cool.

Das Visier klappen Palmetshofers Protagonisten höchstens in ihren Monologen auf, die dem Gefühl der Figur freien Lauf lassen. Wo hier die Rolle aufhört und das Private des Spielers durchzuschimmern beginnt, bleibt das Geheimnis jeder Aufführung. Diese performativen Arien verhalten sich dabei zum Plot des Stückes kontrapunktisch – untermalen durch thematische Abschweifung das eigentlich Verhandelte und verweisen auf die spielerische Grundbehauptung der Stückanordnungen. Wenn die Charaktere schon beste Miene zum bösen Spiel machen, wenn sie zocken bis zum Einsatz ihres Lebens, dann sind sie kaltblütig und hinterfotzig zugleich. Die kurzen Aparts wie »Du Arschloch! – denk ich mir« unterstreichen aber nicht nur die Kaltschnäuzigkeit der Akteure, sondern auch ihre Feigheit. Je länger die ›bella figura‹ gehalten wird, umso stärker gerät der Absturz, die Tragödie.

An dieser, sehr österreichischen, Psychose, sich die Welt gern als vergangene oder andere zu imaginieren und darum immer ein wenig an der Realität vorbeizuleben, speist sich der Palmetshofersche Figurenkosmos. Alles Helden haarscharf am Leben vorbei.

›Bella figura‹ und der in Österreich noch immer dominante Katholizismus bilden den Nährboden für eine Doppelmoral, an der sich nicht nur die Figuren seiner Stücke, sondern der Autor selbst abarbeiten. Dass das Land andere moralische Koordinaten kennt als die Stadt, ist dabei zwar erwähnenswert, aber nebensächlich. Das Unausgesprochene und Ungeklärte bildet einen unbegreifbaren Morast, in dem die Figuren feststecken; doch dieser Morast ist auch das letzte Bindende, das letzte Amalgam einer zusehends wertelosen, moralfreien Gesellschaft. Einer unfassbaren Gesellschaft, in der Solidarität oder Nächstenliebe gleichermaßen zu Floskeln geworden sind und in der der Schein mehr zählt als das Sein, das Leben.

Viele der Palmetshoferschen Figuren scheitern an der Grenze zwischen Stadt und Land, zwischen Provinz und Urbanität, im Speckgürtel, in der Vorstadt. Dort, wo die Traditionen und Grundsätze vom Land nicht mehr greifen und die Stadtluft (noch) keine Freiheit verspricht, dort ist der Glaube an sich selbst und das Wahren des Scheins das einzige Gesetz, der letzte Halt. Das rurale Setting bildet das Panorama für Palmetshofers Familienaufstellung, in der keiner frei, wohl aber vogelfrei ist. Keine Schwerkraft, keine Moral: Nichts ist geblieben, nur überkommene, sinnleere, moralinsaure Bevormundung.

Tragedy of Errors.

Mit ihrem ersten Satz sind Palmetshofers Figuren schon Teil einer Tragödie, allerdings verschaffen sie sich in den frühen Stücken oft Luft, durch kruden, aber mitreißenden Humor. Der Hoffnungslosigkeit setzen sie nicht nur eine Abgebrühtheit entgegen, sondern ein schlagfertiges Kontern. Das ist zwar nicht wirklich lachhaft, macht aber lachen. Der eigenen Ausweglosigkeit mit einem entsprechenden Sager entgegenzutreten lässt die Figuren überleben und den Zuseher grinsen – trotz aller Grausamkeit des Seins. So entstehen sprachlich ausgetüftelte Tragikomödien, bei denen das Lachen einem zusehends im Hals steckenbleibt. In *faust hat hunger und verschluckt sich an einer grete*, einem sprechenden Titel, ist die Tragödie gänzlich enthalten, dennoch fehlt es nicht an Wortwitz. Oder MAX' flach verlaufender Zenit in *wohnen. unter glas* oder das nicht länger warten wollende Licht am Ende des Tunnels in *hamlet ist tot. keine schwerkraft* – all diese Stücke beschreiben die persönliche oder gesellschaftliche Katastrophe ganz und gar dramatisch, lassen aber dennoch auflachen. Mit *herzwurst* und *tier. man wird doch bitte unterschicht* wendet sich das Blatt, das Lachen kommt den Figuren nicht abhanden, doch der Humor wird subtiler oder: feinstofflich.

Dabei ist auffällig, dass die Protagonisten seiner Handlungen oft Geschwisterpaare sind (von *helden* über *hamlet ist tot. keine schwerkraft* bis *räuber.schuldengenital*), aber von Anfang an Frauen – Frauenleben und -schicksale – die Handlungsmittelpunkte bilden: vom ersten Stück *sauschneidn. ein mütterspiel* über *faust hat hunger und verschluckt sich an einer grete* und *tier. man wird doch bitte unterschicht* bis zu *die unverheiratete* – wo zuletzt sieben Frauen, aber überhaupt kein Mann mehr auftauchen. Es sind keine Leidensfrauen, keine Schmerzensmadonnen, weder Huren noch Heilige, sondern Frauen in einfach komplizierten Umständen, Verantwortliche ihrer allerletzten Tat, aber bis dahin determiniert durch eine männliche Umwelt.

Metaphysische Fragen bestimmen alle Palmetshoferschen Arbeiten, was nicht wundert, wenn man weiß, dass der Autor Theologie studiert hat. Doch so wie der Humor in seinen Stücken mit der Zeit hintergründiger wird, so werden die Fragen um Werte und Moral oder Transzendenz auch weniger frontal, sondern flächendeckend – durch alle Szenen hindurch – verhandelt. Werden in *hamlet ist tot. keine schwerkraft* sehr prominent Fragen nach Himmel und Gott, der nur mehr als Maschine zu imaginieren wäre, aufgerissen oder in *faust hat hunger und verschluckt sich an einer grete* die Fragen um die Stellung und den Wert des Menschen an sich gestellt, so wird der moralische Impetus, das Metaphysische, ebenfalls feingliedriger in die Dramaturgie der folgenden Stücke eingewoben; werden die tragikomischen früheren Stück nun feinziselierte Tragödien: *tier. man wird doch bitte unterschicht* oder *räuber.schuldengenital*. Ebenso wie die Sprache des Palmetshoferschen Figurenuniversums vorangetrieben wird und sich weiter verdichtet, macht der offene Vers einem zeitgemäßen Alexandriner Platz. Damit einhergehend wird auch die Notation der Sprache von Stück zu Stück immer ausgefeilter, exemplarischer.

So komplex die Sprache, so kompliziert ist auch die Szene, die Situation: Aus welchem Setting, aus welcher Realität sprechen die Figuren? In *faust hat hunger und verschluckt sich an einer grete* stellen die Nachbarn des titelgebenden Paars die Ereignisse nach, spielen für ein TV-Team die Geschichte durch, schlüpfen in die Rollen der abwesenden Protagonisten. Jeder ist mal Margarete, keiner mag wirklich Heinrich sein. Aber für welches Publikum treiben sie diesen grausigen Schabernack – an dessen Ende aus bösartigem Spiel längst tödlicher Ernst geworden ist? Wer ist das »TV-Publikum«, welche Bühne wird hier wem bereitet, was ist die Situation, und wem alles wird etwas vorgemacht? Palmetshofers Stücke suchen auch die Übereinkunft zwischen Bühne und Zuschauerraum, zwischen Betrachtern und Schauspielern in Frage zu stellen. Die Grenzen – nicht nur zwischen Rolle und Spielerin oder Spieler – sind fließend, auch die Situation, wer schaut wem und zu welchem Zweck zu, ist verwischt. Die Schauspieler spielen kurze oder kürzeste realistische Szenen, um im nächsten Moment sich und die Situation zu kommentieren. Epische Passagen wechseln rasch mit szenischen oder chorischen Dialogfetzen. Mit seinen Stücken stellt Palmetshofer nicht nur Erzählverläufe, sondern auch Theaterverabredungen in Frage, oder sagen wir so: im wahrsten Sinn zur Debatte. Der Dramatiker fordert seine Spielerinnen und Spieler, seine Regisseurinnen und Regisseure und sein Publikum, weil er keine Tradition oder Theater-Übereinkunft als bindend betrachtet, sondern themen- und stückbezogen neu arrangiert. So fehlen mitunter mal die eigentlichen Protagonisten der Handlung, dann wechseln Situationen und damit einhergehend die Charaktere innerhalb einer Szene zwischen realistischer, epischer und performativer Betrachtungsweise oder Spielanordnung. Das könnte man postdramatisch nennen, ich nenne es polyphon. Alle Theatermittel werden eingesetzt, sprachlich wie theatralisch. Die Textkomposition zieht alle Register, kündigt sprachliche Regeln und dramaturgische Verabredungen auf, bringt die Handlung in Schwingung. Da alles swingt und tönt, wundert es auch nicht, wenn die Rollen in *tier. man wird doch bitte unterschicht* gleich durch Stimmlagen charakterisiert sind: Counter, Sopran, Alt. Das Palmetshofersche Universum klingt, wobei der Autor akribisch und brutal unsere Gegenwart und Gesellschaft als ungeheuerliche soziale und (mit)menschliche Kakophonie beschreibt. Doch der Klang der Zeit macht sich in Ewald Palmetshofers Dramen endlich als Schrei Luft, den bloß keiner hören noch wahrnehmen will.

Andreas Beck

Andreas Beck (* 1965 in Mülheim/Ruhr) arbeitete als Dramaturg u. a. am Bayerischen Staatsschauspiel München, am Staatstheater Stuttgart, am Deutschen Schauspielhaus in Hamburg und am Burgtheater Wien. 2007 wurde er künstlerischer Leiter und Geschäftsführer des Schauspielhauses in Wien, welches unter seiner Leitung die Idee eines klassischen Autorentheaters erfolgreich umsetzte. Viele wichtige Autoren wurden in diesen Jahren am Schauspielhaus uraufgeführt. 2015 wechselt Andreas Beck als Generalintendant an das Theater Basel.

NACHWEIS DER DRUCK- UND AUFFÜHRUNGSRECHTE

die unverheiratete
Uraufführung: Burgtheater (Akademietheater) Wien, 14. Dezember 2014
Regie: Robert Borgmann

faust hat hunger und verschluckt sich an einer grete
Uraufführung: Schauspielhaus Wien, 2. April 2009
Regie: Felicitas Brucker
Erstmals abgedruckt in: *Theater Theater. Aktuelle Stücke 19*, Fischer
Taschenbuch Verlag (Bd. 18 524), Frankfurt am Main 2009

hamlet ist tot. keine schwerkraft
Uraufführung: Schauspielhaus Wien, 22. November 2007
Regie: Felicitas Brucker
Erstmals abgedruckt in: *Theater Theater. Aktuelle Stücke 18*, Fischer
Taschenbuch Verlag (Bd. 18 172), Frankfurt am Main 2008

räuber.schuldengenital
Uraufführung: Burgtheater (Akademietheater) Wien; 22. Dezember 2012
Regie: Stephan Kimmig
Erstmals abgedruckt in: *Theater Theater. Aktuelle Stücke 24*, Fischer
Taschenbuch Verlag (Bd. 19 707), Frankfurt am Main 2013

tier. man wird doch bitte unterschicht
Uraufführung: Staatsschauspiel Dresden, 11. September 2010
Regie: Simone Blattner
Erstmals abgedruckt in: *Theater Theater. Aktuelle Stücke 22*, Fischer
Taschenbuch Verlag (Bd. 19 134), Frankfurt am Main 2011

wohnen. unter glas
Uraufführung: Schauspielhaus Wien, 9. Februar 2008
Regie: Sebastian Schug
Erstmals abgedruckt in: *Theater Theater. Aktuelle Stücke 21*, Fischer
Taschenbuch Verlag (Bd. 18 783), Frankfurt am Main 2010

Mein Dank gilt den Schauspielerinnen und Schauspielern, Regisseurinnen und Regisseuren, künstlerischen und technischen Mitarbeitern und Mitarbeiterinnen für ihre Arbeit mit meinen Texten – mit ihnen teile ich die Schwangerschaft, die der Geburt eines Stückes auf der Bühne vorausgeht. Ich danke dem Schauspielhaus Wien, dem Nationaltheater Mannheim, dem Wiener Burgtheater und allen anderen Theatern, die sich mit meiner Arbeit auseinandersetzen. Ich danke uni-T Graz, dem österreichischen Bundesministerium für Kunst und Kultur und der Kulturabteilung der Stadt Wien für die freundliche Unterstützung sowie den österreichischen Kulturforen und dem Goethe-Institut für ihre wertvollen Bemühungen, meine Arbeit international zugänglich zu machen. Mein besonderer Dank gilt meiner Lektorin Friederike Emmerling bei S. Fischer für ihre langjährige so zugewandte Wegbegleitung, für ihre Liebe zum Theater und die inhaltlichen Auseinandersetzungen – jedes Mal schon lange bevor meine Texte und ich die Schreibkammer verlassen. Schließlich danke ich Stefanie von Lieven für ihr präzises Auge und die Begleitung dieses Buches.